企业生态情境下的成本优化研究

张颖 著

QIYE SHENGTAI QINGJING XIA DE CHENGBEN YOUHUA YANJIU

浙江工商大学出版社
ZHEJIANG GONGSHANG UNIVERSITY PRESS

图书在版编目(CIP)数据

企业生态情境下的成本优化研究 / 张颖 著. —杭州:浙江工商大学出版社，2018.8

ISBN 978-7-5178-2778-8

Ⅰ. ①企… Ⅱ. ①张… Ⅲ. ①企业管理—成本管理—研究 Ⅳ. ①F275.3

中国版本图书馆 CIP 数据核字(2018)第123171号

企业生态情境下的成本优化研究

张 颖 著

责任编辑 谭娟娟

封面设计 林朦朦

责任印制 包建辉

出版发行 浙江工商大学出版社

(杭州市教工路198号 邮政编码310012)

(E-mail:zjgsupress@163. com)

(网址:http: / /www. zjgsupress. com)

电话:0571-88904980,88831806(传真)

排　　版 杭州朝曦图文设计有限公司

印　　刷 杭州五象印务有限公司

开　　本 710mm×1000mm 1/16

印　　张 18.25

字　　数 271千

版 印 次 2018年8月第1版 2018年8月第1次印刷

书　　号 ISBN 978-7-5178-2778-8

定　　价 49.80元

| Contents | 目录

第一章 | 导　论

第一节　引　言 / 001
第二节　研究内容与意义 / 003
第三节　研究方法 / 006
第四节　创新与不足 / 007

第二章 | 企业生态成本战略

第一节　企业生态成本战略研究的理论基础 / 010
第二节　企业生态战略的构建思路 / 015
第三节　企业生态战略成本管理分析工具 / 016
第四节　企业生态战略成本管理实证——以浙江省星级酒店为例 / 019

第三章 | 生态成本核算与效益分析

第一节　生态成本的概念 / 041
第二节　生态成本的构成——以煤炭采矿区为例 / 043
第三节　煤炭矿区生态成本的计量 / 046
第四节　生态成本与经济效益的博弈 / 055

第四章 | 低碳经济和能源替代研究

第一节　与低碳经济相关的理论研究 / 063
第二节　低碳转型对策之低碳能源替代 / 066
第三节　电能替代模型的测算框架 / 072
第四节　电能替代模型的公式设计 / 076
第五节　初始投资分析模型函数的参数设计 / 078
第六节　用能费用分析模型函数的参数设计 / 083
第七节　环保费用分析模型函数的参数设计 / 095
第八节　其他运营费用模型函数的参数设计 / 096
第九节　碳税及碳排放函数的参数设计 / 098
第十节　企业经营影响模型函数的参数设计 / 104
第十一节　模型测算的运用 / 108
第十二节　能源替代模式的应用领域 / 113

第五章 | 物联网下的生态成本控制

第一节　物联网概述 / 127
第二节　物联网智能传感技术 / 132
第三节　物联网下的智能环保生态成本控制 / 143
第四节　物联网下的智能农业生态成本控制 / 146

第六章 | 大数据预测与分析

第一节　大数据概述 / 152
第二节　大数据与生态成本的链接点 / 155
第三节　生态成本优化控制的大数据预警技术 / 158
第四节　生态成本分析的大数据挖掘技术 / 165
第五节　生态成本预决策的大数据辅助技术 / 176

第七章 | 企业生态与社会责任

第一节 企业社会责任和生态责任研究综述 / 184
第二节 我国企业社会责任发展情况分析 / 188
第三节 企业社会责任评价指标的确定 / 192
第四节 企业社会责任评价指标的预处理 / 197
第五节 企业社会责任评价分析及对策建议 / 209

第八章 | 新技术工具在生态成本中的典型应用

第一节 Python数据挖掘工具 / 242
第二节 大数据本体中间件 / 251

附 录

山西能源替代项目调研记录(一) / 265
山西能源替代项目调研记录(二) / 269
调查问卷模板 / 271

参考文献 / 284

第一章
导 论

第一节 引 言

低碳经济、碳排放、企业生态、战略成本、大数据和企业社会责任，这些代表了某种前沿信号的名词看似没有太大联系，但是把它们很好地组合起来就能形成一本关于新经济发展中影响企业生态成本战略的使用手册。

在日新月异的新技术改革中，互联网+、大数据、云计算、物联网、智能化和传感感应技术等都早已成为大众视野中的高频词汇，新经济这个名词也随着新技术革命应运而生。新经济的实质，就是信息化与全球化，促成新经济出现的现实环境是全球经济一体化。信息技术革命的推进，新经济的发展，必然让全球一体化的进程加快。这也意味着必将带来整体产业结构的升级换代，而在这个产业链中的各类企业也必将面临转型升级。转型升级对于企业而言最终还是落脚在经济效益这个企业命脉上，也就意味着最终还是要落实到成本这个主要因素上。

成本这个命题可以说贯穿整个社会经济发展史，时代的发展也赋予了它一层层新含义。在工业2.0时代，美国钢铁大王安德鲁·卡耐基在回忆录中的一段话——“先进的机器，完美的规划，熟练的工人，出色的经理，这一切保证了我们的巨大成功……根据我们铁厂的经验，我们知道精确的会计制度意味着什么。在生产过程中，原料从一个部门转移到另一个部门，都有员工进行核对，没有比这种做法更能提高利润的了。”——生动地诠释了那个时代成本管理的重心在于如何精确地核算成本，从而达到控制成本、创造巨大价值的目的。如今，随着工业4.0、中国制造2025、新能源时代和企业生态系统等观念的来临，成本管理被赋予了新的内涵。

首先，企业除了战略成本管理成为常态化的成本管理方式外，还将进一步构建企业生态战略。企业通过运用一系列战略成本分析工具和成本管理方法对生产经营进行成本管理，以保持企业的竞争优势和战略地位。其次，构建基于生态文明视角的企业产品全生命周期管理体系成为必然。自设计环节到制造环节再到服务环节，与产品有关的成本包括设计成本、材料成本、人工成本和售后服务成本等。为此，必须将融入生态的成本管理系统向前延伸至设计环节，向后延伸至服务环节。再次，新的成本计算方法和控制方法将成为企业成本优化的重点。比如，随着生产自动化程度的大大提升，企业需要加大对智能制造的设备投资和研发投入，而这些成本的核算用传统的方法显然不够准确，只有借助于作业成本法等对企业所有作业活动进行追踪并动态反映，再进行成本链分析，才能准确分配高额投入的成本。再比如，随着大数据时代的来临，必然要利用大数据、物联网等对成本进行更为有效的控制和优化。最后，与企业可持续发展有关的生态成本、环境成本和低碳成本等概念的快速兴起，将产生新的企业成本效益衡量标准。随着全球化环保意识的不断加强，企业的社会责任也越来越被重视，尤其是近年来越来越多的省份对建立企业履约社会责任评价系统进行试点、倡导和落实，这些都将引发企业进行新的成本效益评价。

本书不仅仅提出新经济时代赋予企业成本的新内涵，还将系统地分析如何围绕企业生态对整个成本体系进行构建，如何实现从传统的成本理念向新的成本管理理念转变；再通过算法和案例帮助企业提前掌握新成本领域下的成本核算、控制和绩效评价方法；最后，促进政府对宏观掌控绿色经济前景进行反思。

第二节　研究内容与意义

随着国内环境污染问题的日益突出，中国已经意识到以消耗资源、污染环境为代价的高速经济增长并不可取，与可持续发展的理念相违背。习近平总书记在党的十九大报告中指出："建设生态文明是中华民族永续发展的千年大计。"这一战略定位，把生态文明建设提到了前所未有的高度。党的十九大首次把"必须树立和践行绿水青山就是金山银山"的理念写入报告。"绿水青山就是金山银山"，重心在和谐、共生，核心在绿色发展、循环发展和低碳发展，强调通过现代化的绿色产业体系实现国民经济的绿色化。国家层面的战略思想也将改变企业的发展战略方向，积极顺应国家政策，利用新经济时代赋予的各种信息资源和技术创新，探究成本管理控制的新理念、新路径，从而实现企业在新经济时代的发展壮大。

一、提出了创新的生态成本内涵，并以此引导企业进行全方位的战略规划

与发达国家相比，中国目前对有关生态成本、生态环境关系等问题的研究仍存在许多空白。从各类数据库查找直接提到生态成本的资料寥寥无几，且大多数都是研究基于生态视角的其他方面。关于生态成本的定义，朴美敬认为："生态成本是企业为主动或被动地执行政府环境保护政策，采取一系列的生态环境保护措施而产生的可以量化的投入。"①戴铁军等认为："生态成本是指生产过程造成生态系统的破坏、损害导致生态系统质量、功能下降的经济估值，以及为避免生态环境恶化而产生的成本，主要包括资源

① 朴美敬：《生态成本测度与FDI东道国环境效应研究》，浙江大学2013年硕士学位论文，第7页。

耗减成本、环境污染和保护成本及生态环境损害成本。”[①]但是这些定义如何真正应用于企业实践，并且如何更进一步地与新经济时期企业战略结合应用还没有系统地进行研究。本书将提出生态成本的新内涵，用供应链、大数据、低碳和社会责任等元素组成新的生态成本体系，并通过实证分析模型来引导企业建立新经济下的成本体系。

二、进一步深化低碳经济理念，为企业提供切实可行的建议

从企业治理角度看，企业作为社会生产的主导力量、微观经济运行的主体，不仅是物质产品的主要直接提供者，而且是环境污染物的主要生产者。企业作为低碳时代的重要经济主体，在生产环节和经营消费环节中，在将自然资源转变为社会性物质的生产过程中及在其产品进入流通消费领域中，都不可避免地会破坏环境资源和产生污染。因此，企业的生产经营行为对环境问题的产生都起着极为关键的作用，将直接影响低碳经济目标的实现。建立低碳经济法制体系和可持续发展战略目标已成为社会经济的发展趋势。合理构建低碳管理制度体系，并将低碳管理规则转变为企业生产行为方式，以及履行好企业环境义务，是实现低碳经济目标的重要基础。

由于我国适合低碳经济企业在生产和环境责任方面的管理制度和理论研究不足，如企业生产中严重污染环境，资源得不到有效利用，煤炭、钢铁等行业缺乏新能源方面的深入研究，企业缺乏长效的监督和约束机制，难以实现低碳经济节能减排的目标。本书针对这些存在的问题，通过对山西省煤炭工业和电力部门的深入调研，再经过分析论证，主要在企业低碳能源替代方面提出切实可行的建议，改善企业生产与环境保护的关系，降低对企业环境的负面影响力，增强企业竞争优势。本书的研究具有重要的实际意义：积极探索低碳经济的战略对策。利用新能源替代高污染能源，为高污染企业进行节能减排、改善生态环境，提供有利的证据。

① 戴铁军、赵鑫蕊：《基于物质流分析的废纸回收利用体系生态成本研究》，《生态学报》2017年第15期，第5210—5220页。

三、利用物联网技术、大数据分析等手段助力企业对生态成本的控制

物联网是技术驱动型产业，也是应用型产业，物联网新技术的应用会对原有的个人、家庭、企业、产业和政府等之间的关系模式产生巨大的冲击，会改变原来的关系结构和关系平衡，打破原有的关系格局，形成新的平衡。[①]对物联网技术层面的研究，涉及按照物联网体系结构中技术架构开展的研究；按照物联网产业链的上下游关系，分析每个层次的关键技术；按照物联网基础技术、支撑技术的二维视角探讨相关的技术问题等。这些涉及技术的研究是为了应用层面做保障，绝大多数企业主要还是关注如何有效地使用物联网。张航（2011）认为，物联网的应用遍及智能交通、环境保护、政府工作、公共安全、平安家居、智能消防、工业监测、环境监测、老人护理、个人健康、花卉栽培、水系监测、食品溯源、敌情侦查和情报搜集等众多领域。[②]由此可见，物联网几乎囊括了所有与“物”有关的产业。利用物联网技术能够快速采集数据，因此可以通过监控产业链各个节点的成本产生点，来节约人力成本和合理利用资源，即为企业控制生态成本提供技术手段。

大数据技术目前已在许多行业进行了应用，比如金融领域中，可以根据车主的日常行车路线、里程、行车习惯、出险记录、职业、年龄、性别等给出不同的定价；比如各种小额贷款、消费贷款、供应链金融等，都需要通过大数据来进行授信评估；又比如在医疗行业，目前比较成熟且进入实用阶段的大数据模型多数都是面向药厂和保险公司的，医疗机构根据药品销售情况也预测城市疾病风险。当然最为大众所熟知的是购物网站的大数据应用。这些购物网址可以通过客户在网站的浏览情况分析潜在客户，运用营销手段，推荐用户喜好的商品和购买组合；还可以利用客户在发布的关于商品的喜恶等文字信息进行流失模型和响应措施及时挽留客户。智慧能源、工业4.0这些在生态建设理念指导下提出的概念，将是在接下去的数年内大数据应用的重点研究方向，无论是政府还是企业，都迫切需要建立一个数据化的生态资源系统，以及对于这个系统的积极或者消极的共享干预方法。于是，大数

① 董新平：《物联网产业成长研究》，华中师范大学2012年博士学位论文，第4页。

② 张航：《面向物联网的RFID技术研究》，东华大学2011年硕士学位论文，第11—35页。

据理论及其应用方法就被自然而然地引入到了生态成本优化领域。

四、验证了企业履行社会责任对经济效益具有正面效应

“十三五”时期，中国经济发展进入新常态，此时要保持经济社会持续健康的发展，必须发展绿色经济。企业作为经济活动的主体，在推动社会发展的同时，过度开发和浪费资源等行为对生态造成了破坏，尤其是肆意排放废气、废水、固体废物等行为更是导致了严重的环境污染。从一定意义上说，现代市场经济条件下的企业活动是造成生态危机的主要源头。因而，在推进生态文明建设的过程中，企业作为经济组织，理当积极承担起自身的生态责任，这也是企业自身发展和社会发展的现实要求。

笔者通过对浙江省杭州市A股上市公司的企业社会责任的履行情况进行调研，得出了企业履行社会责任将是对企业和社会双赢的一种行为结论。一方面，企业履行社会责任，有利于树立企业有责任的形象，而且也能获得更广大消费者的认同，累积起更多的无形资产。此外，企业采取措施实施绿色生产、绿色经营，不仅可以避免资源的浪费和对环境造成的破坏，而且能顺应社会的绿色消费潮流，为企业赢得更广阔的市场，让企业获得持续的发展。另一方面，投身于绿色经济发展、积极履行生态责任也是时代赋予企业的历史使命，是每个有良知有责任感的企业家的必然选择。企业通过大力发展清洁生产、改进技术等减少直至杜绝排放废气、废液和废渣的行为，保障履行中国宣布到2020年单位国内生产总值二氧化碳排放比2005年下降40%～45%的承诺，同时国家也会采取对企业有利的各项措施来鼓励企业履行生态责任，包括税收优惠、行政奖励、出台碳排放权交易政策等等。

第三节　研究方法

本书的研究方法主要包括调查问卷法、统计分析法、文献分析法等，利用这些方法在现有的研究文献的基础上进行推理性质的分析，推断出生态成本的内涵，以及生态成本与战略成本、低碳经济、物联网、企业社会责任之

间的联系。在进行计量分析之前，对所使用的数据进行细致分析、整理是本书的一个重要内容，这可以帮助我们更加准确地理解所要研究的问题。在实证研究分析中，本书将根据具体需要使用一些常见或前沿的统计分析工具，如利用Super Decisions和SPSS软件，采用层次分析法等分析工具。这些实证研究方法有助于我们对问题进行高效率的估计，使得出的结论具有更高的精确度。

在数据收集方面，本书采用了调查问卷法，其中一份是关于2014—2015年间煤炭企业实行低碳能源替代及碳成本计量方面的调研，另一份是2017年针对杭州市上市公司企业社会责任状况的问卷调查。通过严格的计量检验，本书多维度地分析了在这些领域企业能源效率提高的可能性及空间，揭示了政府的角色定位及政策的导向对企业的影响。

第四节　创新与不足

本书的创新点有三点：第一点是理论体系的创新。目前对于企业生态和成本优化的研究并没有形成一个体系；也就是说，虽然在企业生态研究中涉及了很多方面，比如生态文明建设、生态责任、生态效率、生态创新、生态位参数计策等，但是并没有从整体战略出发，将涉及的各个方面都与成本相结合。本书探讨在生态背景下企业如何从成本核算方法、成本控制手段、成本绩效评价等方面进行全方位的生态战略管理成本研究。

第二点是研究方法的创新。本书通过对山西省和浙江省的特定对象进行多次深入的调查，对书中所提到的几个重点内容，如生态成本战略、低碳能源替代及企业生态绩效评价等，进行了严格的实例验证、科学的统计分析，并结合当地政策给出了实用有效的结论和建议，对其他行业也起到了很好的借鉴作用。

第三点是本书的研究方法中充分运用了新技术。一方面，利用物联网技术建立了生态环境监测模型，为生态成本提供新的控制手段；另一方面，利用大数据技术对企业生态成本进行预警分析，并且改变了企业生态成本的数据采集和分析手段，为成本的预策、决策提供了有效的辅助手段。为了帮助读者理解这些技术的具体应用，本书还特意增加了Python软件和大数据技术用于成本核算和数据挖掘方面的案例。这些都是新技术运用于生态成本方面的创新。

当然，由于在建立一些模型时，只能根据可得的数据进行分析，而除了通过公开网站，如中国统计年鉴之类的政府网站或者天眼查等App之外，其他涉及行业或企业内部的数据受调查对象的限制未能得到，给出的模型往往具有该行业的典型性，如果要用于其他行业还需要做进一步修正。另外，在分析中缺乏对国外企业的调研和数据，因此未能进行国际比较，这些都是本书的不足之处。

第二章 企业生态成本战略

纵观文献资料，可以发现，关于国外企业生态的相关理论兴于20世纪末，我国关于企业生态方面的研究也随之兴起，尤其是自从2005年温家宝在《政府工作报告》中提出“要建设民主法治、公平正义、诚信友爱、充满活力、安定有序、人与自然和谐相处的社会主义和谐社会”，强调了人与社会环境和自然环境和谐共存之后，关于企业生态的研究更是成倍增加。2012年党的十八大上李克强做了题为“建设一个生态文明的现代化中国”的报告，进一步激发了学者们对于企业生态研究的热情，截止到2017年共有5万余篇关于企业生态方面的研究论文。这些研究成果较多集中在以下与生态相关的名词，诸如企业生态位、企业生态系统、企业生态创新、企业生态责任等，可以说企业的整个生命发展周期都加上生态两字进行了重新定义。

本章对企业生态的探讨，不是仅仅围绕企业生命周期的某一个方面，而是将企业战略与生态相结合，站在整个企业的战略高度，抓住成本这条主线，围绕成本管理控制的各个环节来对生态成本战略管理进行研究。

第一节　企业生态成本战略研究的理论基础

所谓生态成本战略，就是将企业生态理念结合战略成本管理的价值链理论，对企业生态成本管理的程序进行总体设计，对生态成本管理的目标、企业价值链的确定与分析，以及生态成本的事前规划管理策略等问题进行明确界定；再从企业内部价值链、行业价值链及竞争对手价值链3个方面对生态成本管理进行分析，并最终帮助企业实现生态成本的战略管理意图。这里提到了一些重要的理论基础，包括战略成本管理、价值链、生态成本等。

一、企业生态和智能生态系统理论

和企业生态相关的理论很多，一般我们在讲企业生态的时候都是指企业生态体系，是指企业与企业生态环境形成的相互作用、相互影响的系统，是包括供应商、经销商、外包服务公司、融资机构、关键技术提供商、互补和替代产品制造商，甚至包括竞争对手、客户和监管机构与媒体等企业利益相关者，综合价值链、产业链、人才链、资金链为一体的动态体系。

国外首次将生态学观点引入企业管理研究的学者是Moore。他在《竞争的衰亡：商业生态系统时代的领导与战略》（1999）一书中提出了“企业生态系统”的概念，并构架了基于协同进化的企业战略；提出企业不应把自己看作单个的企业或扩展的企业，而应把自己当作一个包括供应商、主要生产者、竞争者和其他利益相关者等在内的企业生态系统的成员，认为在商业活动中共同进化是一个比竞争或合作更为重要的概念。该理论弥补了20世纪90年代以前的战略管理理论偏重竞争而忽视合作的缺陷。在这一时期有不少学者进行了各个领域的深入研究，比如有针对构建企业生态学的构想（Tan Sen，1996），有利用生态学思想探讨商业活动和环境问题的关系和解决方法（Hoken，1997）；还有将生态学中广义进化论的思想应用于企业管理，提出“进化重构”的思想和方法（Laszlo et al.，2001）。

国内对于生态学的研究始于孙成章在1995年出版的《企业生念学概论》一书，随后有大量学者从各种不同的角度对企业生态学展开了研究。总的来说，现有研究主要集中在2个方面，其一是企业的生命属性，主要把企业的各个系统和生命体的各个功能系统进行了对比模拟分析，指出企业除了具有一般的生命特征及生命周期现象之外，还具有一些超生命特性，比如可以实现长寿目标；其二是生态方法在企业管理中的应用，主要研究企业生态系统的结构、功能及其关系和稳定、演化及其与企业生态环境的关系，重点强调企业各个功能系统之间的相关性和企业与环境之间的动态依存平衡特征。①

关于智能生态系统的研究，闫东梅等（2014）从社会责任的角度分析我国制造企业智能化所产生的影响，援引基于利益相关者理论的企业社会责任观，即企业社会责任是指企业在赚取利润对股东负责的同时，还要对自然环境及政府等其他利益相关者负责。陈墀成等（2014）认为，生态化科技创新提供协调人与自然间关系的支撑手段，应将推动工业化的技术创新体系改造为生态化技术创新体系。

二、战略成本管理理论

战略成本管理已经不是一个新名词了，对它的应用并取得成功的案例也不在少数，作为一种全面性与前瞻性相结合的新型成本管理模式，它是成本管理与战略管理相融合的产物，是传统成本管理对竞争环境变化所做出的一种适应性变革，是当代成本管理发展的必然趋势。

国外对战略成本管理的研究始于20世纪80年代，最先由美国学者肯尼斯·西蒙兹提出，主要从企业在市场中的竞争地位视角对战略管理会计进行研究，但仅对战略成本管理做了理论层面的探讨。美国哈佛商学院的迈克尔·波特教授在《竞争优势》和《竞争战略》两本书中提出了运用价值链进行战略成本分析的一般方法。美国会计学者约翰·桑克联合其他人于1993年

① 谷鸣：《企业生态系统及其评价体系研究》，中国海洋大学2007年硕士学位论文，第8页。

出版的《战略成本管理》一书中提出了以战略价值链分析、战略定位分析、战略成本动因分析为主要内容的战略成本管理模式。1995年，欧洲的克兰菲尔德工商管理学院提出了一种新的成本管理模式，认为战略成本管理工具包括如下主要内容：竞争战略的制订、竞争对手分析、目标瞄准、行业分析、成本动因分析、评估组织面临的挑战和确定自身的目标。1998年，美国教授罗宾·库珀提出了以作业成本制度为核心的战略成本管理模式。20世纪90年代以后，日本成本管理的理论界和企业界提出了具有代表意义的战略成本管理模式——成本企划，即从事物的最初点开始，通过充分透彻的分析，来减少或者消除非增值作业，使成本达到最低，是一种"源流"管理。

与国外对战略成本管理的研究相比，国内的研究相对比较滞后，始于西南财经大学会计研究所战略成本管理课题组对战略成本管理进行的系统研究，课题组于1999年在《四川会计》上发表了一系列论文。夏宽云于2000年出版了专著《战略成本管理》，对战略成本管理的内容进行了全面系统的介绍。此后的研究呈逐年上升趋势，高峰期为2007—2009年，处于金融危机爆发前后，很多企业面临着如何生存的严峻考验，这也催生了对成本管理方法研究的热潮。这种热潮一直持续到2016年，随着对新经济、人工智能等概念的热议，2017年关于战略成本管理的论文一下子减少到了2002年的数量。国内战略成本管理研究的另一个重要特点是对理论的创新较少，更多的是在应用方面。这也呈现出了中国对企业战略成本管理的理论研究严重滞后于战略成本管理的实践应用这一特点。例如，美菱集团通过实施"科技驱动型成本战略管理"，使得员工的成本意识进一步增强，并且各项成本明显降低，改革取得了初步成效。邯钢面对内外忧患的局面，为了摆脱困境，进行了战略化分析，推行了"模拟市场核算，实现成本否决，走集约化经营的道路"的管理体制，结果企业成本连年下降，并且保持了持久的低成本优势。这些企业在实施战略成本管理时主要是企业内部组织人员进行探讨，当然可能有专家学者的参与，但是由于对战略成本管理的内在逻辑、战略定位及与供应链、战略联盟、外包等之间的关系问题缺乏长期深入的研究，企业战略成本管理实践缺少真正的科学理论的指导，难以对促进企业长期发展产生战略成本管理方面的推动力。

三、价值链及绿色价值链理论

1985年，迈克尔·波特在其《竞争优势》一书中首先提出了价值链概念。提出价值链是企业产品价值增值的一系列作业活动的反应，每个企业都是进行设计、生产、营销、进货及对产品起辅导作用的各种活动的集合，所有这些活动都可用价值链来表示。他认为，运用价值链对企业进行战略规划和管理，可以帮助企业获取并维持竞争优势。波特将基本价值链分为基础价值活动和辅助价值活动。基础价值活动包括内部后勤、外部后勤、市场营销、生产经营和服务，辅助价值活动包括基础设施、人力资源、科研开发、采购。供应商价值链、企业价值链、渠道价值链和买方价值链构成了整个价值体系。[①]约翰·肖恩可和菲·哥芬达拉加描述的价值链比波特提出的价值链的范围更广一些，他们认为，任何公司的价值链都包括价值生产创造的整个过程。这个过程包括从最初的供给商得到原材料直到将最终产品送到用户手里的全过程。公司的内部价值链，通过采购作业与供给商价值链发生联系，同时又通过销售及售后服务作业与买方价值链发生联系，由此形成了价值链整体。[②]价值链还延伸出其他相关概念，比如全球价值链、创新价值链等。Gereffi（1994）在研究美国零售商如何搭建海外生产网络时，将价值链分析法与产业组织研究相结合，提出了全球商品链概念，并将其分为购买者驱动型和生产者驱动型；Gereffi（1999）进一步提出了分析全球产业商品链的分析框架。进入21世纪之后，Humphrey et al.（2000，2002）探讨了全球价值链的治理和产业升级问题，Humphrey（2001）和Gereffi et al.（2005）进一步阐述了全球价值链的治理、全球价值链中的产业升级问题。这些研究初步构建了全球价值链的理论体系[③]。Hansen et al.提出了包含6个关键活动的三阶段创新价值链模型。[④]

---

① 迈克尔·波顿：《竞争优势》，陈小悦，译．华夏出版社1988年版。

② 李亮明、常晓霞：《价值链会计的构建理论思考》，《内蒙古统计》2009年第3期，第34—36页。

③ 席艳玲、白艳娟：《贸易增加值视角下全球价值链与国内价值链研究评述》，《现代管理科学》2017年第8期，第33—35页。

④ HANSEN M T，BIRKINSHAW J. *The innovation value chain*，*Harvard Business Review*，Vol.85（6），2007，pp.961-977.

在价值链方面，我国学者也在不断结合中国特色进行研究，提出了不少新观点。比如著名会计学家阎达五教授在价值链管理的基础上首次提出了价值链会计这一新兴概念，指出价值链会计就是对企业价值信息及其背后深层次关系的研究。[①]比如在全球价值链与中国结合的研究中，就有针对中国某些具体的区域或行业在全球价值链中的地位进行研究，也有积极构建区域价值链（魏龙，2016）和国内价值链（张少军，2013；刘仕国，2015）的研究，以及通过构建国内价值链广度、深度和匹配度等指标对价值链融合问题进行研究（黎峰，2016）等。还比如曾蔚等（2017）结合创新价值链的内容构建了创新资本要素模型，并实证探讨了这个模型对中小企业成长绩效的正面影响。

杨同宇（2005）分析了日本EPSON公司绿色价值链的管理实践后，提出解决企业可持续发展的一个重要途径就是实行绿色价值链管理。绿色价值链兼顾商业目标和环境目标，把绿色产品价值和绿色社会价值纳入了价值范畴，以绿色价值最大化为目标，并认为绿色价值链构建与管理的关键在于充分认识其战略价值。哈乐群（2011）基于价值链模型，阐述了绿色价值链的概念，并将绿色价值链管理引入绿色价格机制，从绿色价值链体系中的顾客价值链、绿色回收及与绿色价值链密切相关的人力资源管理3个方面对如何降低绿色产品价格进行分析，以此获取绿色成本的竞争优势。

四、可持续发展理论

可持续发展理论的产生有几个标志性的时间。1987年，以挪威首相布伦特兰为主席的联合国世界与环境发展委员会发布了其研究的报告——《我们共同的未来》，其中正式提出了可持续发展（Sustainable Development）的概念；并以此为基本纲领，从保护和发展环境资源、满足当代和后代的需要出发，研究了人类发展所面临的经济、社会与环境问题，受到世界各国政府组织和舆论的极大重视。首次清晰地表达了可持续发展观，即“可持续发展是既满足当代的需求，又不对后代满足需求的能力构成危害的发展”。

---

① 李兵兵：《管理会计范式的历史性变迁——阎达五的〈建立“价值链会计”的新思考〉》，《科教文汇》2008年第5期，第145，147页。

1992年6月,183个国家的政府首脑在巴西召开的“联合国环境与发展会议”上,共同签署了5个实现和贯彻可持续发展的重要国际文件,其中的《21世纪议程》实际上是可持续发展的行动纲领。2002年8月26日至9月4日,在联合国可持续发展世界首脑会议上全面审议1992年来环境发展大会所通过的《里约宣言》《21世纪议程》等重要文件,明确了全球未来10~20年世界可持续发展的行动蓝图,标志着全球的可持续发展由共同的未来走向共同的行动。

具体来说,可持续发展理论的内涵包含了3个方面,即公平性、持续性和共同性。公平性,是指可持续发展是追求代内平等和代际平等两方面的公平。代内平等也就是本代人的公平,即要满足全社会人民的基本需求、要求较好生活的愿望和公平的分配及发展的权利;代际平等就是要意识到自然资源的有限性,保证代与代之间公平利用环境资源的权利,不能以损害后代人的利益而盲目发展。持续性,是指人类社会的发展不能超越自然环境的承载能力,即可持续发展应该是有限制的发展,而不是以损害环境资源来过度生产与过度消费,以保证地球生态系统的完整性与持续性。共同性,是指可持续发展是全球发展的总目标,所体现的内容与公平性和持续性原则上是共同的。

第二节　企业生态战略的构建思路

一、企业生态战略是适应可持续发展理念的新战略模式

企业生态战略从生态学角度深入地揭示了企业与环境的本质关系是一种相互依存、相互影响、协同发展的共生关系,符合当今我国提出的构建和谐社会的总目标,有助于企业制订符合和谐理念的长期发展战略。企业生态战略的提出,从理论上突破了传统的企业战略理论,符合企业战略发展趋势,可用于解决目前企业管理现实存在的许多负面问题,如恶性竞争、诚信危机、短期行为、环境污染等,从而使企业更加适应新时期的市场环境及其变化。

二、企业生态战略应促进企业供应链的协调发展

在企业生态战略中，企业的生存与发展受到消费者、政府、股东等利益相关者的影响。企业的发展离不开供应链中的任何一个节点，包括供应商、分销商、代理商、运输商等上下游企业，甚至是竞争者，产品价值链上的每一个环节都会产生增值效应，正是由于专业分工，每一个企业的生产才更有效率。近年来，企业联盟蓬勃发展，并表现出越来越强大的竞争力，这也从实践上证明了企业与环境合作共生是市场经济发展的必然趋势。因此，未来的竞争可能更多地出现在产品价值链之间和企业联盟之间。

企业可以通过对企业生态系统中各种资源的整合，与其他企业甚至竞争者建立基于互惠互利的合作共生关系，充分发挥各自的优势，共同创造价值，分享利益，实现双赢，从而实现企业与生态环境的和谐共生、协同发展。

三、企业生态战略最终将促使企业与生态环境和谐共生

企业生态战略使企业从生态学角度深刻理解企业与自然环境之间的生态关系。企业之间存在类似于自然生态系统生态链的产品价值链关系，工业生态系统也可以像自然生态系统那样，通过价值链进行完全的物质与能量的循环利用，并且，从更宏观的角度看，工业生态系统是包含自然生态系统在内的整个地球自然生态系统中的一个有机组成部分，工业生态系统的物质循环应该纳入地球自然生态系统的物质循环中去，这样才能使工业生态系统与地球自然生态系统长期和谐共存，可持续发展。因此。一方面企业生态战略为企业与自然生态环境的和谐共生提供了理论和实践上的指导，另一方面，企业与自然环境的和谐共生，也是企业生态战略的最终目标。

第三节　企业生态战略成本管理分析工具

一、企业战略定位分析

价值链分析为企业的战略成本管理提供了分析框架，战略定位解决了

如何将企业的成本管理与战略相结合的问题。战略定位分析就是对企业的自身条件、所处的环境和竞争者的情况进行分析，选择适当的竞争战略，从而明确成本管理的方向和重点，建立与企业战略管理相适应的成本管理战略。通过分析总结，企业可采取以下3种竞争战略。

（一）成本领先战略

成本领先战略，是指企业在生产经营中通过提供低成本优势来取得行业领先地位的一种竞争战略。成本优势并不等同于价格最低，而是包括追求规模经济、专利技术、原材料的优惠待遇等各种因素。有些企业有种误区，认为低成本就是低价格，结果反而让自己陷入无休止的价格战中。其实成本领先战略要求企业首先应该是成本领先者，这样才能在相同价位上，以低成本优势获取高收益。当产品或服务价格提高时，市场会将成本较高者淘汰掉，成本领先者仍拥有较大的市场份额。当然，成本不会自动下降或偶然下降，一定是企业不断地通过优惠的原材料、学习曲线效应、专利技术、规模经济等持久重视成本工作才得以实现。

（二）差异化战略

差异化战略，是指企业集成一系列行为，在行业范围内为消费者提供独特的产品或服务，而且这种差异产品或服务的溢出价格超过因其独特性所增加的成本，也就是这种差异是有价值的，那么，拥有这种差异化的企业将获得竞争优势。差异化战略一般要求企业具有很强的研发能力，要有创造性的眼光，具有以产品质量或技术领先的声望，而且还要有各种销售渠道间强有力的合作。企业采用差异化战略时，顾客对这种差异性越认可，忠诚度就会越高，也就愿意接受价格的上涨。企业实施差异化应注意以下问题：第一，实施差异化战略后的价格应能为消费者接受；第二，要加大宣传，让消费者了解到产品或服务的差异所在。最重要的是，实行差异化战略为企业带来的溢价一定要超过相应的额外成本，这样才能获取超额的利润，形成竞争优势。

（三）集中化战略

集中化战略，是指企业以某个特殊的顾客群、某产品的一个细分区段或某一个地区市场为目标，并针对这一特定细分目标市场制订合适的战略，从而形成企业的竞争优势。集中化战略与其他两个战略不同，成本领先战略及差异化战略均要在全行业范围内形成企业竞争优势，集中化战略仅围绕一个特定市场或服务对象，以更高的效率、更好的效果为其提供最优的服务，从而取得竞争优势。企业选择集中化战略时需要满足以下条件：第一，企业具有完全不同的市场顾客群或者专门化市场；第二，在相同的目标市场群中，其他竞争对手不打算实行重点集中的战略；第三，在这特定市场中，企业要么成本较低，要么产品别具一格，或者两者兼具。

二、企业生态成本的价值链分析

价值链中企业各项基本活动促成了企业完整生产、确立竞争优势的基础，因此对价值链的分析要从价值链中各项价值活动着手，分析各项活动之间的相互关系及对企业环境成本管理策略的影响，从而提高产品的价值增值率，合理配置环境成本的投入，以保证企业取得环保策略的优化效果。因此，价值链分析可以看成是一种策略选择的分析工具。企业进行生态成本管理，无非是基于2个方面的考虑：一是重视企业生态成本的核算与控制；二是企业产品价值的增值与环保效益的提高。通过对企业价值链的分析，对原材料供应到产成品消费过程的有效整合，结合内外部价值增值过程的协同，消除不增值作业，寻求降低生态成本的途径；或者通过对生态成本的事前规划，使环保投入能够在战略布局中发挥作用，不仅能够提高企业在生态环保方面的竞争力与影响力，还能够产生效益，确立企业的竞争优势。

以价值链为视角将生态成本管理融于企业的价值工程中，再对企业价值链中的各个环节进行分析与控制的价值链分析，主要包括两个方面。

（一）企业内部价值链

企业的生产经营从产品设计阶段起，经过了产品研发、原材料采购、产品生产及产品销售等内部价值传导的整个过程，如图2.1所示。而在这个生产周期中，生态成本的支出也贯穿于这些内部环节，通过对内部价值链的细化分析，能够从企业最初研发设计行为起到最终产品营销给客户为止，全程采取切实可行的措施来进行生态成本管理。

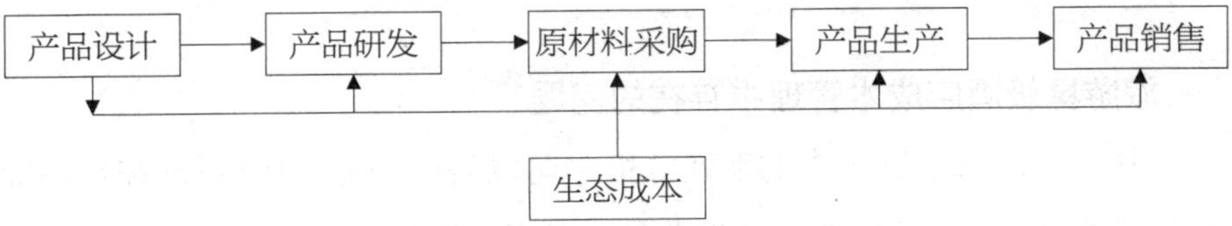

图2.1　企业内部供应链

（二）企业外部价值链

外部价值链指的是企业外部上下游之间的纵向价值链，外部价值链分析是对企业与供应商、企业与客户的上下游关系的价值链分析，并不等同于企业内部采购环节与营销环节的价值链，如图2.2所示。企业内部的采购、营销环节侧重于企业从自身出发，发挥主观能动因素以对该环节的生态成本进行控制与管理，而企业外部上下游的价值链分析则侧重于企业宏观的战略分析，通过与上游供应商及下游客户的战略合作，形成一种共赢的一体化战略。

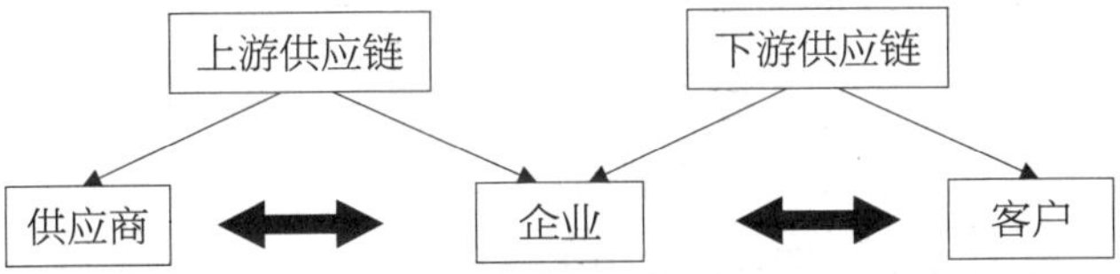

图2.2　企业外部供应链

第四节　企业生态战略成本管理实证——以浙江省星级酒店为例

基于作者对酒店行业的战略成本管理有深入调研的基础，企业生态战略成本管理将以酒店行业为例进行说明。经统计整理，浙江省2016年共有651家星级酒店，与2015年同期688家相比减少了37家。其中，五星级酒店78家，维持稳定状态；四星级酒店从2015年的166家略有下降到164家；二星级及以下酒店共126家，与2015年相比下降26家。可以看出，浙江省四、五星级中高端酒店基本保持稳定发展趋势，但是二星级及以下的中低端酒店开始呈现明显下滑态势，一些低端酒店在激烈的竞争中慢慢淡出市场。

一、旅游星级酒店成本管理中存在的问题

从对浙江省星级酒店的现状分析中可以看出，酒店成本管理在当前显得格外重要，然而目前酒店行业中普遍沿用传统的成本管理方法。由于传统成本管理方法在进行成本控制时存在着观念过于狭隘、仅仅注重自身、忽略了同其他企业的比较、所使用的成本核算方法相对落后等缺陷，酒店想要从中进一步降低成本已无太大潜力。

首先，传统的成本管理思想缺乏对供应链的关注，导致酒店采购成本居高不下。传统成本管理的对象主要局限于企业内部的生产过程管理，对酒店的供应链与销售渠道未充分关注。大部分物资的采购只遵循了酒店—厂商供货模式，造成供应链的结构简单，运作也比较容易，但是物品的存储成本却相对比较高。然而，随着竞争的加剧，要求酒店努力降低内部管理成本，酒店库存管理由此被提到一个重要的地位。尤其随着社会物流业的发展和供应链运作技术的成熟，需要庞大物资做支撑的酒店行业也急剧地进行内部管理的变革，这种变革逐渐与供应链的变革紧密联系在一起，后者的变革与成熟成为前者变革和利润获取的基础条件。

其次，传统的成本管理在价值链环节上的脱节，导致酒店无法合理进行整体成本预算。比如如何吸引潜在客户提高客房出租率、如何进行酒店的营销和推广、如何选择供应商、如何同供应商进行议价、如何降低顾客的投诉率等，这些工作在传统的成本管理理念中属于各个部门各自的工作，部门之间没有数据沟通，因此无法合理地进行成本预算。然而，酒店的服务产品是不能进行部门分割的，倘若这些工作做得不够精细，会直接影响到酒店整体效益。因此，酒店财务部门必须会同有关部门共同部署，形成一条完整的价值链，从而达到对酒店整体成本进行控制的目的，这也正是传统的酒店成本管理所忽略的。

再次，传统成本核算方法简单落后，无法准确核算服务产品的成本，从而无法准确分析各项服务产品的盈利能力。传统的成本核算体系只是计算出酒店整体的营业收入、营业成本和营业费用等，而不提供各项服务产品成本和客户成本的信息，因此不能准确地计算出各项服务产品的盈利能力，无

法对亏损的服务产品进行调整。比如，酒店不能具体量化客房这类服务产品的成本，也没有核算各类消费群体消费客房产品的边际贡献，简单地认为出租率越高越好。于是，在考核中，比较侧重总量，忽视房价水平结构。在执行中，也就不可避免地下大力气提高出租率。为此，虽然出租率基本保持在一个稳定水平，但是房价水平却呈下降趋势。这说明高星级酒店的房价呈倒挂的状态。同时，高出租率带来客房运营成本费用的增加，这样就实现不了经济效益的最大化。

最后，酒店还没有形成生态运营的模式，还没有将生态理念融入成本管理中。根据酒店的经营使命，三星级以上酒店提供的服务项目要满足客人的衣食住行，四、五星级酒店更是要提供奢华服务。所有这些，都离不开酒店人工环境的再造，以提供让客户舒适的微环境。据测算，一座建筑面积在8万~10万平方米的大型酒店，年消耗标准煤约132亿千克，不亚于一座大型工厂。由此可见，酒店对环境的依赖、影响和破坏是巨大的。因此，如何从酒店的生命周期全过程着手，从生态设计、选址、建设、运营等全方位进行生态酒店的运营模型构建，是星级酒店必须要考虑的发展方向。模型涉及酒店生命周期全过程的具体细节：生态设计、生态选址、生态建设、生态运营（生态采购、清洁生产、生态服务、废弃物处理、生态管理等）。

二、基于价值链的浙江省星级酒店战略生态成本管理分析

对于传统的制造企业而言，价值链就是指产品从采购→入库→领用生产→营销的整个环节，从内部至外部（运营商和销售商）的全过程中所形成的价值的累积过程。也就是说，产品价值的形成是通过企业的各项活动来进行传递的，企业价值的累积过程就是各项活动的递进过程。从成本形成的过程来看，成本由价值活动引起，价值活动依靠资源的消耗来维持，价值活动的进行过程也就是成本的形成过程。每一项价值活动都有自己的成本结构，有效的成本管理是分析这些活动中的成本，而不是分析将企业作为整体的成本。酒店行业提供的服务产品与制造业所生产的产品，虽然在生产流程和表现形式上有明显区别，但是从价值角度来说是一致的，酒店为顾客提供各项服务产品的过程，就是服务产品的价值的体现，这种价值也是通过

一系列的活动形成的。因此如何更好地分析酒店的各个活动的价值,就需要将酒店进行价值链的分析。

本书通过价值链原理,结合酒店经营特征及服务业价值实现过程,得出酒店的价值活动及价值链关系,如图2.3所示。

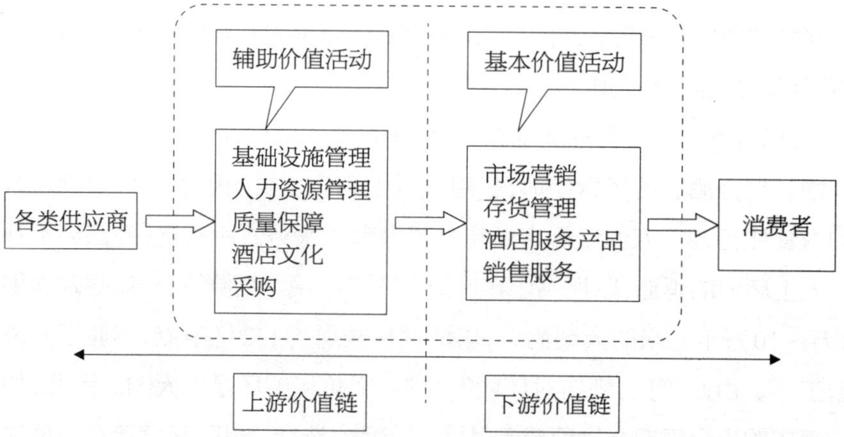

图2.3　酒店价值链关系图

(一)内部价值链下的酒店生态成本管理

酒店内部价值链包括了基本价值活动和辅助价值活动两部分,其中辅助价值活动包括基础设施建设、人力资源管理、质量保证、酒店文化及采购,基本价值活动包括市场营销、存货管理、酒店服务产品和售后服务。从内部价值链角度对酒店的生态成本进行分析与管理,最主要的就是生态运营,也就是从生态采购、清洁生产、生态服务、废弃物处理等方面对生态成本进行管理。其中,要特别重视废弃物的回收、再利用和最终处理过程中的成本损耗。

实际上,在目前社会发展状态下,企业有关废弃物弃置阶段中发生的环境成本占总体成本的比重还是很大的。并且在企业价值链不断延伸与扩展的趋势下,弃置阶段也自然而然地成为企业内部价值链中必须考虑到的重要环节。因此,本书在对内部价值链上的价值活动进行划分的时候,将弃置阶段也纳入环境成本的内部价值分析当中,进而从各个价值活动的环节出发进行环境成本的分析与管理。

1. 采购阶段的生态成本管理

采购阶段生态成本的成本动因主要有企业采购模式、采购批量、采购人员能力、采购价格与采购相关费用等。当考虑到环保策略的因素之后，采购阶段的生态成本管理主要侧重于对供应企业所提供物资的环保评价、物资价格与数量、获取物资时的自然资源损耗等方面进行管理。对于酒店而言，酒店物资采购是酒店物资从供应到组织的内部管理过程，是酒店企业成本控制的一个重要环节，在酒店经营管理中处于中心地位。任何一个酒店企业，其生产经营所需的投入都离不开物资采购。食品的原材料、客房的消耗品等在酒店销售成本中占据了很大的比例，直接影响后期的存储、生产制作和销售服务，并最终对酒店整个经营管理如质量、获利能力和效率产生影响。

可以通过以下措施来实现采购管理：

第一，完善对酒店组织制度的规范化管理。

在市场经济迅速发展的今天，由于受社会风气的影响，回扣风盛行，进货渠道的放开，给酒店企业对采购进行管理带来了多种困难。许多酒店就是由于对采购部门管理不当甚至出现了失控的局面，进货质次价高，既增加了成本还影响了质量，酒店在竞争中必然失利。因此，如果没有组织机制上的保障，就很难确保酒店采购成本控制工作落到实处。具体做法就是加强对企业内部控制制度的建立，对采购环节的几个关键点进行严格控制，比如建立采购申请制度、办理请购手续、实现超预算调整程序、不相容岗位分权制度等。同时，加强对采购人员的选择、培养、教育，严格采购纪律，控制采购权，加强采购管理，避免出现人为原因而造成的采购成本的增加。采购工作流程按供应链管理原则构建以后，一般情况下，酒店企业的采购成本可以下降8 ~ 10个百分点。

第二，应尽量遵循绿色环保标准的采购原则。

采购是酒店投入生产前的第一道工序。集团化的酒店最好采用产业链的方式，采购自己产业集群的环保产品（食品），农产品可以采用基地化生产、养殖，做到生态、有机、无害。单体酒店更要重视绿色无害化采购，可以和有一定规模的供应商签订合同进行约束。在采购过程中，要遵循以下原则：一是采购节能产品；二是采购可再生产品；三是根据科技的发展，降低一次性用品的采购量。比如，用平板电脑代替纸质菜单，酒店无纸化办公等。

第三，构建绿色物流体系。

从事酒店服务的安达信公司对全球300家酒店进行了专题调研，提出了未来酒店管理公司采用库存管理软件来寻求实时、在线的网络采购解决方案，现已成为酒店业经营管理的重要手段。[①]因此，绿色物流成为采购环节的重要一环。绿色物流，就是以降低对环境的污染程度、减少企业资源成本消耗为目的，利用先进的物流技术规划与实施产品运输、流通与配送等物流活动。[②]酒店企业可以借助正规的机构牵头建立涉及实施询价报价及采购订单业务等的全过程的平台，有能力的也可以通过对自家酒店网站投入资金来进行网络采购。企业可以通过合理规划配送网点、优化运输路线、提高载货效率等有效方法，最大限度地降低库存物流，从而达到节省资源和环保的目的。

第四，采购批量的控制。

采购批量的确定，既关系到采购资金的使用和周转，又关系到仓库的占用。如果采购批量不适度，多了或少了都将影响营运的正常进行。因此，确定采购批量具有非常重要的作用。传统的采购批量往往结合菜肴销售数量、菜肴成本、存储量、供货单位的最低送货量和每次订货成本等综合确定。计划采购的批量可以利用经济订货量的计算方法确定，经济订货量是指使存储成本和订货成本之和最小的订货量，用公式表示为

$$Q = \sqrt{2KD/Kc} \tag{2.1}$$

其中，Q代表经济订货量，D表示全年需要总量，K表示每次固定订货成本，Kc表示单位储存成本。然而在充分利用供应链的情况下，酒店的采购批量可以更加灵活，尤其对于餐饮部门的材料采购来说，甚至可以采用零库存

---

① 王晶：《酒店业采购成本控制与管理》，《内蒙古财经学院学报》2012年第5期，第65—67页。

② 屈扬：《基于价值链视角的环境成本管理研究》，河南大学2013年硕士学位论文，第32页。

的方式,这样可以更大限度地保证材料的新鲜。

2. 产品服务阶段的生态成本管理

产品的清洁化要求酒店在生产过程中和产品出品后,既要重视人体健康,又要减少对周围生态环境的破坏。首先,在室内微环境的营造中,要以当地自然环境为依托,运用自然通风、自然光线消毒室内空气、避免过度装修等方法来保护酒店的室内环境。酒店餐饮系统产品生产过程中,原则上要少用甚至禁用稀有的食材,以免加速该资源的枯竭;不使用一次性木制筷子、发泡快餐盒等一次性物品;等等。客房分系统在运营时,也要减少房间棉织品的清洁次数,洗涤时要采用无磷洗衣粉,等等。在酒店生产过程中产生的一些废弃物要进行循环使用,比如餐饮的泔水可以加工成肥皂或生物柴油等。酒店要建立水循环系统,减少对水资源的浪费和污染。总之,在清洁生产过程中,酒店应贯彻物尽其用原则,在确保舒适安全的前提下尽可能反复使用某些物品。

3. 产品营销阶段的生态成本管理

市场营销是指将产品及服务的特征传递给顾客,促其购买和使用,并为顾客提供便捷的活动,包括广告、促销、定价、报价、销售渠道的选择及渠道关系的建立等活动。这个过程虽然主体是酒店,但是对象却是顾客,因此属于内部价值链与外部价值链的衔接环节,因此如何开展营销活动被纳入外部价值链的范畴。由于酒店具有不可储存、不可移动、顾客前来消费的特性,决定了营销在市场研究、顾客分析及需求预算、选择促销工具和技巧、利用展销会和旅游代表团的人员推销等方面在企业竞争中扮演重要角色。

第一,选择绿色包装及适度包装。

绿色包装要求企业选择环保型的包装材料,这样不仅可以减少对环境的污染损害,降低环境治理成本的发生率,同时可以做到环保材料的可再生性循环利用。适度包装则要求企业在满足包装的保护、审美等功能的前提下,尽可能减少包装材料的使用量,这不但可以有效降低原材料成本与加工制造成本,还可以降低运输和销售过程中的相关成本损耗,以及包装废弃后的处理成本等。

第二，服务营销生态化。

酒店提供的服务要以保护自然资源、生态环境等为宗旨，并能满足生态消费的需求。酒店服务员在对客人服务的过程中，不但自身要践行生态环保安全理念，而且要影响客人接受生态理念，最终形成生态营销和生态消费。例如，为客人洗涤衣物时应用布袋或工艺竹篮、藤篮等装运要洗的衣物，既美观又环保；餐厅服务员在为客人推荐菜肴时要遵从健康、减量原则，提倡"光盘行动"等。

4. 废弃物处置阶段的生态成本管理

在酒店的传统果蔬供应链中，果蔬的高消耗及大量餐厨废弃物易引发环境问题。比如，餐厨废弃物回收物流过程中的食物供应里程、二氧化碳排放量和能源浪费；比如，寻找安全的食物供应代理商就非常浪费时间，还会影响消费者对酒店的认可度；再比如，环保处理系统还不健全。

第一，果蔬供应链尽量减少能源浪费。

酒店可以通过与区域中的农民合作来调节供应链，进而减少能源浪费。另外，酒店还可以加强主管领导的环保意识（比如，关注碳耗量和食品里程数），[①]这样不仅能够减少酒店在传统供应链中的能源浪费，还能激发高管们的创作激情，进而创造出新的菜品。酒店与农民可以通过一个信息交流系统共享他们掌握的信息。比如，作物的种植情况及酒店未来的菜单等，都可以放到这个信息交流系统上进行分享。通过这个平台，酒店的需求和农民的供应之间就能实现协调，进而提高采购系统的准确性。

第二，建立餐厨废弃物回收系统。

餐厨废弃物一般都由回收行业企业进行处理，但是酒店也可以与当地农民合作，将餐厨废弃物变为肥料。这不仅能降低农民的施肥成本，还能降低酒店餐厨废弃物的处理费用。同时，可以按照垃圾分类的原理，设置2个餐厨废弃物回收站，并标以不同的颜色，使厨房及酒店服务人员能够较容易地区分不同类型的回收站。比如，干废弃物回收站和湿废弃物回收站，从而加强餐厨员工的废弃物回收意识和环保意识，使员工积极遵循标准的餐厨

① 裴敏莉：《以酒店为中心的果蔬绿色供应链管理策略》，《物流技术》2015年第34卷4月刊（上半月），第221—223页。

废弃物回收程序。

(二)外部价值链下的酒店生态成本管理

1. 酒店上游价值链的生态成本管理

笔者在对浙江省星级酒店的抽样调查中发现,酒店的上游价值链是由酒店的供应商及为供应商提供产品的厂家组成。酒店的供应商主要由3部分组成:设施设备和原材料供应商、人力资源供应商及资本供应商。

第一,设施设备和原材料供应商。

设施设备和原材料供应商,主要是指与内部价值链中的采购环节密切相关的供应商,会因经营竞争力和生态竞争力的不同而分为不同的类型,如图2.4所示。这些供应商直接关系到产品的质量、服务能力及服务效率,因此在这里主要对这些供应商进行综合评价,从而帮助企业选择合适的供应商。

图2.4　生态影响下的供应商分类

图2.4中,横坐标代表上游供应商的生态竞争力,即生态成本管理的产品效果,包括在酒店整个生态运营过程中的绿色生态竞争力;纵坐标代表上游供应商在价值链中能够创造价值的能力,也就是能够为企业带来最直接利益的经营竞争力。生态竞争力与经营竞争力均低的划分为普通供应商,经营竞争力高但生态竞争力低的为核心供应商,经营竞争力低而生态竞争力高的为生态供应商,经营竞争力与生态竞争力均高的为战略供应商。

企业应从自身对环境成本的战略角度出发来选择适合自己的供应商,对于战略供应商应保持长期的战略合作关系。如果是为了满足特定的增值率需要或者绿色竞争力需要,则应选择核心供应商带来更高利益或生态供应商带来绿色绩效；如果为了短期的目的性需求，则可以选择普通供应商以降低成本。总之，将上游供应商进行分类的目的在于更明确地进行环境成本管理，对不同供应商做到差别对待，其最终目的仍是进行更有效的环境成本管理，以达到环境成本支出与效益的合理化，同时增强企业自身的绿色竞争能力。

第二，人力资源供应商。

酒店的人力资源供应商是指学校和社会劳务市场等，他们向酒店供应人力资源。现在浙江省的很多酒店都成为省内高职院校的校企合作单位，常年定向地从学院招收酒店所需的各种人才，学生到岗就能马上上手，节约了酒店的很多培训成本。

第三，资本供应商。

客人人数的不可预测性，加上必要的维修和隐形成本，酒店必须保有充足的营运资金。流动资金的缺乏使许多酒店丧失偿债能力而不得不进行破产清算。资本供应商可以通俗地理解成酒店的所有者或债权人，浙江省星级酒店中很多为国有性质，也有一些是民营性质和外商投资或合资的，在所有权上具有多样性，资本供应渠道也多种多样。

2. 酒店下游价值链的生态成本管理

消费者、一般组织机构及其消费者、旅游中间商等构成了酒店的下游价值链。其中，公司企业、政府机构及军事机构、大学、企业行业协会、各种专业协会、社交性俱乐部等属于一般组织机构。旅行社、旅游批发商、会议代理商、奖励旅游经营商、联营组织、酒店预订系统、航空公司和其他交通运输公司等被称为旅游中间商。酒店所在的供应链的旅游中间商可能由多个节点构成（如旅游批发商、旅游中间商、旅行社），他们是酒店产品的使用者和销售渠道。销售渠道是指帮助实现酒店产品或服务从酒店向消费者转移的一系列营销或销售组织。下游价值链其实也就是买方价值链，因此在这里主要是对这些顾客的生态环保意识和消费能力进行综合评价后分类，如图2.5所示，从而针对不同类型的顾客制订不同的产品策略。

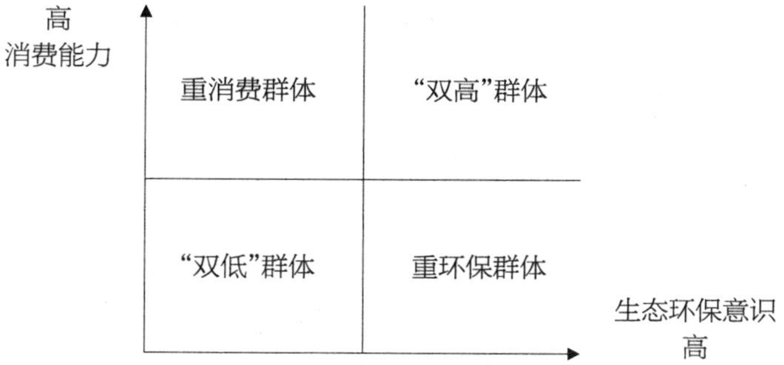

图2.5　生态影响下的顾客偏好分类

图2.5中，横坐标代表顾客对酒店产品的环保偏好程度，即企业生态成本支出的市场效果，也在一定程度上表现了酒店的绿色设计、服务和营销等在市场中的竞争力；纵坐标代表顾客对随着酒店环保投入增加的产品服务价格的承受能力，体现了酒店因为环保性能所带来的经济效益。

对于上述4种类型的消费群体，可以通过对不同顾客的偏好分析，有针对性地配置酒店的环保产品组合。同时，酒店服务人员在提供酒店服务时应有意识地向顾客宣传环保理念。比如，在餐饮场所、卫生场所摆放环保标志。酒店也应当从改造自身硬件设备做起提倡环保，比如，利用绿色能源产品替代传统的锅炉等，从而进一步提升酒店的生态竞争力，引导酒店选择相应的环境成本策略。

三、利用作业成本法加强酒店生态成本控制

酒店还应该通过改善成本核算的方法来达到控制成本、提高酒店价值的目的。在内部价值链中，每一项价值活动都有自己的成本结构，如何采用有效的成本核算方法计算并分析这些活动中的成本，才是价值链的意义所在。传统的成本核算方法主要是用于制造业的产品成本的核算，其将成本分为材料成本、人工成本和间接成本，通过一定的方法分配到相应的产品中去。但是对于酒店等服务行业，传统的成本核算方法没有提出服务产品这个概念，因此在运用中只能计算出酒店各部门及酒店整体的成本，不能有效地对每个价值活动进行成本分析，更不能计算出服务产品的成本。基于价值链的先进的成本计算方法——作业成本法可以解决上述问题，它在计算

时会对酒店的各项价值活动进行合理分解，并通过相应的作业计算指标，将成本分配到酒店的服务产品中。因此，在价值链的优化方案中，作业成本法是必不可少的一种工具。

(一)根据酒店服务产品确定成本中心

酒店的服务产品在作业成本法下，是以能否取得营业收入进行分类和定义的。在酒店的经营中，可以取得营业收入的服务产品包括客房、写字楼、餐饮、咖啡室、商场、其他业务等各项服务，将这些服务项目分成各个作业成本中心，以此来进行成本的归集。酒店的服务产品分为主营业务产品和附加业务产品，如某酒店的主营服务产品和成本中心，如图2.6所示。

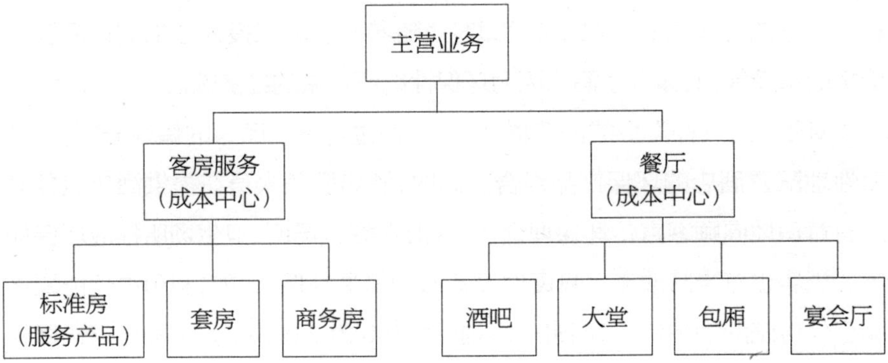

图2.6　酒店成本中心

(二)对成本中心作业进行具体分解

作业是指为取得结果而执行的某个或某一系列任务，或指酒店内为了某种目的而进行的消耗资源的活动。作业的划分不宜太细也不宜太粗，其详尽程度视企业规模的大小和管理者的需要设定：太细不仅不能得到更多的有用信息，反而有可能造成分析紊乱，实施成本增加，加重执行作业成本计算的负担；太粗则难以揭示作业流程，不利于进一步的作业分析，影响作业成本法执行的效果。

一般来说，酒店对作业的分解应该分成两步：一是先界定各成本中心的主要作业，以客房部为例，它的主要作业就是四大类，即前台收银、清洁、客房服务中心、维修。二是界定各成本中心主要作业的组成部分（细节性作业），同样以客房部为例，前台收银大类可以继续细分为总台结账、信用管理、收入审计、营业点收款；清洁大类可以继续细分为清洁房间、配备日用品、整理房间、洗涤；客房服务中心大类可以细分为迎接客人、安排入住、退房检查；维修大类可以细分为电脑维护、基本设备维修。

（三）资源库及资源动因的确定

在确定各项作业后，则应将资源耗费按照资源动因归集到作业中去。资源是酒店作业耗费的成本源泉。如会务作业，特定的会议室、会务服务人员的人工成本就是这项作业顺利进行所需的资源。酒店作业资源耗费从价值上体现在它所支付的餐饮材料费用，工资及社保保障费，折旧和维修费，水电、煤气等能源消耗费用、物料消耗和洗涤费用及其他费用上。确定资源库后，可以把资源分配到具体的每一项作业中去。

资源动因是资源消耗量与作业间的逻辑关系，表示作业或者成本对象对资源需求的强度和频率的数量度量标准。通俗地说，就是在熟悉产品生产使用流程的基础上识别、计量作业，并将作业适当合并，建立作业成本归集中心，归集资源费用到相应的作业中，形成作业成本。再分析执行作业消耗资源的情况，确定作业的有效性。通过对作业成本要素和作业相应关系的分析，揭示哪些资源是必需的，哪些需要减少，哪些资源需要重新配置，最终确定如何降低作业消耗资源的数量，进一步降低作业成本，提高作业效率。

（四）作业动因的确定

成本核算的准确度和成本动因的数量成正比。一般而言，企业想要获得越精确的成本数据，其所需要的作业动因就越多。酒店业在服务过程中涉及许多作业，从经济上看为每项作业确定一个作业动因并不可行；而如果将许多作业综合起来，并用一个作业动因来计算这些作业的耗费，又会造成成本计算的误差。因此，在采用作业成本法时，应特别注意作业动因的确定。究竟应该选择哪些作业动因、作业动因的数目又该如何确定，是成功运用作业成本法的关键。

以酒店各部门作业项目中，消耗最大的人力成本来说，通常按作业的耗用时间或实际产出量分配给各项作业。其中，又分为根据各项作业耗费全体员工时间的百分比、根据特定级别员工完成各项作业耗费时间的百分比（假定各项作业均由同一级别员工完成）、根据每个员工完成各项作业时间的百分比3种方法分配。

与人力成本无关的成本要素可以采用不同的方式分配给作业，具体采用哪种方式取决于成本的耗费情况。但无论分配方法如何，首先要考虑的是重要性原则。如果某项成本要素在成本中心的总成本所占比例不到5%，专门为此制订分配规则就会得不偿失。

（五）确定计量指标计算单位作业成本

作业计量指标一般都与数量、价值、质量和服务水平有关。在实施作业成本制度的这一阶段，所要做的重要决策是确定作业计量指标应有的类型和数量。

一要确定那些耗用时间长或成本较高的作业，把那些耗用时间多或成本价值高的作业放到优先位置考虑，对这类作业的计量指标一定要慎重确定，既要考虑作业所支持的服务和客户的多样性，也要分析作业在每项服务和客户中的绩效差异程度。如果作业在服务或客户之间差别较大，则对作业计量指标准确性的要求更高，甚至还要对作业按更低的层次进行重新界定。

二要考虑那些与作业无关的成本，以及分析这些成本如何发生、为什么发生。

在确定作业计量指标的类型和数量时，要根据成本效益原则。从信息经济学角度看，即使运用作业成本法，也只能提供相对准确的成本信息而不能提供绝对准确的信息。确认的作业计量指标越精细，成本信息的精确性越高，则作业成本系统付出的计量成本（信息收集和分析成本）也就越高。当选择某个作业计量指标所带来的经济效益大于因选择该作业计量指标而增加的计量成本时，即应选择该作业计量指标；反之，就应放弃对该作业计量指标的选择。尽管酒店开展作业的复杂性几乎是无限的，但是经验证明计量指标大多为以下因素：所提供服务的数量、使用的服务方式的数量、服务质量、接受服务的客户数量、所提供产品的价值、完成服务的数量。

本书以酒店的客房部为例来说明作业计量指标，如何确定如表2.1所示。

表2.1 客房部作业计量指标一览表

部门	作业
清洁岗	
楼层服务组	清洁房间数
公共区域组	面积
洗涤岗	
棉织品洗涤	床位数
客人衣服洗涤	洗涤次数
客房服务中心	
值班组	入住房间数
布单领发组	领发数
前台收银	
总台结账	客人数或客人消费账户建立数
营业点收款	营业工作小时
收入审计	审核笔数
设备维护岗	
电脑维护	电脑台数
基本设施维修	维修次数

（六）选择成本对象进行成本分配

对于酒店业来说，成本对象就是进行酒店成本计量和分配的项目。现代酒店业除了满足顾客吃住的基本需要外，还要为顾客提供一种能满足多种功能的服务，使得顾客在吃住的过程中达到最大限度的满足和享受。而这种服务正是酒店的竞争力所在。酒店为了提高自身的竞争力，不断推出各种服务产品，从酒店的业务情况看来，将服务产品作为成本对象是比较现实的做法。成本对象确定后，根据其消耗的作业数及作业动因分配率，就可以把作业成本分配到相应的成本对象中去，再计算出产品成本，这个作业成本的成本中心体系如图2.7所示。

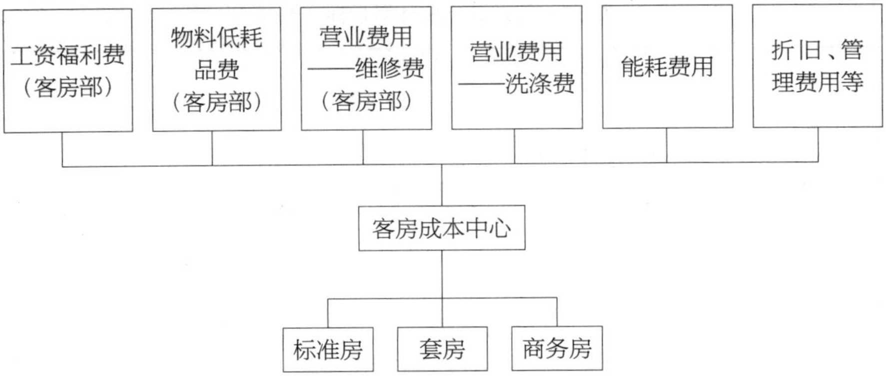

图 2.7　作业成本体系简图

四、作业成本法在浙江 CW 大酒店成本改进中的具体应用

（一）界定客房部的作业及资源的分配

首先，我们根据浙江 CW 大酒店的客房部服务流程特点，按照作业成本法“成本消耗作业，作业消耗资源”的原理，将该部门的服务划分为前台、清洁、维修等 3 个主要的作业活动。总台接待作业主要为酒店客人提供前厅接待和客房住宿安排等服务活动。清洁作业是指为酒店所有客房、公共楼层和会议室等提供清洁服务的活动。维修保障主要是为酒店所有服务产品提供设备安装、保养和维修等服务的活动。

其次，我们获得了客房部的资源消耗构成情况，包括工资福利费、消耗品、维修费、洗涤费、能耗费。除此之外，还存在那些不便直接核算到具体的服务产品中的成本。这种成本称为共享成本或待归集成本，比如，折旧及有关期间费用。其中，工资福利费指的是客房部所有员工的工资和福利支出。消耗品指物料品和低值易耗品，物料品包括供应用品（含客房内免费水果、矿泉水等）、清洁用品、印刷品及文具等。维修费主要指按照明细科目为客房部所归集的一系列维修费和装饰费。洗涤费指工作服洗涤费、布件洗涤费（客房部）。能耗费指酒店所耗用的各项水费、电费和燃料费，这部分费用占了较大份额。折旧及有关的期间费用指酒店的固定资产投资行为的结果，也就是酒店的土地建筑物的折旧、行政管理费用等。如表 2.2 所示为应计入客房部的资源项目库。

表2.2　浙江CW大酒店客房部资源项目表

单位:万元/月

资源项目库	实际额
营业成本	486.97
含：　餐饮	386.24
客房　其他	7.17
消耗品	16.39
药水	0.71
洗涤费	22.92
工资	53.54
营业费用	659.79
含：　其他	2.65
客房　其他	12.5
办公费	0.24
维修费	3.74
低值易耗品摊销	4.88
餐厅　其他	27.48
水排污费	9.16
维修费	24.48
折旧费	167.84
低值易耗品摊销	1.23
电费	65.06
制服摊销	3.29

续 表

电话费	13.01
广告费	11.09
保险费	2.8
房租	240
燃气费	70.34
管理费用	548.76
含：　其他	21.98
办公费	6.19
工资	323.89
业务费	7.73
差旅费	28.67
汽车费用	20.62
住房公积金	30.16
福利费	15.5
养老保险	52.91
职工教育经费	2.11
医保金	39

根据客房部的资源消耗构成情况，同时结合各种服务产品对作业的消耗情况，可以得到如图 2.8 所示的资源分配给作业的流程示意图，作为分配与计算作业成本的依据。

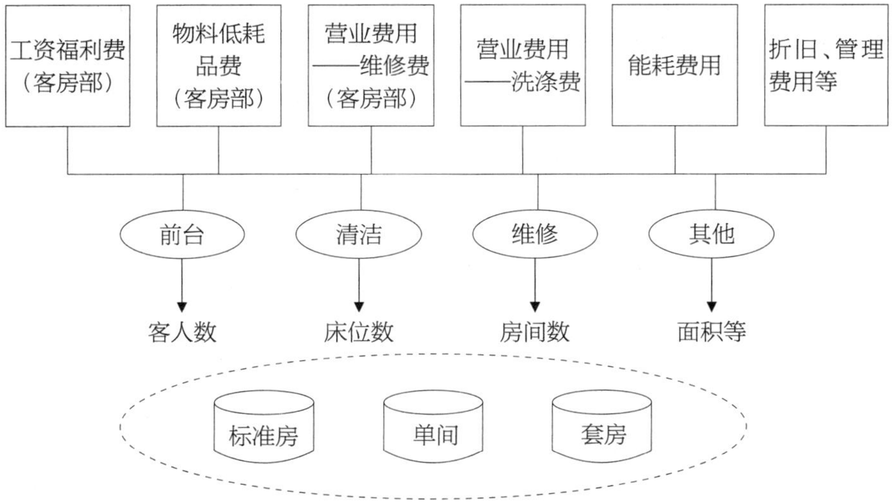

图2.8　资源分配给作业的流程图

(二)确定客房部的作业动因并计算产品成本

酒店的作业动因所用的计量指标大多为以下因素:所提供服务的数量、使用的服务方式的数量、服务质量、接受服务的客户数量、所提供产品的价值、完成服务的数量。本书对浙江CW大酒店客房部的作业动因分析如下:①客房物品消耗成本的高低与酒店客人的类型及数量呈线性相关关系,酒店客房用品的成本与出租的客房数及住店客人的数量呈线性相关关系;②客房部员工工资实行固定工资与工作量相结合的方法计算,客房人工成本与出租的客房数相关,各种出租率下的单位客房人工成本是不相同的;③客房部耗用的能源与客房出租率呈线性相关关系,对空调等供应设施的折旧费按照能源耗费的多少分摊,计算各种出租率下的单位客房能源成本;④洗涤费用的计算采用实际成本分摊法,即按洗涤衣物、布件数量及发生的实际成本计算分摊洗涤成本;⑤酒店在以往的客房成本核算中,认为酒店的固定资产投资行为的结果不应由部门承担,客房的定价是根据旅游市场对客房的需求量来决定的。因此,酒店的土地建筑物的折旧、行政管理费用等并不分摊给部门。在作业成本法下,需要将酒店土地建筑物的折旧费按照部门营业面积分摊至各个营业场所,设施的折旧由使用部门承担,酒店行政管理费用等按照营业面积分摊入客房成本,年分摊或折旧费的确定如下:建筑物按40年计提折旧，客房部家具设施和中央能源控制系统按10年计提折旧。

根据前述客房部的资源消耗构成情况，同时结合作业动因的计量指标，可以得到如表2.3所示的作业成本法分配表，得出各种服务产品的成本。

表2.3 浙江CW大酒店服务产品作业成本计算表

作业	金额（元）	作业动因	作业量				单位作业成本	作业成本合计（元）		
			标准间	单间	套房	合计		标准间	单间	套房
前台	734 500	客人数	27 800	7 800	100	35 700	20.57	571 846	160 446	2 208
清洁	449 000	床位数	28 800	7 800	100	36 700	12.23	352 224	95 394	1 382
维修能耗	1 381 400	房间数	14 400	7 800	100	22 300	61.95	892 080	483 210	6 108
其他	3 602 700	营业面积（平方米）	6 390	2 430	180	9 000	400.3	2 557 917	972 729	72 054
合计	6 167 600							4 374 067	1 711 779	81 754

（三）对服务产品进行获利能力分析

我们把用作业成本法计算出的各种服务产品的成本与相对应的收入数据相比较，得到基于作业成本法的各种服务产品的获利能力报告，如表2.4所示。

表2.4 浙江CW大酒店服务产品获利能力报告表

项目	标准间	单间	套房	合计
营业收入（元）	5 299 200	1 544 400	76 800	6 920 400
营业成本（元）	4 374 067	1 711 779	81 754	6 167 600
营业利润（元）	925 133	– 167 379	– 4 954	752 800
营业利润率（%）	17.46	– 10.84	– 6.45	10.88

首先，通过作业成本法的计算，我们能够很清楚地计算出各种服务产品的成本，这在传统的计算中是无法做到的。传统的成本计算方法只按照部门划分，而没有细分到每个服务产品，不能从中看出各种产品的成本和获利

能力。而作业成本法先将资源消耗分配至作业，再将作业成本按照动因分配到产品，这样可以较为精确地计算出相对真实的成本信息，进而得到相对准确的获利能力报告。

其次，通过表2.4可以发现，在3种服务产品中，单间的获利能力最低，这是因为单间的单价较低，但仍然占用了各项资源，尤其是分摊的其他类的资源并没有因为价格低而少分摊。同时，套房虽然价格较高，但是酒店整体的星级水平不高，不能吸引更多的客人入住，因此同样出现了亏损现象。

最后，可以发现，为了进一步提高酒店获利能力，酒店应进一步加强对普通客户资源的开发与利用。同时，酒店业应当推出新的举措，比如，推出零点商务房、钟点房等更多类型的房源，以此提高酒店客房部的销售绩效，提高酒店客房产品的获利能力。

第三章 生态成本核算与效益分析

生态成本这一概念的产生源于人们对生态环境价值认识的深入和发展。20世纪20—80年代，随着环境问题的日益突出，学术界对环境外部性等理论认识的深入，发达国家逐步开始了对严重工业污染的治理研究，并提出把环境当成与任何商品一样的物品，消费者应该为利用环境付出代价。从1972年联合国在瑞士举办斯德哥尔摩首届人类环境会议开始，到1992年联合国召开世界环境与发展大会（巴西里约热内卢会议），可持续发展观被世界各国政府广泛认同，各国政府和国际组织就环境问题是人类社会生存和发展的首要问题逐渐形成共识。由此，在成本核算实践中优先考虑生态环境因素，就有了共同的思想基础。

第一节 生态成本的概念

从20世纪90年代起，生态成本这一名词频繁出现于各种材料中，与生态成本相关的各类研究也得到了较为深入和系统的开展。时至今日，社会各界对生态成本这一概念及生态成本核算的关注度越来越高，中国环境报在2006年高呼"经济增长要计算生态成本"。传统意义上的成本属于微观范畴，随着社会的发展和人们认识水平的提高，对成本的考虑逐渐扩展到宏观领域，人们开始从全社会的角度衡量生产的实际耗费。因此，生态成本的概念兼及宏观和微观范畴。可是学术界关于生态成本的定义还未达成共识，且有时也与环境成本概念通用。

首先，不同机构对生态成本的理解不同，又因各自研究领域的限制，对生态成本的研究对象和内容的看法也不同。美国环境保护署（Environment Protection Agency，EPA）将生态成本界定为环境损耗成本，指环境污染本身导致的成本和支出，如污水造成的渔业损失；环境保护成本，指为了将自己与污染隔离而发生的费用，如隔音材料设施成本；环境事务成本，指为了对环境进行管理而发生的信息收集等各种活动的费用；环境污染消除费用，指为了消除现有的环境污染而发生的费用，如制止污水排放而发生的治理费用。显然，EPA对环境成本的界定的外延较为广泛，几乎包含了目前所指的生态成本的各个方面：环境污染导致的经济和生态的损失；预防环境污染的费用；治理环境污染的费用和相关的费用。联合国统计署1993年发布的"环境与经济综合核算体系"中将生态成本规定为因自然资源数量消耗和质量降低而造成的经济损失；环保方面的实际支出，即为了防止环境污染而发生的各种费用和为了改善环境、恢复自然资源的数量或质量而发生的各种支出。[①]与EPA的规定相比，联合国统计署规定的生态成本的外延相对狭窄一些，不包括环境污染。

① 唐双娥、郑太福：《生态成本控制的公私法局限》，《社会科学家》2006年第1期，第97—98页。

其次，不同学科的着眼点不同，对生态成本的理解也不同。从环境会计角度看，生态成本是指经济活动过程中使用的环境货物、服务的价值及由环境因素而发生的相关费用。《环境会计和报告的第一份国际指南》指出，环境成本是指某一会计主体在其可持续发展过程中，本着对环境负责的原则，为管理企业活动对环境造成的影响而被要求采取的防治措施成本，以及因企业执行环境目标和要求所付出的其他成本。郭道扬（1992）将生态成本界定为由于环境恶化而追加的治理生态环境的投入；因重大责任事故导致生态环境的恶化所造成的损失，以及由此而引起的环境治理费用和罚款；未经环保部门批准，擅自投资项目所造成的罚款；环境治理无效情况下的投资损失和浪费。Freemall（1993）认为，生态成本是环境状态变化的经济测度，环境成本与环境变化相联系，对其量化的货币体现便是环境收益，恶化所带来的经济损失或破坏数量的货币体现，即为环境成本。林万详（2002）定义的广义生态成本是指在核算期内为维护环境质量所支付的污染控制费用、污染造成的社会损害费用和自然资源保护费用的总和。

从环境统计角度看，生态成本是指经济活动造成的自然资源实际消耗和潜在恶化有关的成本，用于表现经济活动过程中利用自然环境所付出的代价，有微观和宏观两个层面的含义。微观的含义，如林积泉（2004）等认为，工程的生态成本就是工程建设过程中可能引起的生态破坏所造成的生态系统价值损失；周红（2009）认为，生态成本是指与因经济活动造成的自然资源实际或潜在恶化有关的成本，用于表现经济活动过程中利用自然环境所付出的代价，由此反映了自然资源经济使用的价值。宏观的含义体现在国民经济核算体系中，传统的国民经济核算体系（SNA）把生态成本界定为一种“防护性”费用，即各部门在生产或提供劳务的过程中，为防止或消除其对环境造成的不利影响而付出的费用；而修正的SNA则对生态成本的概念进行了相应的拓展，将其作为单独的一部分；环境和经济综合核算体系认为，环境成本应包括生产者或消费者在提供生产和劳务的过程中为防止和消除对环境的负面影响而实际支付的环保费用及所造成的资源耗减和环境降级的虚拟环境成本两部分。我国绿色国民经济核算体系认为，广义的生态成本应该包括资源消耗价值、环境污染损失及生态系统破坏损失3种成本。其中,资源消耗价值指为了使自然界保持其原有的良好状态,达到可持续发展的目标,在资源性产品的成本中,除人类劳动耗费的部分之外,自然界各种物质资源的耗费、破坏的补偿及更新或复置的部分,就是资源消耗价值。环境污染损失成本是指由于环境污染而带来的经济和生态各方面的损失成本。生态系统破坏损失是指由于不合理的开发、利用,造成包括人类、动物、植物的生态系统遭到破坏,由此产生的长期恢复成本及某些不可逆的损失。

上述定义由于研究对象不同和计量核算的思路方法不同,表述形式也不完全相同。但从本质上讲,生态成本是经济活动中并列于经济成本的概念,经济成本表示一项经济成果的形成中人类活动的多少,生态成本则表示环境的贡献。尽管对生态成本的定义和内涵还没有统一的认识,但所有的相关研究都表示了对生态环境价值的认可,是对经济学成本理论的扩展,是可持续发展经济学的基础。结合本书的研究内容,作者认为生态成本不仅仅适用于高污染企业,还应该面向其他行业提出更为广泛的定义。也就是说,企业生态成本是指企业在经济活动过程中,需要准确计量由自然生态环境付出的代价,包括自然资源耗减成本、环境污染损失成本和生态系统破坏成本等,以及可以通过其他环境指标间接确定的成本。

第二节　生态成本的构成——以煤炭采矿区为例

针对生态成本问题的研究,目前主要集中在对农业生产、矿产开采和大型施工工程等对生态环境依赖程度高、生态负荷大的领域。由于研究对象不同,所呈现的对生态成本的核算也将有所不同,结合笔者前往山西省进行节能减排工作的调研,本书以煤炭矿区开采企业为研究对象进行的生态成本评估指标体系的研究将具有典型性和可操作性。

众所周知,山西省是煤炭大省,同时也是环境污染问题为较严重的省份。以太原为例,2017年,空气质量达到一级优的天数只有11天,而达到中度污染以上的天数有54天,在全国排名后10位。研究表明,直燃煤(油)是造成环境污染的重要因素,PM2.5中的50%~60%源于燃煤(其中6成来源于煤炭的直接燃烧，4成来源于伴随煤炭使用的重点行业的排放），20%～30%来自燃油。因此对于山西省的工业企业而言，如何界定生态成本及如何找到替代能源来解决环境污染问题就显得尤为重要。

由于不同的行业都有其自身特点，高污染企业的生态成本也具有突出的行业特点，比如，煤炭企业应该结合煤炭生产与生态环境之间的关系，通过生态成本的构成来对煤炭生态成本进行科学合理的分类和计算。

一、煤炭资源耗减占用成本

资源耗减占用成本是一种补偿成本与机会成本相统一的环境成本①。补偿成本指由于企业经济活动的需要，对资源进行开发、利用而发生的自然资源实体数量减少，这部分减少的资源价值即为自然资源耗减成本。煤炭资源作为自然资源的一个重要组成部分，是人类赖以生存和发展的重要物质基础。煤炭资源耗减成本指的就是开采煤矿导致煤炭资源减少的部分的价值。煤炭资源耗减成本作为煤炭矿区的生态成本的重要组成部分，归根结底就是要解决两个问题：一是煤炭资源的价值确定问题。资源首先必须是环境的有机组成部分，煤炭、石油、天然气、有色金属等矿产资源在未被人们开发和利用的时候，是作为地表环境的构成要素之一埋藏在地下。而且煤炭资源本身就凝结了广大地质工作者和科技工作者的辛勤劳动，既有"活劳动"，也有"物化劳动"；是被劳动过滤过的产品，不仅具有使用价值，也具有本身的潜在价值。也就是说，煤炭资源既是环境的组成部分，同时又具有价值。二是煤炭资源耗减成本的缺失问题。因为一直以来，对煤炭资源的成本核算都未真正实现全面核算；也就是说，对于地质勘查单位出资形成的那部分地质成果及科技投入都未资本化，即都未能纳入成本中。这样一来，就会造成单位煤炭成本缺失，造成资源浪费，以及对社会成本的"亏欠"。因此，对煤炭资源耗减成本进行计量并将其纳入煤炭矿区生态成本构成体系之中，是必要也是必需的。

机会成本是指对于煤炭企业来讲，环境资源不仅是组织生产活动的潜

① 黄烈生、张丹：《煤炭企业生态环境成本分析》，《会计之友》2008年第2期，第26-28页。

在基础，还是一种生产要素，因此煤炭生产活动的开展是以资源的减少和生态环境系统的结构发生变化为前提的。因煤炭企业生产耗减、占用资源导致生态环境系统状态发生变化及他人失去利用煤炭资源与环境的许多机会，而必须由煤炭企业进行补偿的价值即为资源耗减占用的机会成本。

二、生态环境破坏成本

煤炭生产活动不仅占用和消耗煤炭资源，还会引起对其他生态环境资源的破坏。煤炭开采对矿区环境的破坏主要表现在以下几个方面：第一，由煤炭开采而造成地表沉降和塌陷对矿区土地（包括矿区耕地、林地、草场及地面建筑物与景观）造成不同程度的破坏；第二，煤炭在开采、运输过程中会产生大量导致空气污染的粉尘，影响矿区职工和居民的身体健康；第三，煤炭开采会导致大量矿井水的产生，这些含有悬浮物和化学物质的矿井水如果不经过净化处理而直接对外排放，会污染地下水与地表水，对周边动、植物及居民均会产生危害。其可以进一步细分为地表沉陷；水、大气、森林草地等资源损失；工业设备受腐蚀的损失；能源、原材料的消耗；耕地破坏及矿井水造成农业、渔业的损失；劳动力损失；医疗保险费、保健费的损失；废气、废水、废渣等废弃物产生。

以上的种种项目都属于生态环境破坏成本的组成部分，对这些项目进行逐层分析、评估和计量，可以得出煤炭生产活动造成的生态资源破坏成本及生态环境价值损失而需要进行补偿的成本，这些就是生态环境破坏成本。

三、绿色投入成本

除了上述两种成本之外，还有一种成本就是绿色投入成本，顾名思义就是为了保护环境而进行的一系列投入，主要包括以下几方面：首先是对采矿区的防护性支出，例如，环境监测投入、环保人员各项开支及环保设备及技术工艺引进支出等。其次是环境恢复和治理成本，在煤炭生产过程中，不可避免地要排放废水、矸石等废弃物，从而污染环境，不可避免地造成如地表塌陷、河流改道、山体滑坡等生态环境的破坏。对此需要治理环境污染，恢复和改善被破坏的生态环境，使之满足社会经济发展和人类生活居住的需要。这些成本和费用必须通过环境成本来补偿，主要由治理费用和弥补被破坏、被污染所造成损失的补偿费用两部分组成。最后是环境改善成本。为了改善和美化矿区环境，需要进行植树、绿化及构筑各类景观设施；为了改善工作环境，采取措施隔离噪音、减少粉尘等，这两部分成本费用，称为绿色投入成本。

第三节　煤炭矿区生态成本的计量

前面已经详细分析了煤炭开采企业生态成本的各项构成要素，由此可见，生态成本的计量模型就应该是各项构成要素具体成本指标的累加之和。因此，为了能够方便计量煤炭采矿区的生态成本，也为了清晰反映出各种生态成本构成要素所占的比例，本书构建了煤炭采矿区的生态成本计量模型，如公式3.1所示。

$$C_E = M + \sum_{i=1}^{m_1}\sum_{j=1}^{n_1} D_{ij} + \sum_{i=1}^{m_2}\sum_{j=1}^{n_2} G_{ij} \tag{3.1}$$

公式(3.1)中：

M 为煤炭资源耗减成本；

D_{ij}为第i类生态环境破坏事项引起的第j项环境成本；

G_{ij}为第i类绿色投入事项带来的第j项环境成本；

m_1为环境破坏种类数目；

n_1 为对应于各种环境破坏事项所引发的环境成本项目数量；

n_2 为绿色投入项目数量；

m_2为对应于各种环境破坏事项所引发的环境成本项目数量。

根据公式(3.1)，进一步细分成如表3.1所示的生态成本指标体系。

表3.1　煤炭采矿区生态成本指标体系

目标层	一级指标	二级指标	三级指标
	资源耗减占用成本	煤炭资源耗减占用成本	已投入的地质勘查费用
			可开采年数

续 表

目标层	一级指标	二级指标	三级指标
			折现率
			原煤实际产量
			煤炭可采储量
	生态环境破坏成本	耕地破坏成本	农作物产量
			农作物价格
			农作物单位种植费用
			农作物生长年景概率
		大气污染健康成本	矿区大气污染引起的早死亡人数
			矿区所在城市人口的人均人力资本
			由于矿区大气污染引起的呼吸性疾病发病人数
			单个居民的医疗费用
		其他环境破坏成本	矿井水环境破坏成本
			矿区固体废弃物环境破坏成本
	绿色投入成本	耕地恢复治理成本	土地回填、覆土、平整费用
			土壤改良费用
			农田设施费用
			管理费用等
		矿井水治理成本	污水处理设备折旧
			财务费用
			矿区污水处理厂运营成本
		煤矸石绿化成本	矸石山土地整理费用
			植被栽种费用
			其他辅助费用

一、煤炭资源耗减成本的计量

前面已经提到了煤炭资源损耗成本的计量不仅影响到煤炭价格的制订,也影响到矿区生态补偿机制的实施。而煤炭资源耗减成本的计量分成两步:先计算煤炭资源价值,然后再计算出煤炭资源耗减成本。

(一)煤炭资源价值计量

煤炭资源价值是由两部分组成的:一是地质勘查费;一是绝对收益。其公式为

$$V_T = \alpha \times Q_T + \sum_{i=1}^{n} \frac{\beta P Q_i}{(1+r)^i}$$

$$n = \frac{Q_T}{Q_i} \tag{3.2}$$

公式(3.2)中:

α为每吨煤炭资源所负担的地质勘查费;

β为煤炭行业按工业企业平均利润计算的煤炭资源的价值与销售收入的比例数;

P为原煤平均销售价格(为合理起见,一般选取我国煤炭市场的平均价格);

Q_T代表某区域煤炭资源可采储量;

r为社会贴现率;

Q_i代表年采出量,假设每年都是一样的。

因此,公式(3.2)代表的绝对收益,其实就是算出可开采年份内总收益的现值。有了这个公式,就可以通过中国矿业年鉴、中国地质矿产年鉴、中国统计年鉴的相关数据,代入公式求得。

(二)煤炭资源耗减成本计量

煤炭资源耗减成本的计量可以该数据为基础,采用产量法进行摊销,同时还要考虑不同时期煤炭资源供需关系对其价值的影响。煤炭资源耗减成本计量公式为

$$M = V_T \times \frac{Q_S}{Q_k} \times K \tag{3.3}$$

公式(3.3)中:

Q_s为矿区计算期内原煤实际产量;

Q_k为矿区煤炭可采储量;

K为能源供需调节系数,是反映计算期内全国能源供需关系对煤炭价值的影响的指标。

在这个公式中,K的取值是最难确定的。一般情况下,我们通过给出的能源供需关系和能源价格指数的格兰杰因果关系检验结果,得到资源供需比的平均数来计算K值。

二、生态环境破坏成本的计量

环境破坏成本主要包括3个方面,分别是耕地土地破坏成本、大气污染健康成本、其他环境破坏成本。因此对生态环境破坏成本的计量,也就是从这几个方面分别对因煤炭开采而造成的生态矿区环境破坏情况的汇总分析。

(一)耕地破坏成本计量

对于耕地破坏成本的计量,可以选择生产力变动法对矿区耕地破坏成本进行计量。生产力变动法(Changes of Productivity),也称生产效用法,该方法以生态环境受到破坏之后造成生产者产量、成本及利润的变动为依据,从而准确计算出环境破坏成本。例如,矿区土地沉降造成部分农田塌陷,由此引发矿区耕地农作物减产或绝收,作物产量的变化给农民带来了经济损失,此处的经济损失就是煤炭开采带来的环境破坏成本的一部分。按照生产力变动法,构造的矿区耕地破坏成本计量模型如下:

$$C_{dl} = \sum\left[\left(LS_i \times PX_i \right) PY_i - LS_i \times fc_i \right] \times P \tag{3.4}$$

公式(3.4)中:

LS_i为耕地受损之前第i种农作物的播种面积;

PX_i为耕地受损之前第i种农作物的单产;

PY_i为第i种农作物的价格;

fc_i为第i种农作物的单位种植费用,包括种子、化肥、农药等的费用;

P 为矿区耕种农作物生长年景概率。

不过上述公式在计算时,要先计算出某一年度受损的耕种面积S,然后再在不同的农作物之间进行分配,如果已知的耕地面积是好几年的数据总和,则需要分摊到每一个年份。

(二)大气污染健康成本计量

空气中的污染按照其属性可分为3类:生物性污染(各种空气传播的病原体)、物理性污染(噪音、电磁波等)和化学性污染。其中,化学性污染波及范围最广,污染种类最多,是当今全球大气污染中最主要的类型。针对煤矿区大气污染物的研究,主要是选择可吸入颗粒物、二氧化硫及氮氧化物作为污染标志物。这些污染物造成的污染项目中人体健康损失最为显著。因此,我们在这里主要就是将人体健康损失作为煤炭采矿区大气污染健康成本研究的对象。

大气污染健康成本的计算比较复杂,先要计算出生态矿区大气污染健康成本实物量,也就是确定矿区职工和周边居民因暴露在大气污染物之中而遭受危害的总人数,包括死亡人数和患病人数。然后再按照人均GDP换算出这些受危害人群对社会造成的损失成本。总的计量公式如下:

$$C_a = C_{ed} + C_{il} \tag{3.5}$$

公式(3.5)中:

C_{ed}为大气污染造成的矿区居民早死亡的经济损失;

C_{il}为大气污染引起的呼吸性疾病的经济损失。

而在计算这两个指标时,必须要分别计算出遭受危害的人数及人均GDP。

1. 遭受危害的人数的计量

$$P_{ti} = \left(f_{pi} - f_{si}\right) \times P_e \tag{3.6}$$

公式(3.6)中:

f_{pi}为大气污染条件下危害终端i的年发生率(如呼吸系统疾病的死亡率、住院率及门诊率等)。该数据可以结合卫生统计年鉴的相关数据得出。

f_{si}为健康危害终端i的基线,即清洁条件下健康危害终端i的年发生率。这个指标是根据f_{pi}计算出来的,其是f_{pi}除以1加上生态矿区实际空气污染物的质量浓度,减去健康危害空气污染物的质量浓度的差乘以大气污染物的浓度每变化1微克/立方米健康危害i变化的百分数除以100的结果。

P_e为矿区暴露总人口。

由于在计算中，是将污染区早死亡人数和发病人数分开来计算的，P_{ti}需要分解成P_{ed}和P_{il}，其中P_{ed}为由于矿区大气污染引起的早死亡人数；P_{il}为由于矿区大气污染引起的呼吸性疾病的发病人数。这两项人数的确定就是分别代入公式(3.6)得出的，只要分别用致死率和致病率代入f_{pi}，就可以计算出来。而致死率和致病率可以结合中国卫生统计年鉴的相关统计数据得出。

2. 人均GDP的计算

这里的GDP不是普通的GDP，传统的GDP是从个人收入角度考察劳动力的价值，但是这里用到的GDP是考察劳动力在单位统计生命年内对社会的贡献，所以需要将GDP进行转换。

$$\mathrm{GDP}_{pc0}\sum_{i=1}^{t}\frac{(1+\alpha)^{i}}{(1+r)^{i}} \tag{3.7}$$

公式(3.7)中：

GDP_{pc0}为矿区所在城市基准年人均GDP，t为因大气污染引起早死的人的平均损失寿命年数，α为人均GDP的增长率，r为社会贴现率。

因此，模型中的C_{ed}和C_{il}分别用公式(3.8)和(3.9)表示。

$$C_{ed} = P_{ed} \times \mathrm{GDP}_{pc0}\sum_{i=1}^{t}\frac{(1+\alpha)^{i}}{(1+r)^{i}} \tag{3.8}$$

$$C_{il} = P_{il} \times F_{h} \tag{3.9}$$

式中，F_h代表单个居民的医疗费用。

(三)其他环境破坏成本的计量

1. 矿井水环境破坏成本

矿井水通常是由煤炭开采过程中产生的岩溶水、矿坑水、地表渗透水、地下含水层的疏放水及煤炭加工与洗选过程中的煤泥水和防尘用水组成，它含有大量的悬浮物，甚至放射性元素及有害的重金属离子，如果不经处理直接对外排放，可能会对地表及地下水资源造成严重的污染，从而影响矿区居民及周边动植物的生存。煤炭生产过程中的废水，主要包括矿井水、煤泥水、其他工业废水及矿区生活污水等。

依据我国《环境保护法》和《污水综合排放标准》(GB 8978—1996)的要求,需要对矿区污水进行定期和不定期的检测,标准如表3.2所示。

表3.2　国家规定工业废水检测指标及测度方法

监测指标	测度方法	检出底线	一级标准/(毫克/升)
ph	玻璃电极法	0.01	6.9
SS	重量法	5	70
CODer	重铬酸钾容量法	10	100
BOD5	稀释倍数法	2	30
石油类	重量法	0.1	10
动植物油	重量法	0.1	20
磷酸盐	钼锑抗比色法	0.01	0.5
NH3-N	纳氏试剂比色法	0.025	15
总砷	二乙基二硫代氨基甲酸银比色法	0.007	0.5
硫化物	碘量法	0.01	1
大肠菌群	多管发酵法	–	500个/L

根据笔者参与的山西实地调研情况可以看出,近年来,煤炭采矿区对于污水的处理都做到了按照规定进行。大部分矿井水基本都已经不再直接对外排放,而是经处理后被循环利用;居民生活污水经处理后完全达到国家规定的一级标准,基本不会对周边生态环境造成破坏。因此,矿井水环境破坏成本可以不计,也就是等于零。

2. 矿区固体废弃物环境破坏成本

固定废弃物主要是指矸石,对于矸石的处理目前多采用废物回收、综合利用的手段。其利用方式主要是发电、生产水泥,作为速凝剂、釉面内墙砖,以及利用煤矸石对塌陷区进行回填、复垦、垫路、平整场地等,还有一些煤矸石用于铺铁路、公路路基等,通过这些处理方式,使得固体废弃物得到了合理的利用,解决了过去矸石山占地、自燃带来的诸多环境污染问题,因此对于这部分环境破坏成本也可以认为是零。

三、绿色投入成本的计量

煤炭采矿区占用土地后的修复成本，矿井水的排污处理系统投入成本、矸石山的废物回收利用投入成本等都是绿色投入成本的组成部分。因此这部分成本也是不容小觑的。

（一）土地恢复治理成本的计量

土地恢复治理就是要对矿区内已经遭受破坏的土地采取整治措施，因地制宜地恢复到其可供利用的期望状态的行动或过程。一般而言，土地恢复治理成本包括耕地复垦成本、林地恢复成本、草地恢复成本和未利用地恢复成本。

1. 土地回填费用

土地回填工程的任务主要是利用煤矸石、石渣等回填造地，使塌陷不平的地面初步恢复平整，它是整个土地复垦工作的基础。主要发生的费用包括①运输矸石费用。选用1立方米挖掘机装自卸汽车（规格按10吨）运载煤矸石，工作内容包括挖装、运输、卸除、空回等。②回填费用。回填主要是指用平整土地的拖拉机进行煤矸石平整、碾压等工作。以上费用会因地点不同而不同，可以按照实际情况确定。

2. 覆土费用

就煤矿塌陷区而言，前期回填工程并不能完全消除某些地块间的落差，尤其是针对那些非均匀沉降造成的塌陷地和沟壑，还需要进一步覆土和填充。覆土费用一般是由运输土方费用和黄土买价构成：①运输土方费用。运输土方时，一般采用装载机挖装自卸汽车运，工作内容包括挖装、运输、卸除、空回、平场等。②黄土买价。在土地复垦工程中，一般选取土质较优良的黄土对地面进行覆土，利用覆土厚度乘以面积计算出覆土体积，再根据不同地区黄土的价格来确定最终的覆土费用。

3. 土壤改良费用

由于新复垦的土地的表层多由生土或肥力不足的黄土覆盖，需要对其进行土地改良之后才能进行农作物的耕种。该部分费用主要包含以下几个方面:①作物种植费用;②土地翻耕费用;③肥力改良费用。

4. 农田设施费用

农田设施包括以下3部分:①路边排水沟;②灌溉设备,包括灌溉渠道的衬砌及管道的安装等;③素土路面建设,包括碎土、平土、洒水、压实等。

5. 管理费用

管理费用包括以下几个部分:①管理人员费用,聘请专门管理人员监督、指导土地复垦工作的各项开支;②规划设计费用,编制土地复垦方案、项目可行性研究报告等工作的费用;③专家咨询费用,对复垦工作的整体方案、工程措施等一些技术性工作进行专家咨询的费用。通常情况下,管理费用=工程费用×费率(0.5%)。

6. 设施摊销费用

诸如道路、农田水利配套设施及输变电线路等矿区公用的设施建设工程均为一次性投入,需要根据设备的服务年限和使用面积进行摊销。

7. 不可预见费用

不可预见费用,是指因自然灾害、设计与规划变更等不可预见因素导致土地复垦费用的增加金额。在现场实际操作过程中,该项费用往往按照不超过工程施工费、设备费及其他费用之和的2%进行计算。

(二)矿井水处理成本的计量

矿井水的处理成本应该包括污水处理设备的折旧、相关的财务费用及矿区污水处理厂的运营成本等。污水处理厂的运营成本又可以分为人工费、动力费、维修费、化学药剂费和其他费用,其中人工费包括人员工资福利,动力费包括全厂电费,维修费包括日常设备的维修保养费、仪表的校验费、设备大修费和管道的维护费,化学药剂费包括各种化学试剂费、絮凝剂费、消毒剂费。因此,矿井水处理成本计量模型可以表示为

$$C_w = A + W + P + M + R + Q \tag{3.10}$$

公式(3.10)中:

A为矿井水处理设备固定资产折旧费;

W为矿区矿井水处理厂职工工资及福利费;

P为动力费;

M为矿井水处理设备维修费；

R为净化水的化学药剂费用；

Q为其他费用。

(三)煤矸石绿化成本的计量

煤矸石绿化成本也是由3部分成本组成，即矸石山土地整理费、植被栽种费、后续辅助费用。具体而言，这3部分成本包含的内容如下：

(1)矸石山土地整理费。矸石山土地整理费是由工程设施费和造林地整理费两部分构成的。工程设施费根据矸石山前期整地模式的不同而不同，例如，采用客土栽培和原土栽培这2种整地模式所产生的工程设施费就有很大差别；造林地整理费主要是由拉线定点费和挖坑费这两部分组成。

(2)植被栽种费。植被栽种费一般是由矸石山造林调查设计费、绿化种苗费、辅助材料费、幼林维护费等多项费用组成。

(3)后续辅助费用。根据待绿化矸石山的实际情况，其后续辅助费用主要是由包括护林工人灌溉、修剪、养护苗木等事项发生的各种人工费组成。

第四节　生态成本与经济效益的博弈

企业对生态成本的投入对于整个社会而言一定是有所收益的，这种环境效益虽然不能在短期内体现出来，但是对于土地治理、污水处理及绿化工作的开展，必然会使得生态环境得到改善，也是企业对于社会的一种责任的体现。本节不对生态成本产生的环境效益做出分析，而是思考当企业投入这些生态成本造成企业的经营成本增加，却又难以带来直接的经济效益的情况下，如何采取一些博弈措施使得企业不是在政策的强制约束下被迫考虑生态成本的，而是主动地进行生态环境的改造。本节仍以煤炭企业为例来进行分析。

一、补偿激励机制的建立

对于煤炭企业来说，环境效益在短期内是不能转换为企业的经济效益的，而企业的目的就是追求经济利益最大化，因此如果缺乏必要的补偿激励机制来减弱环境效益的正外部化，那么煤炭企业的所获收益必然小于社会收益，这从经济学的角度来说是不现实的。因此，需要将生态效益价值在煤炭企业和社会大众之间进行二次分配。补偿的前提就是要建立有效的激励机制，使煤炭企业的机会成本低于社会大众的边际效用，使双方都受益。

从煤炭企业自身的经济收益来看，不进行环境治理的经济收益明显大于其实施环境治理的收益，因此如果在没有政府部门监管的情况下，煤炭企业必然会选择只开采煤炭资源而不进行生态环境的治理。但是这样一来，对于社会民众来说就要承担生态破坏成本，因此如何在两者之间取得一个平衡点很重要。简单的一个逻辑就是：社会民众如果不想承担环境生态破坏成本，就必须补偿煤炭企业由于进行生态矿区建设而造成的经济损失，也就是直接开发的经济收益减去生态保护后的经济收益的差额，只有当企业获得的环境补偿大于或等于其因保护生态环境而造成的经济损失，它们才乐于创造环境效益，而社会民众承担的环境补偿费用小于或等于他们所承担的生态破坏成本，他们也就乐于支付环境补偿费用。因此，这个补偿费用必须介于差额和破坏成本之间。那么这个补偿费用应该通过什么途径获得呢？一般来说，可以通过以下方法获得。

（一）积极调动市场投资机制来扩展融资渠道

大力发展与煤矿区生态建设相关的环保产业，依据“谁治理、谁受益”的原则，不断完善市场投资机制推动煤炭企业的生态矿区建设。例如，可以设立专门的矿山污染防治机构或矿区环保公司，为煤炭企业生态矿区建设提供技术支持，帮助其降低矿区生态环境破坏治理与修复成本。作为专业环保公司，它的优势在于不仅拥有最先进、最专业的环境治理与生态修复的技术和工艺，而且还能给污染型企业带来较大的规模经济效应，从而降低企业环境治理与生态修复的负担。而煤炭企业以追求利润最大化为目标，如果其支付给专业环保公司的环境治理费用低于煤炭企业个体的绿色投入成本，那么它必将选择专业环保公司为自身服务。这样，随着专业环保公司服务对象的增加，其规模效应必然会提高煤炭行业、化工行业等污染型行业环境污染预防与治理的效果，进而带动全民参与环境保护。而且，煤炭资源的环境补偿机制形成其自有的末端治理产业结构，有利于扩展环境补偿的市场融资渠道。

此外，由煤炭企业的经营目标可知，其生态矿区建设行为在利益的驱使下将会更加积极主动。鉴于此，可以考虑给予生态建设的煤炭企业以优先享有和使用废弃矿山剩余开采权或恢复治理后的土地使用权，鼓励更多的煤炭企业参与到生态矿区建设及废弃矿山的恢复治理行动中来。

（二）对环保型煤炭企业实施税收优惠

按照我国目前的税收制度，煤炭企业需要缴纳的主要税目如表3.3所示。

表3.3 煤炭企业按规定缴纳的税费

产业比较	具体税费
煤炭产业和第二产业中加工制造业相同的税费	增值税、营业税、关税、企业所得税、车辆购置税、车船使用税、印花税、房产税、土地使用税、城市维护建设税、固定资产投资方向调节税、耕地占用税和教育附加费等
煤炭产业特有的税费	资源税、矿产资源补偿费和探矿权、采矿权使用费等

由表3.3我们不难看出，当前煤炭企业的税收负担较重，需要缴纳的税收种类繁杂，几乎覆盖了我国所有已设立的税费种类，其中增值税为主要税种。对比国外税费制度，在西方矿业市场比较完善的国家，煤炭产业的税费情况大体一致，除了需要向国家缴纳增值税、所得税等共同的税赋外，也有一些煤炭产业特有的税费，主要包括体现国家对矿产资源所有权收益的权力金制度；基于资源禀赋情况的不同，在授予采矿权时所附加的调节——红利制度；为避免过量占有资源而设置的矿床占有费；与土地所有者发生的矿区地租；因采矿活动对环境造成损害而向有关方面支付的环保补偿等。但是西方会有与税收配套的合理政策。以美国为例，虽然美国煤炭税费较高，但用于资源环境治理和职工保健的支出占很大比例，同时美国的煤矿全员效率、煤矿工人的平均工资都是世界最高的。

这从另一个角度说明，合理的税收配套政策是促进煤炭产业发展的根本保证。而我国种类繁多的税费充斥于煤炭行业，使企业不堪重负。但是，真正用于矿产资源环境补偿和生态环境治理与修复的税费并不明确。因此,可以适当将资源税的征税范围扩大,引入“矿产资源生态税”。从内容构成上看,生态税应该由“环境税收”和“矿产资源税收”两部分构成。其中,环境税收是国家无偿征收的用于环境保护和治理的税收,主要以对生态环境产生污染的生产或消费行为为课税对象;矿产资源税是对矿产资源的保护和更好地利用而进行的征税或税式支出。国家征收的矿产资源税,既能够反映矿产资源自身的价值,又能作为政府用于环境恢复与治理的主要财政支出,属于配套的矿区财政开支补贴,为煤炭企业生态矿区建设增加了新的资金来源。

此外,我国政府还可以采取其他税收优惠措施鼓励煤炭企业参与到生态补偿机制的建立和生态矿区的建设中去,从而降低环境破坏成本,产生更大的环境效益。例如,可以对参与环境补偿的煤炭企业,特别是能按时缴纳废弃矿山补偿费、保证金和履行生态矿区建设义务的煤炭企业给予勘探和开发支出的税务处理(如加速折旧、扣减、资本化、当期摊销等)、利息扣减和税目减免的税收优惠,从而最大限度地鼓励煤炭企业积极投身于生态矿区建设。还可以利用相关增值税优惠政策:一是可以针对煤矿区工业三废的处理实施税收优惠;二是对资源综合利用产品(矸石砖、粉煤灰、水泥等)的税收优惠;三是对煤矿区抽采的瓦斯等产品的税收优惠。当前,我国的税费改革也需要加强对增值税的改革力度,可以考虑减免治理污染企业的增值税,或者降低完成环境修复的煤炭企业的增值税税率。总之,可以利用形式多样的税收优惠政策,促进环境补偿的发展和生态矿区建设的普及。

(三)加大环保型煤炭企业的政府补贴和金融优惠政策

目前,我国政府对企业环境保护行为主要采取政府补贴和税收优惠两种补贴方式,其中前者为直接补贴,主要通过财政拨款、直接给予补贴及贴息贷款等,后者则为间接补贴。这些补贴方式的实质,都是通过经济刺激使污染型企业自觉减少对环境的污染和破坏,从而有效降低其环境成本。这种针对环境保护与治理的政府财政补贴方式在欧美发达国家尤为常见,例如,《美国联邦水污染控制法》规定,对于水污染控制的研究与规划、培训与实施等活动由环境局给予一定的补助金,尤其是针对污水处理工程建设的补助金更是高达工程建设总成本的75%以上。

就当前我国煤炭企业生态矿区建设而言，既然煤炭企业不是非常愿意从事生态矿区建设工作的主要原因是外部环境效益难以内部化，那么我国中央政府和各级地方政府就可以借助补贴这一手段，对积极、主动参与生态矿区建设的煤炭企业给予一定程度的补贴，补贴方式可以不拘泥于税收优惠一种形式，还可以采取各种捐赠款项、价格补贴、实物补贴等，最终实现对环境效益的补偿，使得这些煤炭企业的私人收益和社会收益相一致。在这种情况下，就可以把社会所需要而市场机制无能为力的这部分环境保护建设活动引导出来。补贴标准的划分有赖于生态矿区环境效益的评价结果，主要以环境效益等级为参照。通过财政补贴，一方面，鼓励煤炭企业积极实施生态矿区发展模式，使清洁生产技术、循环经济模式得以推广和应用；另一方面，也为煤炭企业生态矿区建设提供了充足的资金。

此外，为了进一步拓宽煤炭企业生态矿区建设资金筹措渠道，国家还应该多鼓励民间力量参与到生态矿区建设的工作中；对于从事矿区环境修复治理相关的绿色产业的投资，给予诸如优先提供低息贷款、延长贷款偿还期的信贷政策及加速固定资产折旧等的优惠政策。

二、预防约束机制的建立

环境成本预防约束机制的设计，旨在增加煤炭企业违约行为成本，从而促使煤炭企业的行为沿着纳什均衡路径进行选择，不断减少自身发展而带来的环境破坏成本。

（一）完善补偿性煤炭开采许可证制度

开采许可证制度是环境成本约束制度的最有效约束机制之一，主要针对煤炭企业新建矿井环境保护与监督而制定的一项准入制度。在实际操作过程中，开采许可证体系对煤炭企业履行环境保护义务的效力要优于保证金体系。开采许可证制度是指从事煤炭开采活动之前，必须向有关管理机关提出申请，经审查批准发给许可证后，方可进行该活动的一整套管理措施。

开采许可的法律化是将煤炭开采过程中的环境活动严格控制在国家规

定的范围内，它是环境管理机关进行环境保护监督管理的重要手段，有利于对开发、利用环境的各种活动进行事先审查和控制，便于发证机关对持证人实行有效的监督和管理。开采许可证制度有申请、审核、颁发、中止或吊销4个环节。具体步骤有明确的规定，这里不再赘述。许可证的年限一般为20～30年不等。煤炭开采企业必须按照经过审批的计划实行开采活动，并履行矿区生态环境保护与治理义务，否则监管部门会中止或者吊销开采许可证，甚至永久性剥夺该企业的煤炭资源开采权。

虽然国家对煤炭企业的管理日益严格，取缔了很多没有许可证的小煤矿，但是即使是拥有开采许可证的矿区也不能很好地体现补偿性特点。所谓补偿性，是指不仅要对矿区资源开采进行补偿，还要对矿区生态环境进行补偿。而这部分补偿并未在办理开采许可证时收取，这样就无法约束煤炭企业对环境的有效保护。如果能够完善补偿性煤炭开采许可证制度，事先就根据煤炭企业开采的历史年限和历史记录有差别地收取生态环境补偿费，一方面可以约束煤炭企业的开采行为，另一方面可以将这笔补偿费用于生态矿区建设或废弃矿山环境的长期修复和治理。

(二)建立矿区环境风险补偿机制

煤炭资源的开采会给矿区乃至更大的空间范围带来不同的环境风险，包括可控风险和不可控风险两种类型。而后者往往是难以预测的，它往往是因为煤炭开采直接或间接导致某些不可抗力因素的产生，进而带来某些环境风险，如自然矸石山爆炸及矿区山体滑坡、坍塌等，有时这些不可控风险可能造成人身伤亡和财产的损失及对周边环境造成严重的破坏，人身伤亡部分由商业保险承担，但是由此带来的环境破坏成本是无法估量的；而且没有相应的保险项目应用于规避风险，这会给煤炭资源开发者带来巨大的经济负担，最终往往转为一种由政府和社会承担的风险。针对这种环境风险，本书认为可以建立矿区环境风险补偿机制，专门用于规避环境风险带来的经济损失。该机制是由中央、省级政府、地方政府和煤矿企业四方参与的工作机制，并设立了专项的煤矿环境风险基金，为矿区发生的各类环境风险产生的破坏而进行后续的土地复垦、矿井水处理、治理大气污染等工作所需的费用提供资金。

(三)实施煤矿区环境修复认证制度,提高煤炭行业的准入标准

所谓环境修复认证制度,是指对能够按照生态建设计划将矿区生态环境修复及优化到所要求的标准的煤炭企业授予相关认可证书,证明其具备完善的环境管理系统和环境修复治理能力。此外,煤炭企业是否建立独立环境审计部门和风险管理体系,是否已经获得ISO14000认证,都是决定其是否具备获得认证的主要因素。该认证制度建立初期,由于缺乏矿区环境修复标准,其执行可以依赖于其ISO14000认证和矿区生态建设实践的历史记录。

该认证制度的执行部门可以是政府权威机构,也可以是市场认证机构,这取决于一个国家政府机构是否拥有相关环境审计权威机构,以及环境保护产业的成熟和发展程度。在我国环境保护产业还处于刚刚起步的阶段,产业链尚不完善,缺少专业的环境审查和认证机构,因此更适合于利用政府权威部门,如环境保护总局和国土资源部等,建立独立的环境审核和认证机构。但无论其执行的法律效力和认证权威如何设计,该制度建立的最终目的是使获得认证的煤炭企业享受政策优惠,从而激励和督促煤炭企业自主履行矿区生态重建义务,并能够达到预期的环境效益等级。除此之外,政府也可以将该制度与矿产资源开采权或者开采许可证相挂钩,规定获得认证的煤炭企业可以优先获取矿产开采权,或享受一定的矿产资源税收减免;政府也可以让获得认证的煤炭企业享受低比率保证金缴纳的优惠政策。

第四章 低碳经济和能源替代研究

我国改革开放40年来，经济发展路径实现了由计划经济向市场经济的全面转型，工业经济持续高速发展，人民群众的物质生活水平也不断提高。但不容忽视的是，由于我国部分地区工业经济走的是一条高投入、高能耗、高污染的粗放型发展路径，使自然资源被过度消耗和生存环境持续恶化。以能源消费为例，中国一次性能源消费结构为煤炭占62%，石油占18%，水电、核电、风电合起来占13.6%，天然气占6.4%[①]。由此可见，支撑我国工业经济发展的主要能源是不可再生资源——煤炭，而大量的工业生产燃煤必然带来严重的大气环境污染。据《中国节能网》披露的资料显示，中国每年向大气中排放的二氧化碳总量超过60亿吨，位居世界各国之首。因此，我国

① 中华人民共和国国家统计局：《中国统计年鉴—2016》，中国统计出版社2016年版。

经济要可持续发展必须坚定地走绿色低碳之路。

中国的低碳之路有几个里程碑的事件：2009年，提出“2020年碳强度下降40%~45%的目标”。2010年，国家发改委发布《关于开展低碳省区和低碳城市试点工作的通知》，确立首批低碳试点的5省8市，要求其开展碳排放量控制和交易体系建设。2012年，低碳试点范围扩大至42个城市，包括了处在不同发展阶段、不同产业特征和资源禀赋的地区。2015年，提出国家自主贡献目标，计划2030年左右实现碳排放达到峰值，并争取尽早达峰，明确了我国低碳发展的中长期路线图，采取强有力的应对气候变化的政策与行动。2016年，《“十三五”规划纲要》中指出，坚持减缓与适应并重，主动控制碳排放，落实减排承诺，增强适应气候变化的能力，深度参与全球气候治理，为应对全球气候变化做出贡献。同时，有效控制电力、钢铁、建材、化工等重点行业的碳排放，推进工业、能源、建筑、交通等重点领域的低碳发展。2017年初，低碳试点范围扩大至87个城市。

第一节　与低碳经济相关的理论研究

一、低碳经济和环境可持续性

在可持续发展经济学的理论框架下，低碳经济是一种能够改善地球生态系统自我调节能力的生态可持续性很强的经济。近期的研究主要集中于：从经济层面上调整经济结构，转变发展方式，发展低碳产业；加强金融对低碳经济的支持；推行低碳生产，倡导低碳消费等。从技术层面上应积极开发低碳技术，加强科技储备；优化能源结构，大力发展低碳能源；发展可再生能源和共生能源，建立可持续能源体系等。

美国耶鲁大学环境法律与政策中心（Yale University Center for Environment Law and Policy，YCELP）、哥伦比亚大学地球学院国际地球科学信息网络中心（Center for International Earth Science Information Network，CIESIN）和欧盟委员会合作提出环境可持续性指数（Environment Sustainability Index，ESI），该指数主要从环境系统的状态、环境系统所承受的压力、人类对

于环境变化的脆弱性、社会与体制应对环境挑战的能力、对全球环境合作需求的反应能力等5个核心方面，对各国或地区的环境可持续发展情况尝试进行评估。贾璐宇（2014）分析了GDP与人类发展视角下经济与环境关系的优劣，认为我国经济增长和环境可持续发展的关系可分为3个阶段，并分析如何在GDP和人类发展视角下改善两者的关系。

二、经济增长与碳排放

说到我国经济增长的显著特征，就逃不开人口规模、GDP、固定资产投资、对外贸易等因素。目前，学术界得出的基本一致的看法是：低碳经济是经济增长与化石能源消耗脱钩的经济。化石能源消耗是碳排放的主要来源，在低碳经济模式下，经济增长不再依赖于化石能源的消耗。从长期来看，经济增长与碳排放量也将不存在因果关系[①]。

转变经济增长方式、调整和优化产业结构、有效地加大低碳产业投资是我国进行环境保护、降低碳排放的一大有效途径。党的十六大报告指出，中国要实现工业化必须走一条科技含量高、经济效益好、资源消耗低、环境污染少、人力资源优势得到充分发挥的新型工业化道路，这就需要我们改变以往“高投入、高能耗、低效益”的发展模式，降低经济增长对能源的依赖程度，走一条低资源消耗、高产出的新型工业化道路。在今后我国的产业结构调整中应大力发展高新技术产业和第三产业。尤其是随着信息化、人工智能等的兴起，我国在扶持高新技术企业上的力度不断加大，使得我国近几年来迅速成为互联网大国，远远超过很多传统西方强国，这也说明了我们在产业转型上已经取得了一定的成效，高新技术产业和第三产业已经成了我国大力发展的产业，从而可以大大降低工业对碳排放的需求，降低单位产值的碳排放量，保护环境。对于能耗较高的第二产业，应该从政府的层面一方面进行政策约束，如关闭污染严重的小企业；一方面出台激励政策，鼓励开发相关节能型产品，调整产品结构向高附加值和深加工产品方向发展，从而达到减少温室气体排放量的目的。

---

① 尹希果、霍婷：《国外低碳经济研究综述》，《中国人口·资源与环境》2010年第20卷第9期，第19页。

从对外贸易的因素来看，由于长期以来政府一直实行宽松的对外贸易政策，使国内高碳产业盛行，再加上缺乏碳税机制，国外发达国家将大量的高污染产业向我国转移，将我国当成国际工厂，使我国的碳排放量激增。因此，我国在制定贸易政策时，要正确引导出口企业低碳化，建立碳税机制，积极开展技术方面的国际合作，尤其是在能源利用技术方面更应该通过多种融资方式吸引国外组织和发达国家的企业参与到中国新能源和可再生能源产业的开发与建设中来。

三、能源消费与碳排放

碳排放最主要的来源是能源的消耗，能源强度和碳强度是衡量能源消耗的两个重要指标。能源强度是指单位GDP的能源用量。不同产业的能源强度不同，一般第二产业的能源强度最高，而在第二产业中，重化工的能源强度又远高于一般制造业。能源强度还受到技术的影响，同一行业中技术水平低则能源强度高。因此，降低能源强度，提高技术水平是减排的有效方向之一。而单位能源用量的碳排放量，则称为碳强度（Carbon Intensity）。能源种类不同，碳强度的差异很大。在化石能源中，煤的碳强度最高，石油次之，天然气较低。在可再生能源中，生物质能有一定的碳强度，而水能、风能、太阳能、地热能、潮汐能等都是零碳能源。

在所有影响二氧化碳排放的因素中，能源消费对二氧化碳排放的影响最为明显，而且呈加速趋势，所以我们可以通过调节能源消费来达到二氧化碳的减排效果。首先可以通过节约用能，提高能源利用率和转换率来进行减排。以较少的能源消耗，创造更多的物质财富，不仅有利于保障能源供给、推进技术进步，而且也是减少二氧化碳排放量的重要手段。其次是降低煤在国家能源结构中的比例，提高煤炭净化比重。我国工业生产中温室气体的过量排放，其原因除了生产技术装备落后以外，最重要的是因为我国的能源消费结构以煤为主。相比石油、天然气，煤炭污染排放量高、使用效率低，利用其他能源进行替代已经成为我国发展战略的必然选择。Chang和Lin于1999年采用灰色关联分析测算了我国台湾34个行业的产值与碳排放量的灰色关系系数；各种能源使用量与碳排放量的灰色管理系数显示，电能在台湾经济发展中起着越来越重要的作用。由此可见,采用电能等其他能源替代,大力发展低碳和无碳能源,促进能源供应的多样化,是减少煤炭消费量降低对进口石油依赖度的必然选择,也将是发展低碳经济的重要方向。

四、低碳转型的具体措施研究

为了保持中国经济可持续发展,相应的低碳经济战略对策也是必不可少的。目前,比较普遍认可的对策有:实施低碳发展战略,建立低碳型社会;调整产业结构,建立低碳经济体系;加大对新能源和可再生能源开发和利用的力度,即开发和利用水电、太阳能、风能、地热能、生物质能等新能源和可再生能源;加强低碳技术创新与产品创新;加强低碳制度创新;加强金融对低碳经济的支持,积极发展碳金融市场,建立碳融资、碳交易市场;推进低碳制度创新与法律体系建设。积极开展国际技术合作,通过共同研发、合理转让等方式提高国内的科技水平和创新能力,尽快缩小与先进低碳技术等方面的差距。发展低碳经济,促进节能减排,摒弃高污染、高能耗的生产、生活和消费模式。[①]在本章中,将重点从如何利用电能进行节能减排来做出详细说明。

第二节 低碳转型对策之低碳能源替代

能源是现代社会和经济发展的推动力,是人类赖以生存与繁衍的生命线。传统能源的日渐枯竭,生态环境的日益恶化,使人类社会面临发展的极限。因此,在发展低碳经济的今天,低碳能源作为化石能源的替代品,将是中国未来能源发展的主要方向。充分开发和利用低碳能源,不仅可以有效缓解我国社会经济发展过程中的能源约束,促进能源结构的优化,开拓新的经济增长领域,而且可以减少污染物排放量,保护环境,从而有效落实科学发展观,建设资源节约型社会,确保经济与社会的可持续发展。

本书从前一章生态成本模式的构建中介绍了企业是如何进行生态成本

① 任力:《经济增长与低碳转型:理论、实证与政策》,厦门大学2010年博士后论文,第145页。

核算的，尤其深入了解了煤炭采矿业的生态成本构成后，明白了光从煤炭企业出发来考虑生态成本还是不够的，还要从低碳环保的根本上去解决问题。更重要的是如何找到替代能源来解决环境污染问题，目前最有效的方式是采用清洁能源来替代煤炭。本节以笔者在山西省国家电网参与的电能替代模式的研究为例来探讨低碳能源替代问题。

能源结构调整，不是上来就要去煤炭化，而是应该先发展煤炭可替代能源，只有其他能源发展成熟了，才可以替代煤炭，到时候才能减小煤炭的使用率。面临雾霾越来越严重的环境危机，首要问题不是能源调整，也不是去煤炭，其中重要的是煤炭应该怎么用才能环保、效率才能高。研究电能替代的通用模型时并不以具体哪个行业作为特定的研究领域，也不以某种技术作为特定手段，而是从一种普适的角度提出理论模型，涵盖所有涉及的环节，但在每一个分析部分都会举例说明，以加强理解。并且将具体分析替代所带来的经济效益和环境效益，以往对效益的研究包括初期投资（设备、安装、建设等）、运行成本、设备折旧费等，而没有包含生态成本。这样没法体现电能替代的环境价值，使电能替代的发展受到限制。因此，需要建立考虑环境效益的效益计算和评价模型，旨在通过定量的分析体现电能替代的长远效益，增强民众对电能替代的认识，为我国电能替代的推广提供参考。

一、山西省用能结构分析

长久以来，山西煤炭以外输为主。国家电网公司副总经理舒印彪指出：“2007年至2009年，山西输煤与输电比例分别为26∶1，23∶1和16∶1，输电比重虽有所提高，但在整个能源运输体系中的比重依然很低。”中国电力工程顾问集团于2011年4月完成了山西煤电基地外送电规划研究，对晋北、晋中、晋东三大煤电基地建设规模、外送电方案做出细致研究。根据规划，2020年山西三大煤电基地规划装机容量为12 550万千瓦，其中晋北煤电建设规模4 400万千瓦，晋中2 650万千瓦，晋东5 500万千瓦。12 550万千瓦装机容量是三大基地最大装机容量，是综合三地煤炭产量、环境容量、水资源条件等因素做出的规划。

表4.1表示2012年山西省用能表。

表4.1 2012年山西省用能表与其他部分省份对比表

行业	能源消费总量	煤炭（万吨）	电力（亿千瓦时）	煤炭占比（%）	电力占比（%）	煤电比值吨/万千瓦时	其他省份数据参考			
							省份	煤炭（万吨）	电力（亿千瓦小时）	煤电比值
消费总计	19 335.54	31 084.62	1 765.79	100	100	17.60				
农、林、牧、渔业	362.56	193.50	37.39	0.6	2.12	5.18				
工业	15 407.13	29 004.72	1 434.05	93.3	81.21	20.23				
轻工业	236.98	421.03	21.91	1.4	1.24	19.22				
重工业	15 170.16	28 583.69	1 412.14	92.0	79.97	20.24				
采矿业	3 858.37	2 699.32	303.11	8.7	17.17	8.91				
制造业	10 289.16	16 003.14	771.79	51.5	43.71	20.74	广东	5 082.96	2 323.31	2.19
*农副食品加工业	63.00	62.63	5.05	0.2	0.29	12.40				
*石油加工、炼焦和核燃料加工业	1 967.98	10 799.97	59.13	34.7	3.35	182.65	辽宁	757.22	61.96	12.22
*化学原料和化学制品制造业	1 812.84	1 490.38	157.35	4.8	8.91	9.47	黑龙江	16 177.17	3 528.32	4.58
*非金属矿物制品业	850.92	700.31	63.81	2.3	3.61	10.97	河南	1 486.11	248.37	5.98
黑色金属冶炼和压延加工业	4 286.30	1 732.36	274.52	5.6	15.55	6.31	湖北	580.88	206.77	2.81
有色金属冶炼和压延加工业	906.12	771.34	161.45	2.5	9.14	4.78	河南	354.06	375.56	0.94
其他制造业	15.96	224.33	0.06							
电力、热力、燃气及水生产和供应业	1 259.61	10 302.26	359.16	33.1	20.34	28.68	重庆	1 239.84	88.01	14.09
*电力、热力生产和供应业	1 256.15	10 298.46	358.95	33.0	20.33	28.69	重庆	1 239.84	81.15	15.28
建筑业	163.68	73.53	22.02	0.2	1.25	3.34	辽宁	24.33	27.76	0.88
交通运输、仓储和邮政业	978.74	63.73	51.92	0.2	2.94	1.23	黑龙江	645.85	848.42	0.76
*批发、零售业和住宿、餐饮业	394.94	254.66	27.24	0.8	1.54	9.35	辽宁	59.50	75.24	0.79
*人民生活及其他	2 028.49	1 494.48	193.16	4.8	10.94	7.74	辽宁	394.82	200.04	1.97

注：表中已经剔除全年煤炭用量少于50万吨的行业。

根据表4.1，我们可以做如下分析：

（1）山西用于电力、热力生产和供应业的煤炭比例只有33%，而据统计，在全国的平均水平高达50%～60%，说明山西省的煤炭可替代空间非常巨大。

（2）煤与电使用量比值越大的行业，替代可能性将越大，这些行业集中在表中标*的行业（按比值大于7进行判断）。

①农副食品加工业。该行业的产业集中度低，产值低，不作为替代研究对象。

②石油加工、炼焦和核燃料加工业。炼焦行业中煤炭是作为原材料，不作为后续替代研究对象。

③化学原料和化学制品制造业。我们比照了黑龙江省，发现黑龙江的煤炭消耗量约是山西的11倍，但是却可以将煤电比值提高1倍，说明该行业在黑龙江省的电气化水平已经相当高，有值得效仿的地方。

④非金属矿物制品业。我们比照了河南省，其在该行业的用碳量约是山西省的2.1倍，而用电量约提升了4倍，可以考虑为替代研究对象。

⑤金属冶炼和压延加工业。不论是黑色金属还是有色金属，在生产过程中使用电能的工艺已经比较成熟。在这一点上，湖北和河南的情况都要优于山西。

⑥电力、热力生产和供应业。电力部分的煤炭可当作原材料，因此无须研究。热力生产可以考虑为研究对象。从全国其他省市来看，重庆和广东与山西在该行业具有一定的可比性，其中和山西消耗量差不多的是重庆，而且比值比山西约少了一半。

根据2012年能源加工转换投入产出情况表可知，山西省用于产生热力（1.6×10^{17}焦）的煤炭相当于8 000万吨原煤（包括热电联产），替代空间巨大。

⑦批发、零售业和住宿、餐饮业。辽宁省在该领域与山西省的规模相当，但两者的比值差异约12倍，说明山西的提升空间还很大。

⑧人民生活及其他。山西人民生活用的煤电比值（7.74）非常高，我们将该比值与众多省份相比，发现大部分比值都在2以下。这与山西作为煤炭主要产出地，煤炭的获取相当低廉的现状紧密相关，也反映了电能替代任务的

艰巨性。

二、山西电能替代潜在市场规模分析

(一)工业制造业

我们以广东省作为比较对象,对该行业的替代空间进行分析。根据2012年数据,广东省制造业用煤量为5 082.96万吨,用电量为2 323.31亿千瓦时,两者比值为2.19;而山西省用煤量为16 003.14万吨,用电量为771.79亿千瓦时,两者比值为20.74。两省比值相差约9.5倍。如果我们将广东的比值作为工作目标,可以得出如表4.2所示的两省电能替代结果。

表4.2 两省电能替代空间值对比表

省份	用煤(万吨)	用电(亿千瓦时)	比值
广东	5 082.96	2 323.31	2.19
山西	16 003.14	771.79	20.74
山西用煤量降为1/3,电能提升到3倍	5 334.38	2 315.37	2.30
替代量	10 668.76	1 543.58	–

根据上述结果,可以看出煤炭替代掉10 668.76万吨,用电量增长1 543.58亿千瓦时。山西省工业制造业的煤炭使用量占消费的50%以上,有巨大的替代空间。仅以这其中的化学原料和化学制品制造业、非金属矿物制品业来说,全年煤炭消费量为2 200万吨,用电量220亿千瓦时。1千瓦时电需要标煤350克,则每吨煤发电量在2 000 ~ 3 000千瓦时,则按10%的替代率计算,全年可替代电能为2 200万×10%×2 000千瓦时=44亿千瓦时。

(二)第三产业:批发、零售业和住宿、餐饮业

山西省该行业用煤量为254.66万吨,用电量为27.24亿千瓦时,两项比值为9.35,中等水平。如按10%的替换率折算,则全年可替代电能5.09(254.66万×10%×2 000千瓦时)万千瓦时。

(三)人民生活及其他部分

人民生活及其他部分:山西省全年煤炭使用1 494.48万吨,电力消费为

193.16亿千瓦时。在居民用煤结构中，煤炭主要用于生活，如烹饪和取暖。根据数据来看，居民对煤炭的使用量非常巨大，替代空间较大，但考虑到山西省与对比的地区间的经济差异性，实施替代仍然困难较大。

三、电价分析

我国现行的电价制度主要有3类：单一制电价、两部制电价和峰谷分时电价。

单一制电价只有一个电度电价，即按用电量多少计收电费，与设备容量无关。除大工业客户外其他客户均按此制度执行。

目前，我国对大工业客户实行两部制电价。两部制电价是将电价分成两部分：一部分称为基本电价，是以客户受电容量（千伏安）或客户最大需量（千瓦）计算的，与其实际用电量无关；另一部分称为电度电价，在计算电度电费时以客户实际用电量计算。

为了消峰填谷，我国现阶段还施行峰谷分时电价，即将一天24小时分成高峰、平段、低谷等多个时段，每个时段实行不同价格水平。除此之外，还有阶梯电价、丰枯季节电价等。

四、煤价分析

近年来，我国已成为世界第一煤炭生产国和消费国，煤炭生产量和消费量占世界生产量和消费量均为50%左右。煤炭是我国的主体能源，占一次能源生产总量和消费总量均为70%左右，生产阶段占75%，消费阶段占66%（数据来自国家统计局网站2013年度数据）。

本章分析的煤炭主要是指动力煤。从广义上来讲，凡是以发电、机车推进、锅炉燃烧等为目的的，产生动力而使用的煤炭都属于动力用煤，都称作动力煤。动力煤主要包括褐煤、长焰煤、不黏结煤、贫煤、气煤、少量的无烟煤。煤炭价格中，当前环渤海5 500大卡动力煤价格为550～600元，山西坑口价格为300元左右。表4.3为山西各地区2014年10月31日的坑口煤价。

表4.3　2014年10月31日山西各地区的坑口煤价

地区	产地	煤种	煤炭质量					价格（元/吨）
			灰分（%）	挥发分（%）	硫分（%）	发热量（kcal/kg）	黏结指数（G）	10月31日
晋中	寿阳	贫瘦煤	28 ~ 30	12 ~ 14	0.6	5 200		260
大同	大同南郊	弱黏煤	10 ~ 16	28 ~ 32	0.8	5 500		340 ~ 365
朔州	山阴	气煤	16 ~ 18	36 ~ 38	1.2 ~ 1.3	>5 800	25	345
忻州	保德	气煤	20 ~ 25	31 ~ 35	<1.2	6 100		285 ~ 315
晋中	和顺	贫煤A18）	18	13	1.8	5 800		300
吕梁	兴县	气煤	20 ~ 28	35 ~ 40	0.6		75	245
临汾	翼城	动力煤	15 ~ 23	11 ~ 14	<1	6 000		340 ~ 350
运城	平陆	瘦煤	26	18	<2	4 600	35	345 ~ 370
阳泉	盂县	贫煤	20 ~ 23	11 ~ 13	0.5 ~ 0.7	5 800	10	370
长治	潞城	贫煤	17	14	2	5 500		345 ~ 360
晋城	泽州	末煤	18	6	0.25	5 600		460

注：数据来自中国煤炭资源网http://www.sxcoal.com。

第三节　电能替代模型的测算框架

一、模型理论

根据替代实施的过程看，主要应该从初期投资和生产运营两个角度对电能替代模型做经济性分析。

初期投资包括与设备、场地、安装等相关的一次性投入。生产运营主要指生产过程中的人力、燃料、维修、年检等。由于运行涉及污染物排放，还应考虑该部分费用。本书将投资与运营具体分类为表4.4所示的两大类，并细分为子类。

表4.4 电能替代模式分类表

分类	子类	说明
投资	主设备	指用于产生热量、做功的用能主设备
	配件	指与主设备运行方式相关的附加设备
	环保设施	指用于脱硫脱硝等的设备
	土地与建筑	指所占用的土地，以及兴建的建筑物
	用能终端设备	指因生产热量方式不同，而让用能终端不同时的设备
运营	供能	指能源使用费用，如煤炭、电、天然气
	人工	指在能源使用过程中投入的人工费用
	耗材	指每年在能源使用过程中投入的耗材费用
	检修	指生产过程中用于检修用能装置的费用
	环保费用	指去除解决生产过程中产生的污染物所需自行投入的费用，或者直接向外排放需缴纳的排污费用
	碳排放费用	指针对二氧化碳排放所征收的费用
	经营影响	指企业运营投入的产能和产出的质量所带来的综合效益

二、模型参数

根据上述分类，还需要分别列出重要的参数，并加以具体说明（由于碳排放费用和经营影响单独列示更利于模型的构成的分析，现将原先的两大类分成四类来列出参数及说明）这些参数及说明如表4.5所示。

表4.5 模型参数说明表

分类	子类	参数	说明
投资 A	主设备 M	设备规格	主设备的型号，容量、温度、用电量、出水量等关键规格参数，用于选择可以对比的设备
		设备容量 Cap	设备电功率（千瓦），或产热量（蒸吨）
		设备现价	指设备的市场销售价格
		设备费用	主设备总费用

续 表

分类	子类	参数	说明
投资*A*	配件设备*Acc*	配件类型	指配件的类型
		配件价格	配件的具体价格
		配件总价	所有配件的总价
	环保设施*Em*	设备规格	环保设备费用
		设备现价	设备现有费用
		设备总价	环保设备总费用
	用能终端设备*Trm*	用量	终端设备的安装量,如盘管、送风系统
		造价	单位造价
		总价	总价格
	土地与建筑*Fid*	土地面积	占用的土地面积
		土地价格	土地单价
		单位建造成本	建筑物的建造成本
	其他费用*Oth*	设备安装费用	总设备安装费用
		证书费用	各类证书申请费用
		其他费用	其他费用
	价格趋势	设备价格变化趋势	各类设备的价格趋势
		土地价格趋势	土地单价变化趋势
运营*B*	供能*Sup*	年用能量*Eng*	全年用能量,单位大卡
		燃料用量*Amt*	全年使用燃料(电力)的数量
		燃料热当量	单位燃料热比值
		设备热效率*Cop*	热转换率
		电价*P*	用电单价
		煤价*Q*	用煤单价
		配件用电量*Asup*	各类配件使用电能的费用

续　表

分类	子类	参数	说明
运营 *B*	人工 *Emp*	人工单价	人员年费用
		人工数量	人员数量
		人工总费用	人员总费用
	耗材 *Mer*	具体耗材类型	使用的材料
		用量	材料年用量
		单价	材料单价
		总费用	总费用
	环保 *Rep*	检修次数	年平均检修次数
		单次费用	每次检修的费用
		总费用	检修总费用
	环保费用 *Erm*	内部除污费用	内部使用脱硫脱硝设备需要的费用
		外部排污费用	直接排放，需要缴纳的排污费用
碳排放 *C*	碳排放量 *Camt*	能源消费量	总能源消耗量
		温室气体含量	单位燃料产生的温室气体数量
	碳税 *CT*	碳排放系数 *Cef*	每吨燃料的碳排放量
		碳排放税率	每吨排放的碳需缴纳的费用
	排放费用 *Cp*	排放费用	总费用
经营影响 *D*	产能影响 *CI*	产量影响度	用电方式带来的产量增加
		单位 GDP 能耗	万元 GDP 需要多少能源：煤、电
		行业利润率	行业平均利润，用于计算
	质量影响 *QI*	质量影响度	用电方式改变带来的产品质量改良
		转换率	产品质量提升转换为效益的系数
	效益影响 *D*	效益增加合计	计算采用的用电方式带来的总效益

三、模型逻辑

针对不同的供能设备，计算在产生相同的经济效益的基础上，在生命周期内共使用了多少费用，用Fee表示。Fee公式为

$$Fee = A + N \times (B + C + D) \tag{4.1}$$

其中，N为设备可使用年限，$A \sim D$分别代表表4.5中的内容。

根据该公式，有以下多种判断逻辑：

(1)正向判别。不同的设备和用能方式，具有不同的生命期费用。令c为用煤方式，e为用电方式，如$Fee(e) < Fee(c)$，则说明用电方式更经济，具有相对于用煤方式的替代性。

(2)延迟判别。由于各项参数都是时间函数，即$Fee(t)=A(t)+N\times[B(t)+C(t)+D(t)]$，则如在$t_0$时刻，有$Fee(e,t_0) > Fee(c,t_0)$，则有可能在$t_1$时刻，$Fee(e,t_1) > Fee(c,t_1)$，即替代具有时间效应。

(3)反向推导。如果在短期内无法使$Fee(e,t) < Fee(c,t)$，而电能替代又必须实施，则可以通过人工干预某个参数，如P，即电价，使$Fee(e,t) < Fee(c,t)$；或者某个参数在政府干预下发生变化，如C值，即碳税实施，也可使判别式成立。即求解合适的参数，使判别式成立。

第四节　电能替代模型的公式设计

一、模型公式表达式

本书将模型的各参考因素考虑进去，通过分类归纳后形成两组函数，然后再汇总成一个总函数，具体表现为：

(一)总投资归一函数

不同的设备有不同的使用年限。根据调查，市面上的煤锅炉通常使用年限在5～10年，电锅炉为10～15年，热泵为15～20年。

从经济学角度进行生命期投资分析时，均需要按回收期进行归一，即按年取折旧费用，且存在不同的折旧方式。此处为方便计算，我们采取最为常

用的平均折旧费。

则我们在计算设备总投资A时，通常计算的是$A(L,t)$，L为各类主设备使用年限。此时，我们以需要的多种设备中最短的使用年限作为基准，将其他设备按此做归一处理。具体如式(4.2)所示。

即令$l_0=\min_i(L)$，

$$A(L,t)=\left[M(t)+Acc(t)+Em(t)+Trm(t)+Oth(t)+Fid(t)\right]\times\frac{l_0}{L} \tag{4.2}$$

(二)其他费用函数

其他费用包括运营费、碳排放及经营费用等，具体包括燃料费、人工费、耗材费、检修费、环保费、碳税等。运营费用公式为

$$B(L,t)=\left[Sup(t)+Emp(t)+Mer(t)+Rep(t)+Erm(t)\right]\times l_0 \tag{4.3}$$

碳排放公式用式(4.4)表示：

$$C(L,t)=\left[Camt(t)\times Cef(t)\times Cp(t)\right]\times l_0 \tag{4.4}$$

经营费用公式用式(4.5)表示：

$$D(L,t)=\left[Qt(t)+Ql(t)\right]\times l_0 \tag{4.5}$$

(三)模型总函数

投资费用为一次结清，运营费用逐年变化，按生命周期术积分，则总费用为

$$\begin{aligned}Fee(L,t)=&\left[M(t_0)+Acc(t_0)+Em(t_0)+Trm(t_0)+Oth(t_0)+Fid(t_0)\right]\times\frac{l_0}{L}\\&+\int_{t=t_0}^{t=t_0+l_0}l_0\begin{bmatrix}Sup(t)+Emp(t)+Rep(t)+Erm(t)\\+Camt(t)\times Cef(t)\times Cp(t)\\+Qt(t)+Ql(t)\end{bmatrix}\mathrm{d}t\end{aligned} \tag{4.6}$$

参数说明：

其中，t_0为当前时刻。

第五节 初始投资分析模型函数的参数设计

根据上述的模型函数公式，本书需要从初始投资分析、用能费用分析、环保治理费用和其他费用、碳排放和碳税分析及企业经营影响分析6个方面进行参数设计。初始投资分析的参数如表4.6所示。

表4.6 初始投资的参数表

子类	参数	说明
主设备 *M*	设备规格	指主设备的型号、容量、温度、用电量、出水量等关键规格参数，用于选择可以对比的设备
	设备容量 *Cap*	设备电功率（千瓦），或产热量（蒸吨）
	设备现价	指设备的市场销售价格
	设备费用	主设备总费用
配件设备 *Acc*	配件类型	指配件的类型
	配件价格	配件的具体价格
	配件总价	所有配件的总价
环保设施 *Em*	设备规格	环保设备费用
	设备现价	设备现有费用
	设备总价	环保设备总费用
用能终端设备 *Trm*	用量	终端设备的安装量，如盘管、送风系统
	造价	单位造价
	总价	总价格
土地与建筑 *Fid*	土地面积	占用的土地面积
	土地价格	土地单价
	单位建造成本	建筑物的建造成本

续 表

子类	参数	说明
其他费用 *Oth*	设备安装费用	总设备安装费用
	证书费用	各类证书申请费用
	安装费用	安装设备费用
价格趋势	设备价格变化趋势	各类设备的价格趋势
	土地价格趋势	土地单价变化趋势

除了列出主要的参数说明外,还需要对各个参数进行具体分析。

一、主设备

主设备是指使用能源实现加热、做功目的的主体设备,如烧煤的锅炉、用电的锅炉、热泵主体部分。主设备投资记为M。

(一)替代条件

可实现对比的设备,应该具有某些相同的条件,主要是与容量相关的参数。如单位时间产生的热量相同,表现为产生相同量的热水、相同量相同温度的蒸汽、同样的功等。

如果生产生活中需要的是蒸汽,那么煤蒸汽锅炉和电蒸汽锅炉能够替换的基本条件是与生产直接相关的参数要一致,基本参数为额定蒸发量、工作压力、蒸汽温度。如果需要的是60摄氏度的热水,那么能满足的设备就要从单位时间内生产同温度热水的数量上分析,则煤热水锅炉可以用电热水锅炉和热泵进行替代分析。

(二)主设备投资分析

在参数满足生产要求的情况下,煤(Coal)锅炉主设备投资记作$M(c)$,电(Electricity)锅炉主设备投资记作$M(e)$,热泵(Heat Pump)主设备投资记作$M(h)$,这些主设备的价格会随时间t变化,这就意味着它们是关于时间t的函数$M(c,t)$。

（三）示例对比

这里将分别以DZL4-1.25-AII型号的燃煤锅炉和WDR4-1.25的电热锅炉为例，进行分析，具体的分析项目及结果如表4.7所示。

表4.7　两种型号的锅炉指标对比表

参数	煤锅炉	电锅炉
规格型号	DZL4-1.25-AII	WDR4-1.25
额定蒸发量	4吨/小时	4吨/小时
工作压力	1.25兆帕	1.25兆帕
蒸汽温度	193摄氏度	194摄氏度
热效率	80.3%	≥93%
外形尺寸（长×宽×高）	6 178毫米×3 500毫米×4 430毫米	5 370毫米×2 170毫米×3 130毫米
输入功率（参考）	480千克/小时（Ⅱ类烟煤）	2800千瓦时

由表4.7可知，WDR4-1.25型电锅炉从满足生产的角度来看，是完全可以替代DZL4-1.25-AII型煤锅炉的。

二、配件

我们将供热系统中除主设备以外的配套设备都称为配件。配件投资记为Acc。配件分类众多，且不同技术类型的设备拥有不同的配件。

（一）配件投资分析

配件包含共有配件，即不同的技术上有相同的配件，也有各类技术本身固有的配件。共有配件的投资额对煤锅炉和电锅炉投资差值不造成影响。并且考虑到煤锅炉配件和电锅炉配件价格随投资时间的影响而波动，则煤锅炉/电锅炉设备（或者煤锅炉与热泵）在配件上的投资如公式（4.7）所示：

$$Acc = \sum_{i=0}^{i=m} Acc_i \tag{4.7}$$

其中，i代表m种配件。

（二）示例对比

我们将各种配件进行用途和种类方面的对比，如表4.8所示。从配件的对比可以看出，主要还是在于煤锅炉配件和电锅炉配件的区别。相比较而言，煤锅炉配件最多，而且产生的不洁粉尘最多；电锅炉和热泵配件主要是用于配电或者内部清洁，并不会产生不洁粉尘等污染物。

4.8　各种配件的用途及种类对比表

配件名称	用途	种类
共有配件	煤锅炉和电锅炉都需用到与供水相关的设备	蓄热水泵、蓄热水箱、给水泵及控制箱、循环水泵、软水器等
煤锅炉配件	用于煤锅炉的一系列导风排气及上煤出渣的配套设备	引风机、鼓风机、除尘器、除渣机、上煤机、磨煤机、炉排减速机等
电锅炉配件	专用配电设备和控制设备	大容量变压器、配电箱、专用输电电缆等设备
热泵配件	解决了内盘管产品的换热盘管泡在水里容易结垢、腐蚀、污染等问题	循环泵、管材、电缆电线、冷热水电磁阀

三、环保设备

由于使用了锅炉，需要新设脱硫脱硝的环保设备。所谓脱硫脱硝，就是脱去锅炉烟气中所含的二氧化硫和氮氧化物，环保设备投资记为Em。由于环保设备是新增设备，不存在替代条件分析，Em的组成就是各个环保设备的投资额。

四、用能终端设备

终端设备指接收能量的末端设备，用户可以通过使用这些设备产生能量。我们设这部分的投资为Trm。对于工业生产来说，不同的用能设备仅仅改变了热力的产生方式，并不改变能量形式。因此终端设备上并没有投资差异，也就不存在对比分析。

而对于民用供暖领域来说，用户可以通过不同的终端来接受传递过来的热冷源。这些终端包括盘管、风机、热冷辐射设备。采用不同的终端设备，对于能源的综合利用效果不尽相同，带给用户的舒适度也大相径庭。

五、土地与建筑使用费

作为加热设备，用能主设备必然会占据一定的场所，且需要放置或者配置一些建筑物。如煤锅炉房必须具有足够面积安置主锅炉设备和配件，并且锅炉房面积大小应满足便于人员管理及各个设备能正常工作的需要。场地投资为Fid（field）。

（一）投资分析

包含土地和建筑两部分。设土地单价为α，建筑造价为β，锅炉占地面积为S_1，其他场地面积（如堆煤及渣料等非建筑场地）为S_2，则场地投资的公式为

$$Fid = S_1 \times (\alpha + \beta) + S_2 \times \alpha \tag{4.8}$$

（二）示例对比

（1）煤锅炉及配套设备所需场地。除锅炉房及值班室外，煤锅炉还需要堆煤场地及煤渣堆置场地，这些场地需要的面积与所投资的锅炉容量有关，或者说跟锅炉耗煤量有关。锅炉容量与堆煤场地面积的函数关系为$\gamma1$，锅炉容量与煤渣堆置场地面积关系的$\gamma2$，则$\gamma = \gamma1 + \gamma2$。

（2）电锅炉及配套设备所需场地。电锅炉与煤锅炉相比不需要堆煤场地。电锅炉需要的场地为锅炉房及值班室等建筑面积，如果电锅炉容量大，则需要专用配电房。

（3）热泵及配套设备所需场地。热泵设备的占用面积很小，特别是空气热泵。

六、其他费用

其他费用主要指证书申请及设备安装费用。

（一）证书费用

无论是电锅炉还是煤锅炉，都属于特种设备。特种设备的安装都需要申请证书，燃煤设备可能还需要环保相关的证书。而如果使用的是热泵，则

可以省去一些证书费用。

(二)安装费用

煤锅炉和电锅炉的安装都需要相应的电焊工、电工、司炉工等持证安装人员进行安装,并最终由专业人员检查和验收。其间将产生锅炉安装费用,包括相关材料费、人工费。

七、价格趋势

对于传统煤锅炉来说,由于技术成熟,市场普及率高,价格已经没有下降的空间。而电锅炉、热泵等一系列新型设备面临市场竞争、技术进步的压力,价格下降空间较大。

我们根据近些年锅炉类设备的价格趋势,提出-4%的价格下跌趋势,电锅炉等新型供电设备-8%的价格趋势。

第六节　用能费用分析模型函数的参数设计

用能费用用*Sup*表示,组成部分及说明如表4.9所示。

表4.9　供能组成部分说明表

供能*Sup*	年用能量*Eng*	全年用能量,单位大卡
	燃料用量*Amt*	全年使用燃料(电力)的数量
	燃料热当量	单位燃料热比值
	设备热效率*Cop*	热转换率
	电价*P*	用电单价
	煤价*Q*	用煤单价

将上述组成因素整合成3个方面来表示,分别是总体费用、电价和煤价。

一、总体费用

这里的供能对于煤锅炉来说就是煤炭及配套设备所需的电能，对于电锅炉来说就是指所耗电能。供能费用具备可比性的前提是，各类供能方式能产生相同的生产效益。

以加热40吨水，从15摄氏度到55摄氏度为例，需用能4万大卡。对电锅炉、燃气锅炉和燃煤锅炉供能指标的对比情况如表4.10所示，可以看出可能引起结果的不同的指标主要是设备热效率*Cop*和燃料单价。在当前的设备热效率和燃料单价的约束下，电能没有任何可替代的潜能，电锅炉与煤锅炉费用差异在3倍以上。而有可能对这个结果造成影响的因素有两项。

表4.10　3种不同锅炉的供能指标对比表

锅炉类型	电锅炉	燃气锅炉	煤锅炉
能源种类	电能	天然气	煤炭
设备热效率（*Cop*）	97%	91%	80%
燃料热当量μ	860大卡/千瓦时	8 000大卡/立方米	5 000大卡/千克
需燃料量*Amt*	46.5千瓦时	5立方米	10千克
燃料单价*p*	0.47	3.6	0.6
燃料费用	21.8	18	6

1. 燃料单价*p*发生根本性转变

当前火电装机使用比例高，占95%以上，煤电联动的情况下，电的价格和煤的价格无法拉开差距，单价就没办法发生变化。只有远期可再生能源利用比例大幅提升，煤电比例大幅下降的情况下，电价才能摆脱煤价的束缚。另外，如果可以获取廉价电，如弃风、谷电，或者电厂直供，也可以使两者的用能费用发生反转。

2. 设备热效率*Cop*有极大的提升

上述3种锅炉类型中，电锅炉的电能热效率最高，已经接近100%，反观煤锅炉，当前仅80%，还有不小的提升空间；但只有在电能热效率提升至

100%以上的时候，才有可能。各种不同的能源利用方式的*Cop*如下所示：热泵供暖制热系数取3.1，单体空调制冷系数取2.9，煤锅炉的热效率取0.78，电锅炉的热效率取0.98，燃油锅炉的热效率取0.85，燃气锅炉的热效率取0.9。

如果记总能耗为*Eng*（Energy），则费用公式为

$$Sup = \frac{Eng}{Cop \times \mu} \times p(t) \tag{4.9}$$

二、电价分析

电价受多方面因素影响，具体的分析参数如图4.1所示。

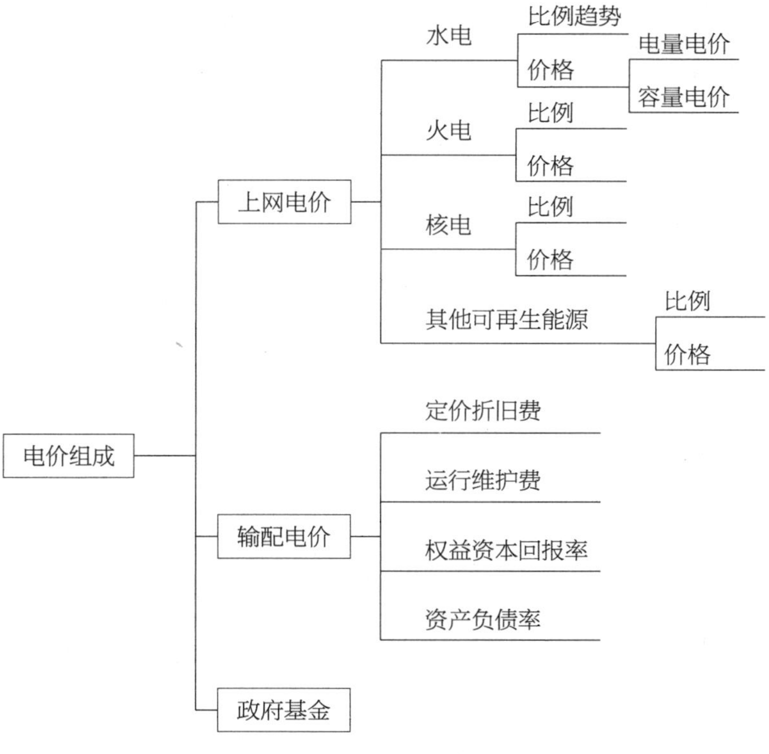

图4.1　电价组成参数

从中长期来看，电价的3项组成中，输配电价的相关政策存在不确定性；从长期来看，政府定价的模式最终会逐步取消，而政府基金则会进一步提高，也可能实施“费改税”。

根据数据统计，截至2013年底，山西省发电装机容量达5 767.27万千瓦，其中火电5 204.54万千瓦，占比达90%；风电315.95万千瓦；水电243.28万千瓦；太阳能3.50万千瓦。2013年该省发电量完成2 625.4亿千瓦时，同比增长3.57%。其中，火电2 527.13亿千瓦时，高达96%，同比增长2.95%；风电58.16亿千瓦时，同比增长60.9%；水电39.62亿千瓦时，同比下降9.57%；太阳能发电0.49亿千瓦时，同比增长130.27%。火电、风电、水电、太阳能发电对山西省累计发电量增长的贡献率分别为79.98%，24.35%，−4.64%，0.31%。

电价预测函数：令上网电价为$P1$，输配电价为$P2$，政府基金为$P3$。令R为各类能源方式的所占比例，则电价预测函数公式为$P = P1 + P2 + P3$，上网电价、输配电价、政府基金公式如下：

$$P1 = R_{水} \times (容量电价 + 电量电价) + R_{火} \times (容量电价 + 电量电价) + R_{核} \times P_{核} + R_{其他} \times P_{其他} \tag{4.10}$$

$$P2 = (设备年均折旧费 + 运行维护费 + 线损费 + 利润 + 银行偿债费用)/年售电量 \tag{4.11}$$

$$P3 = \sum P_{3i} \tag{4.12}$$

由于我国电网发展速度过快，对设备的损耗率、折旧率等重要核算要素没有很好地建立起完备的“台账”，再加上涉及的各方面对于核算方式的认识差别过大，从而让输配电价难以算清。

结合山西省实际分析可知，在$P1$中，山西的水电装机使用量较小，至2020年水电装机年增长比例为5%；火电装机因资源丰富年增长比例维持在10%；山西没有核电装机，可再生能源因风能丰富年均增长比例保持为15%。容量电价与造价相似，呈下滑趋势。按−5%计算，电量电价中，水电不变，火电按5%计算，其他按－5%计算。

在$P2$中，随着造价的下降，折旧费不断减少；随着电网智能化程度的提升，年运行维护费用也在下降；线损费则下降到一定程度后停止下降；银行偿债费用与历史贷款额及新增投资相关，至2020年前不会明显下降；利润保持之前水平。由于该部分电价和电改相关，先认为是常量。

在$P3$中，与政府政策干预相关，从长期来说看涨，按每年5%比例提升。

3个电价的增长预期情况如表4.11所示（以下按装机量确定比例）。

表4.11　电价增长预期情况表

电价构成	分类	占比（%）	增长性（%）	分项	增长性（%）
上网电价	火电	90	5	容量电价（0.1）	－5
				电量电价（0.2）	5（与煤价相关）
	水电	5	2	容量电价（0.2）	0
				电量电价（0.05）	10
	其他	5	20	容量电价（0.7）	－10
				电量电价（0.05）	
输配电价（西北均价0.165）	设备年均折旧费	不详	0	无	－5
	运行维护费	不详	0	无	－5
	线损费	不详	0	无	－1
	利润	不详	0	无	3
	银行偿债费用	不详	0	无	5
	合计	100	0	无	－1
政府基金	国家重大水利工程	无	无	0.007	5
	城市公用事业附加			0.01	5
	可再生能源电价			0.001	5
	大中型水库移民			0.003 2	5
	地方水库移民			0.000 5	5
	农网还贷基金			0	0

通过增长变化趋势可得相应的电价曲线，如公式（4.13）所示。

$$P(x)=\frac{0.9\times(1+0.05x)\times\left[0.1\times(1-0.05\times x)+0.2\times(1+0.05\times x)\right]}{0.9\times(1+0.05x)+0.05\times(1+0.02x)+0.05\times(1+0.2x)}$$

$$+\frac{0.05\times(1+0.02x)\times[0.20+0.05\times(1+0.1\times x)]}{0.9\times(1+0.05x)+0.05\times(1+0.02x)+0.05\times(1+0.2x)}$$

$$+\frac{0.05\times(1+0.2x)\times[0.70\times(1-0.1\times x)+0.05]}{0.9\times(1+0.05x)+0.05\times(1+0.02x)+0.05\times(1+0.2x)}$$

$$+0.165\times(1+0.05x)+0.04\times(1+0.05\times x)$$

$$+0.165(\text{西北均价})+0.0217\times(1+0.05\times x) \tag{4.13}$$

按上述测算，得出的2017年后各典型年段上网电价各部分比例如表4.12所示。

表4.12　2017年后各典型年段上网电价组成部分占比表

分类	分项	2017	2018	2019	2020	2030
火电	总量系数	1.042	1.094	1.149	1.206	1.965
	占比	0.882	0.874	0.865	0.854	0.664
水电	总量系数	0.053	0.054	0.055	0.056	0.069
	占比	0.045	0.043	0.042	0.040	0.023
其他	总量系数	0.086	0.104	0.124	0.149	0.924
	占比	0.073	0.083	0.094	0.106	0.313

预期到2030年，可再生能源占比超过30%。因此，进一步测算出2017年后各典型年段的电价趋势如表4.13所示。

表4.13　2017年后各典型年段电价趋势表

分类	分项	2017	2018	2019	2020	2030
火电	容量电价(0.1)	0.086	0.081	0.077	0.074	0.044
	电量电价(0.2)	0.232	0.243	0.255	0.268	0.437
	合计	0.279 808	0.283 638	0.287 653	0.291 786	0.319 225
水电	容量电价(0.2)	0.200	0.200	0.200	0.200	0.200
	电量电价(0.05)	0.067	0.073	0.081	0.089	0.230
	合计	0.011 972	0.011 812	0.011 659	0.01 151	0.009 973

续 表

分类	分项	2017	2018	2019	2020	2030
其他	容量电价(0.7)	0.510	0.459	0.413	0.372	0.130
	电量电价(0.05)	0.050	0.050	0.050	0.050	0.050
	合计	0.040 979	0.042 182	0.043 4	0.044 631	0.056 169
上网电价		0.328 162	0.332 76	0.337 632	0.342 712	0.347 928
输配电价		0.160	0.158	0.157	0.155	0.140
政府基金		0.025	0.026	0.028	0.029	0.047
合计		0.518	0.523	0.527	0.532	0.573

注:各电价单位为元/千瓦时。

从表4.13中可以看出,上网电价到2020年,将约升至0.34元/千瓦时,输配电价下降0.002元/千瓦时,政府基金上涨0.001元/千瓦时,总销售电价为0.532元/千瓦时。去除通胀因素,至2030年,电价将升至0.573元/千瓦时。

三、煤价分析

第一,从产能角度分析,表4.14为根据中国煤炭资源网和中国统计年鉴数据得出的我国2007—2016年10年间GDP、煤炭生产与消费情况及其差值。

表4.14　2007—2016年10年间GDP、煤炭生产与消费情况对比表

单位:万吨标准煤,亿元

年份	GDP	煤炭生产总量	煤炭消费总量	差值
2007	270 232.3	269 164.3	272 745.88	– 3 582
2008	319 515.5	280 200	281 095.92	– 896
2009	349 081.4	297 300	295 833.08	1 467
2010	413 030.3	342 844.7	312 236.5	30 608
2011	489 300.6	351 600	342 950.24	8 650

续 表

年份	GDP	煤炭生产总量	煤炭消费总量	差值
2012	540 367.4	394 512.8	352 647.07	41 866
2013	595 244.4	397 432.2	424 425.94	– 26 994
2014	643 974	387 391.9	411 613.5	– 24 222
2015	689 052.1	374 654.2	397 014.07	– 22 360
2016	743 585.5	341 198.5	270 320	70 879

从表4.14可以看出，从2009年开始，我国煤炭生产总量开始超过煤炭消费总量，而且结余越来越大，产量过剩非常明显。但该值在2013—2015年为较大负数，煤炭价格上升，2016年开始因为政策导向新能源，因此煤炭消费总量下跌到能源消费总量的62%，不管是生产总量还是消费总量都有明显下降趋势。

第二，从国际进口来说，2014年10月9日，经过国务院批准，煤炭进口关税恢复实施。取消无烟煤、炼焦煤、炼焦煤以外的其他烟煤、其他煤和煤球等燃料的零进口暂定税率，对应煤种恢复实施3%，3%，6%，5%，5%的最惠国税率。这将抑制中国煤炭进口。

第三，2014年9月29日，国务院总理李克强主持召开国务院常务会议，决定实施煤炭资源税改革，推进清费立税，减轻企业负担。按照国务院部署，从2014年12月1日起，在全国将煤炭资源税由从量计征改为从价计征，税率由省级政府在规定幅度内确定。从价计征有利于税收与资源市场价格直接挂钩，有助于通过税收调节产品利润和产品结构，影响价格水平，最终调节产业结构。这意味着终端价格会有所上涨。

第四，《能源发展“十三五”规划》第一次设定了与煤炭消费总量有关的约束性指标。提出到2020年，煤炭消费比重降低到58%以下。中国煤炭使用量下降的最大意义在于，中国经济增速仍然保持在6.5%～7%之间，说明中国经济正在摆脱对煤炭的依赖。但同时也可以看出，在未来至少30年内，还没有其他能源能够取代煤炭。

在影响煤价的元素中，我们可以量化包括供应能力、社会需求量、国际煤价，以及工业生产者出厂价格在内的指数。供应能力 A 可以根据煤炭产能曲线修正得到；采用时间序列法，通过GDP增长率修正后得到社会需求量 C；国际煤价则是和国内煤价相互作用的一个变量，需包含关税5%；工业生产者出厂价格指数取近5年的均值即可。则煤价预测公式如式(4.14)所示。

$$Q(t)=Q(0)\times\left(\frac{C}{A}\times\alpha+\beta\right)\times\gamma \tag{4.14}$$

第一，分析产能 $A(x)$。

令 $x=0$ 表示2007年。

对过去10年数据按二项式拟合（我们以*JMP*作为分析工具），可得：

$A(x)=189\,047.95+9\,011.273\,8\times x-313.482\,14\times(x-3.5)$^2，其 $R^2=0.979$

则 $A(2020-2006)=326\,792$ 万吨，$C(2030-2006)=387\,926.18$ 万吨，这和前文提及的中国储产比为31的事实不符，为此我们对 $C(x)$ 做对数拟合，得对数曲线：$A(x)=182\,307.19+368\,44.542\times \mathrm{Log}(x)$，其 $R^2=0.893$。

该曲线预测到2020年、2030年，产量分别为299 401吨和307 622万吨，较前更为合理。

第二，分析消费量。

按二项式拟合，得曲线如下：

$C(x)=180\,651.94+11\,911.5\times x-187.035\,71\times(x-3.5)$^2，其 $R^2=0.984$。

再按自然对数拟合，得曲线如下：$C(x)=192\,476.89+25\,838.312\times \mathrm{Log}(x)$。

在二项式拟合曲线下，煤炭消费总量在2023年达到最高值284 948万吨，之后开始下降。

在自然对数拟合曲线下，煤炭消费总量仍然保持增加，在2023年消费量为265 682万吨。可见，煤炭在储量越来越少、可再生能源越来越方便获取时，煤炭消费量逐渐下降更符合规律。因此选取二项式拟合，即 $C(x)=180\,651.94+11\,911.5\times x-187.035\,71\times(x-3.5)$^2。

α 为GDP修正值。令GDP曲线为 $G(x)$，则 $G'(x)$ 为增量，$G''(x)$ 为增量求导，则 $\alpha=1+G''(x)$，即认为煤价与GDP增长率的导数成正相关。

第三，国际煤价分析。

2006—2014年日澳长期协议价格走势图如图4.2所示。从图4.2中可以看出，日本和澳大利亚签订年度煤炭购买长协合同的价格，部分代表国际煤炭走势。该走势与中国国内煤炭走势基本相同。

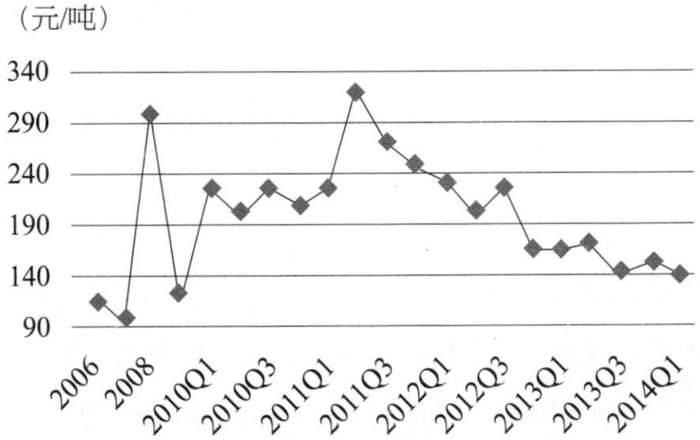

图4.2　2006—2014年日澳长期协议价格走势

根据中国统计年鉴的数据，得出我国近10年煤炭的可供量、生产总量和进口量情况，具体如表4.15所示。从表4.15可知，我国年煤炭进口量逐渐增加。能源进口是一种战略，选择是否进口有时候并不一定遵循经济学原理，但我国恢复对煤炭进口征收5%的税率是一种通过经济杠杆进行调控的手段。在局部条件下，煤炭进出口根据供需价差会不断开展，这属于市场行为，而我国煤炭的净进口必然导致我国煤炭供给增加，对国内煤价总体来说是利空影响。

表4.15　2007—2016年煤炭可供量、生产总量和进口量数据表

单位：万吨标准煤

年份	煤炭可供量	煤炭生产总量	煤炭进口量
2007	265 543.5	269 164.3	5 102
2008	275 061.1	280 200	4 034
2009	301 283.8	297 300	12 584
2010	355 577.6	342 844.7	16 310
2011	360 561.5	351 600	22 220
2012	418 654.4	394 512.8	28 841

续 表

年份	煤炭可供量	煤炭生产总量	煤炭进口量
2013	425 014.8	397 432.2	32 702
2014	411 833.5	387 391.9	29 120
2015	397 073.8	374 654.2	20 406
2016	343 690.5	341 198.5	25 543

本书用Q'表示国际煤价走势，宜采用时间序列法进行预测。通过对煤炭进口比例进行时间序列拟合，并进行关税修正，可得到拟合曲线如公式(4.15)所示。

$$\beta = \left[-0.008\,217 + 0.010\,495 \times x + 0.001\,276\,5 \times (x-4)\hat{}2\right] \times (1-5\%) \quad (4.15)$$

第四，工业生产者出厂价格指数分析。

根据近5年的出厂价格指数得到γ为1.05。

第五，$Q(0)$取值。

本书以近期山西坑口煤价300元/吨与环渤海550元/吨的两者均值425作为$Q(0)$。

最终得到预测曲线如公式(4.16)所示。

$$Q(t) = 425 \times \left\{\frac{180\,651.94 + 119\,11.5 \times x - 187.035\,71 \times (x-3.5)\hat{}2}{182\,307.19 + 36\,844.542 \times \mathrm{Log}(x)} \times \alpha(t) + \left[-0.008\,217 + 0.010\,495 \times x + 0.001\,276\,5 \times (x-4)^2\right] \times 95\%\right\} \times 1.05 \quad (4.16)$$

根据预测曲线测试出的煤价结果如表4.16所示。

表4.16 煤价计算结果表

序号	年份	C	A	$\alpha(t)$	比值一	比例二	煤价
1	2007	216 339.7	199 886.5	0.95	1.028 197	0.023 317	469.2 382
2	2008	228 251.2	204 489.8	0.95	1.060 388	0.032 075	487.511 7
3	2009	239 788.6	208 060.4	0.95	1.09 487	0.043 258	507.889 7

续 表

序号	年份	C	A	$\alpha(t)$	比值一	比例二	煤价
4	2010	250 952	210 977.8	0.95	1.1299 97	0.056 866	529.637 8
5	2011	261 741.3	213 444.4	0.95	1.164 96	0.072 9	552.394 8
6	2012	272 156.5	215 581.1	0.95	1.199 31	0.091 359	575.961
7	2013	282 197.6	217 465.8	0.95	1.232 781	0.112 243	600.216 9
8	2014	291 864.7	219 151.7	0.95	1.265 203	0.135 553	625.087 2
9	2015	301 157.7	220 676.8	0.95	1.296 465	0.161 288	650.522 2
10	2016	310 076.6	222 069.1	0.95	1.326 491	0.189 448	676.488
11	2017	318 621.5	223 349.9	0.95	1.355 229	0.220 034	702.961 2
12	2018	326 792.3	224 535.8	0.95	1.382 642	0.253 045	729.925 4
13	2019	334 589	225 639.7	0.95	1.408 704	0.288 481	757.368 8
14	2020	342 011.6	226 672.4	0.95	1.433 395	0.326 343	785.282 9
15	2021	349 060.2	227 642.5	0.95	1.456 701	0.366 63	813.661 7
16	2022	355 734.7	228 557.1	0.95	1.478 615	0.409 343	842.501
17	2023	362 035.1	229 422.3	0.95	1.499 128	0.454 48	871.797 8
18	2024	367 961.5	230 243	0.95	1.518 237	0.502 044	901.55
19	2025	373 513.8	231 023.8	0.95	1.535 938	0.552 032	931.756 5
20	2026	378 692	231 768.1	0.95	1.552 23	0.604 446	962.416 5
21	2027	383 496.1	232 479.4	0.95	1.567 112	0.659 285	993.529 8
22	2028	387 926.2	233 160.4	0.95	1.580 585	0.716 55	1 025.096
23	2029	391 982.2	233 813.6	0.95	1.592 649	0.776 24	1 057.117
24	2030	395 664.1	234 441.2	0.95	1.603 305	0.838 355	1 089.591

第七节　环保费用分析模型函数的参数设计

环保费用(Environment-related Cost)是指现场、厂内及厂外处理、处置废弃物的费用、排污费、罚款及监测、许可、登记等费用。通常,环保费用与下列因素有关:①与煤的性能和用煤设备有关的关键性物理参数。②根据功率测定的强制性标准。③各种经济财政参数,如利率、税收等。用煤设备最受这部分费用的影响,在锅炉的运行成本中,燃煤及脱硫除尘成本可占到总成本的70%以上,燃煤的水分、灰分、挥发分、固定碳、全硫及发热量等6项主要指标中,全硫及发热量与环保成本直接相关。

2013年8月,环保部为落实国务院批复实施的《重点区域大气污染防治"十二五"规划》的相关要求,进一步修改《锅炉大气污染物排放标准》,一类地区烟气中二氧化硫和烟尘的最高允许排放浓度分别为1 200毫克/立方米和80毫克/立方米,这无疑使企业在考虑原料成本的同时也要考虑环保成本。2014年9月5日,国家发展改革委、财政部和环境保护部联合印发《关于调整排污费征收标准等有关问题的通知》,规定2015年6月底前,各省区市要将废气中的SO_2和氮氧化物排污费征收标准调整至不低于每污染当量1.2元,污水中的化学需氧量、氨氮及铅、汞、铬、镉和类金属砷5项主要重金属排污费征收标准不低于每污染当量1.4元。

对于煤锅炉,煤的纯度与杂质含量,还有燃烧程度,燃烧时会生成相同构成元素但是不同的化合物。一般来说,每燃烧1吨煤可产生440千克的二氧化碳、40千克的二氧化硫,8千克氮氧化物、260千克灰渣、15千克烟尘。而电锅炉和热泵基本不需要这方面的费用。以下进行测算。

一、内部除污费计算

目前,我国低硫煤(硫含量<1%)的产量占全国煤产量的17%,中硫煤(1%≤硫含量≤3%)的产量占全国煤产量的58%,高硫煤(硫含量>3%)的产量占全国煤产量的25%,计算可得,平均硫含量为μs2.08%,因燃煤中含有的除硫酸盐外的硫化物在燃烧时都会转化为二氧化硫，这部分一般占总含硫量的84%。

目前，脱硫常用两种耗材中：

氧化钙与硫当量的消耗比$\lambda c1$为1.632∶1，价格与煤价比$\lambda c2$为1.1∶1；

氧化镁与硫当量的消耗比$\lambda m1$为1.166∶1，价格与煤价比$\lambda m2$为1.27∶1。

假设两种耗材的使用率为50%∶50%，则平均脱硫剂与硫当量比$\lambda cm1$为1.399∶1，价格与煤价比$\lambda cm2$为1.185∶1，因此吨煤脱硫系数λn为4.3%。

热功率为一蒸吨煤锅炉每个月产生大约21吨煤渣，以市场价180元成本运出，成吨煤煤渣处理系数λz为0.4%。

总吨煤环保费用系数λ为$\lambda s + \lambda n + \lambda z = 11.6\%$。

环保费用$Erm = Mc \times 11.6\%$。

二、外部排污费计算

依据2003年实行的《排污费征收使用管理条例》，对排放空气污染物的征收标准为0.6元/千克；2014年9月1日开始此征收标准提高1倍。目前对二氧化硫和氮氧化合物的征收标准为1.2元/千克。

1吨煤燃烧产生20千克二氧化硫，需缴纳24元，测算出成吨煤脱硫系数为4.3%。

1吨煤燃烧产生8千克氮氧化合物，需缴纳9.6元，测算出成吨煤脱硝系数为1.7%。

即环保费用$Erm = Me \times 6\%$。

虽然目前使用脱硫脱硝设备的成本高于直接缴纳的排污费，但2014年北京大幅提高空气排污费为20元/千克，远高于使用脱硫脱硝设备的开支。按照目前雾霾天气的严重程度，不排除其他省份也会大幅提高排污费用。

第八节　其他运营费用模型函数的参数设计

其他运营费用主要指的是配件供电、人工费用、耗材费用、检修费用和环保费用。

一、配件供电

由于设备配件部分可能需要电力辅助，还需测算该部分费用，设为$Asup$（Accessory Supply）。

二、人工费用

操作煤锅炉、电锅炉、热泵需要工种，设需要m个工种，各工种月工资为ci，各工种需要人员数ni，则员工工作t个月需要的总费用记作$Emp(t)$，如公式(4.17)所示。

$$Emp(t)=\left[\sum_{i=0}^{i=m}(ci\times ni)\right]\times t \tag{4.17}$$

根据公式可计算得到煤锅炉、电锅炉和热泵运行t个月需要的人工费用，以及燃煤和用电运行t个月所需人工费用的差值。

1. 用煤路线人工费

煤锅炉需要上煤、灰渣处理等辅助工种，每台炉子一般每班需要$n1$，$n2$人（含锅炉工），如果需要24小时连续工作，则要实行倒班制，每日x班；此外平均每台炉子还需煤料运输员工$n3$人，因此用煤路线人工费用可表示为

$$Emp(t)=cp+x\times y\times(n1\times c1+n2\times c2+n3\times c3)\times t \tag{4.18}$$

2. 用电、气路线人工费

电（包括电锅炉、热泵等）、气等设备自动化程度可以很高，它们都有专门的供能管道、电缆；此外这些设备特别是电炉设备几乎无需要处理的废气、废渣，因此人工成本大大降低，一般只需要几名（设为n）看管人员。用电、气路线的人工费用可表示为

$$Emp(t)=n\times c\times t \tag{4.19}$$

三、耗材费用

耗材包括供能部分以外的其他物质消耗与材料消耗。用煤锅炉和电锅炉都需要消耗盐料、水等。这里把用煤锅炉和电锅炉运行t个月耗费记作

Mer(Meterial),这里主要是指用于软化水垢(防止锅炉结垢)的盐等软水剂的消耗,设盐价格$Csal$元/吨,每月消耗Sal吨;如果是煤锅炉,在燃煤中还需添加清灰剂等耗材,记作$Ccle$元/吨,月消耗Cle吨;其他没有考虑到的耗材统一记作$Mero$,那么运行t个月的耗材费用公式为

$$Mer(t) = (Csal \times Sal + Ccle \times Cle + Mero) \times t \tag{4.20}$$

四、检修费用

检修包括输送管道、电气线路、炉腔、压力仪表等主机与配件的检查与修理,还包括配件设备的更换,这部分费用记为Rep(Repair)。煤锅炉与电锅炉有着严格的检修标准。一般情况下,煤锅炉、电锅炉、热泵的检修成本由高而低。设维护周期为T,每次需要检查人员nc人,人工费Cnc;设备机械部件润滑、锅炉除垢所需除垢剂等材料消耗记作$Cotr1$;由于维护设备停机所产生的经济损失记作$Cecm1$。

如果设备发生故障,假设设备年均故障率为λ,发生故障时需要nx人修理,每人费用为Cnx,修理配件更换均价为$Cotr2$,由于维护设备故障停产损失为$Cecm2$,检修费用的公式可记作:

$$Rep(t) = (t/T) \times (nc \times Cnc + Cotr1 + Cecm1) + (t \times \lambda/12) \times (Cnx \times nx + Cotr2 + Cecm2) \tag{4.21}$$

第九节　碳税及碳排放函数的参数设计

一、碳税

碳税(Carbon Tax)是指针对二氧化碳排放所征收的税。它以环境保护为目的,希望通过削减二氧化碳排放量来减缓全球变暖的趋势。碳税通过对燃煤和石油下游的汽油、航空燃油、天然气等化石燃料产品,按其碳含量的比例征税来实现减少化石燃料消耗和二氧化碳排放量。与总量控制和排放贸易等市场竞争为基础的温室气体减排机制不同,征收碳税只需要额外增加非常少的管理成本就可以实现。

碳税的影响广泛而深远，涉及社会经济和人民生活诸多方面。征收碳税不仅应考虑环境效果和经济效率，还要考虑社会效益和国际竞争力等。不同国家和地区在不同的经济社会发展阶段，碳税的实施效果有较大差异。但从长期来看，碳税是一个有效的环境经济政策工具，能有效地减少二氧化碳排放量。降低能源消耗，改变能源消费结构，虽在短期内抑制经济增长，但从中长期来看将有利于经济的健康发展。

我国于2010年提出碳税概念。国家发改委和财政部联合发出的碳税专题报告指出，中国推出碳税比较合适的时间是2012年前后，且应先针对企业征收暂不针对个人征收。财政部建议，中国的碳税最终应该根据煤炭、天然气和成品油的消耗量来征收。碳税在起步时，每吨二氧化碳排放征税10元，征收年限可设定在2012年；到2020年，碳税可提高到40元/吨。而环保部规划院课题组则建议，每吨二氧化碳排放可征税20元，到2020年可以征收50元/吨。具体而言，煤炭每吨、石油每吨、天然气每立方米分别征收11元，17元，12元的碳税。

根据前面提到的各能源二氧化碳排放系数参考表格和我国的碳税政策可知，碳税在起步时，每吨二氧化碳排放征税10元，征收年限可设定在2012年；到2020年，碳税可提高到40元/吨。

如表4.17所示为碳税征收费用表，表示使用单位类型的燃料需要的碳税，设该标准为*CP*。

表4.17　各燃料碳税征收费用表

类型	单位	费用（2012）	费用（2020）
原煤	元/吨	19.003	76.012
焦炭	元/吨	28.604	114.416
原油	元/吨	30.202	120.808
燃料油	元/吨	31.705	126.82
汽油	元/吨	29.251	117.004
煤油	元/吨	30.179	120.716

续 表

类型	单位	费用(2012)	费用(2020)
柴油	元/吨	30.959	123.836
液化石油气	元/吨	31.013	124.052
炼厂干气	元/吨	30.119	120.476
油田天然气	元/千立方米	21.622	86.488

我们以各类能源从2012—2020年的碳税数据作为基础，做成指数曲线，并假定2017年开始征收。

则碳税曲线表示为

$$C(\text{原煤},t)=\begin{cases}0,t<2017\\ \text{碳税}=19+25.94\times \mathrm{Log}(x-2012),t>2017\end{cases} \tag{4.22}$$

二、碳排放分析

测算企业碳排放，需要政府、企业、科研机构的密切合作。通过登录碳排放交易平台(http://www.tanpaifang.com)、注册企业信息、提供必要的能耗物耗数据这一流程，由第三方科研机构结合工艺模拟仿真软件，可以测算出企业生产所产生的温室气体排放量。对于大规模的简单排放源(如火电厂)，还可以直接安装碳排放浓度监测装置。

在具体操作流程上，先要结合企业温室气体管理与技术装备、生产工艺和流程，对二氧化碳、甲烷、氧化亚氮、氢氟碳化物、全氟碳化物和六氟化硫这6种种温室气体的基期排放统计量进行审计，并依据二氧化碳当量区间估计值进行换算，审定实际标准碳排放量。

测算碳排放量要求正确选用标准、准确理解标准内容。目前，还没有碳排放量的直接监测数据，因此大部分研究都是基于对能源消费量的测算得来的。

企业应该选择和使用合理的碳排放测算方法，将不确定性降到最低，并能得出准确、一致、可再现的结果。测算方法包括将温室气体活动数据与其排放或清除系数相乘法、模型法、专用设备相关性分析及物料平衡法等。具体做法为:①选择和收集与选定的测算方法的要求相一致的碳排放活动水平数据;②选择碳排放系数。

三、碳排放系数

《2006年IPCC国家温室气体清单指南》(IPCC,Intergovernment Panel on Climate Change,联合国政府间气候变化专门委员会)中规定了碳排放系数的计算方法,也提供了一些缺省值。如表4.18所示为各燃料的碳排放系数。

表4.18 各燃料碳排放系数表

碳排放系数(CEF,Carbon Emission Coefficient)	
燃料(Fuel)	碳排放系数 (吨炭/万亿焦耳)
液态矿物燃料(Liquid Fossil)	
一级燃料(Primary Fuels)	
原油(Crude Oil)	20.0
沥青乳油(Orimulsion)	22.0
天然气液态产物(Natural Gas Liquids)	17.2
二级燃料及产品(Secondary Fuels/Products)	
汽油(Gasoline)	18.9
煤油型喷气燃料(Jet Kerosene)	19.5
其他煤油燃料(Other Kerosene)	19.6
页岩油(Shale Oil)	20.0
柴油(Diesel Oil)	20.2
液化石油气(LPG)	17.2
乙烷(Ethane)	16.8
沥青(Bitumen)	22.0

续 表

碳排放系数(CEF,Carbon Emission Coefficient)	
燃料(Fuel)	碳排放系数 (吨炭/万亿焦耳)
石油焦(Petroleum Coke)	27.5
精炼气(Refinery Gas)	18.2(b)
其他石油(Other Oil)	20.0(b)
固态矿物燃料(Solid Fossil)	
一级燃料(Primary Fuels)	
无烟煤(Anthracite)	26.8
炼焦煤(Coking Coal)	25.8
其他烟煤(Other Bituminous Coal)	25.8
亚烟煤(Sub-bituminous Coal)	25.8
褐煤(Lignite)	27.6
油页岩(Oil Shale)	29.1
泥煤(Peat)	28.9
二级燃料及产品(Secondary Fuels/Products)	
煤气焦炭(Gas Coke)	29.5
焦炉煤气(Coke Oven Gas)	13.0(b)
高炉煤气(Blast Furnace Gas)	66.0(b)
气态矿物燃料(Gaseous Fossil)	
天然气(干燥)(Natural Gas〈Dry〉)	15.3
生物质燃料(用作燃料的植物或动物废弃物)(Biomass)	
固态生质燃料(Solid Biomass)	29.9
液态生质燃料(Liquid Biomass)	20.0(a)

续 表

碳排放系数（CEF，Carbon Emission Coefficient）	
燃料（Fuel）	碳排放系数（吨炭/万亿焦耳）
气态生质燃料（Gas Biomass）	30.6（a）

注释：a表示此数值在确切发生前为默认值。默认气态生物量中所含有的碳元素经燃烧后一半转化为甲烷，另一半转化为二氧化碳。处理沼气过程中所产生的二氧化碳不应计入国家排放清单。如果沼气被排放，则未燃烧的碳应按照50%转化为甲烷来计算。
b表示适用于经济领域的相关计算。

我国目前未公布碳排放系数数据库，只能采用IPCC的缺省值，这在一定程度上增加了不确定性。表4.19表示各种能源折标准煤及碳排放的参考系数。

表4.19　各种能源折标准煤及碳排放参考系数表

能源名称	平均低位发热量	折标准煤系数	单位热值含碳量（吨碳/万亿焦耳）	碳氧化率	二氧化碳排放系数
原煤	20 908kJ/kg	0.714 3kgce/kg	26.37	0.94	1.900 3kg-co2/kg
焦炭	28 435kJ/kg	0.971 4kgce/kg	29.5	0.93	2.860 4kg-co2/kg
原油	41 816kJ/kg	1.428 6kgce/kg	20.1	0.98	3.020 2kg-co2/kg
燃料油	41 816kJ/kg	1.428 6kgce/kg	21.1	0.98	3.170 5kg-co2/kg
汽油	43 070kJ/kg	1.471 4kgce/kg	18.9	0.98	2.925 1kg-co2/kg
煤油	43 070kJ/kg	1.471 4kgce/kg	19.5	0.98	3.017 9kg-co2/kg
柴油	42 652kJ/kg	1.457 1kgce/kg	20.2	0.98	3.095 9kg-co2/kg
液化石油气	50 179kJ/kg	1.714 3kgce/kg	17.2	0.98	3.101 3kg-co2/kg
炼厂干气	46 055kJ/kg	1.571 4kgce/kg	18.2	0.98	3.011 9kg-co2/kg
油田天然气	38 931kJ/m^3	1.330 0kgce/m^3	15.3	0.99	2.162 2kg-co2/m^3

四、碳排放量的计算方式

企业碳排放总量应为企业每项具体业务活动中所有材料、能源、产品与其排放系数乘积的和。某一活动的碳排放量=碳排放活动水平数据(质量/千瓦时/千米)× 碳排放系数(每个单位的二氧化碳当量)。

第十节　企业经营影响模型函数的参数设计

考虑使用不同的技术,可能从以下各个方面给企业经营带来影响。基本因素是产能影响和产品质量影响两个方面,而这两个方面又是由很多小因素构成的。比如产能影响又可以分为人工、设备、燃料和政策4个方面,产品质量影响又可以分为气温和气压等方面。在具体从这两个方面对企业经营影响展开分析时,因为要考虑到模型确定的需要,所以需要将各小因素转化成可以用于量化或者适用于模型的名称来表示。

一、产能影响分析

产能影响分析主要从设备检修周期的角度来分析不同锅炉对生产连续性的影响。

1. 煤锅炉

如表4.20所示为某公司2013年煤锅炉运行周期统计表。

表4.20　2013年某公司煤锅炉运行周期表

单位:天

被迫计划停炉	第一次	第二次	第三次	第四次	全年平均	停炉原因
#1炉运行周期	82	65	105	36	72	炉膛结焦,烟道积灰,炉膛负压无法保持
#2炉运行周期	116	36	70	47	67	炉膛结焦,烟道积灰,炉膛负压无法保持

续 表

被迫计划停炉	第一次	第二次	第三次	第四次	全年平均	停炉原因
#3 炉运行周期	89	40	95	114	75	炉膛结焦,烟道积灰;焚烧炉交道着火;过热器爆管
#4 炉运行周期	43	75	22		47	炉膛结焦,烟道积灰,炉膛负压无法保持
#5 炉运行周期	46	20	40	30	34	炉膛结焦,烟道积灰;过热器爆管

2. 燃气锅炉

对于燃气锅炉来说,需要在维护和保养时关注下述注意事项。

(1)燃气锅炉每运行 3 ~ 6 个月后,应停炉进行全面检查维修。

(2)检查完毕后可在着水面涂锅炉底漆,以防腐蚀。

(3)燃气锅炉及锅炉底座每年至少油漆一次。

(4)燃气锅炉长期不使用的情况下,也要实施一定的保养措施,保养方法有干法和湿法两种。停炉 1 个月以上,应采用干保养法;停炉 1 个月以下可采用湿保养法。

3. 电锅炉

对于电锅炉来说,不存在上述问题,检修通常按半年或一年一次,检修时长较短。

从表 4.21 所示的数据看,煤锅炉的运行时间在 268 ~ 300 天之间,折算为运行小时数为 6 432 ~ 7 200 小时;燃气锅炉的运行时长在 7 200 小时以上,电锅炉则为 8 000 小时。从数据上来说,电锅炉的连续工作能力超煤锅炉 11% ~ 24%,对产能的影响可取中间值 15%。

根据单位 GDP 能耗的概念,生产效益和能源之间存在线性关系,我们提出单位能源产值的概念,令其为 θ,则我们将产量方面的企业经营影响量化为公式(4.23):

$$\Delta D1 = Eng \times \theta \times 15\% \quad (4.23)$$

比如山西2012年制造业产值为7 897.3亿元，能源消费为煤炭1.6亿吨、电力771亿千瓦时、汽柴油22万吨，则可得到制造业单位GPD能耗为2.02吨标准煤/万元，976千瓦时/万元，汽柴油2.8千克/万元，假设合计每万元GDP需要能量1 500万大卡，则$\theta = 6.67 \times 10^{-4}$元/大卡。

二、产品质量影响分析

在工业生产过程中，控制对象各种各样，温度是生产过程和科学实验普遍而且重要的物理参数之一。在生产过程中，为了高效地进行生产，必须对它的主要参数，如温度、压力、流量等进行有效的控制。温度控制在生产过程中占有相当大的比例，其关键在于测温和控温两方面。温度测量是温度控制的基础，技术已经比较成熟。由于控制对象越来越复杂，在温度控制方面还存在着许多问题。如何更好地提高控制性能，满足不同系统的控制要求，是目前科学研究领域的一个重要课题。

锅炉控制作为过程控制的一个典型，动态特性具有大惯性大延迟的特点，而且伴有非线性。目前，针对国内电热锅炉大都采用的是开关式控制，甚至是人工控制方法。在国外，对锅炉的控制基本实现了计算机自动控制，都采用了现代控制理论中最优控制、多变量频域、模糊控制等方法。因此，锅炉的热效率很高，运行平稳，而且减少了对环境的污染。对质量的影响并不容易量化，我们研究了一款工业电窑炉，额定温度为600摄氏度~1 800摄氏度，供金属机件在氧化性环境下进行正火、退火、淬火及其他加热之用。

以尺寸1 2000毫米长×250毫米宽×250毫米高的工作室为例，锅炉的各项指标为：

（1）推板尺寸：260毫米长×230毫米宽×50毫米高，材料：特级耐玉莫来石；

（2）高温推板炉额定功率：约120千瓦，恒温功率：约80千瓦（受产品重量、温度、推进速度影响，供参考）；

（3）高温区额定工作温度：1 650摄氏度；

（4）控温点数：3点；

（5）仪表控温精度：±2摄氏度（稳态后）；

（6）恒温区截面内温度均匀性：≤±5摄氏度；

(7)炉侧壁表面温升:≤30摄氏度(装饰板外表面中心位置);

(8)推进速度:300 ~ 1 200毫米/小时(连续可调);

(9)保温时间:2 ~ 3小时(由推进速度调节);

(10)主推进机推力:5吨;

(11)工作电源:3相4线,380伏;

(12)电窑最大实体尺寸:约16 200毫米长×1 800毫米宽×1 700毫米高。

由于中频感应加热的原理为电磁感应,其热量在工件内自身产生,普通工人用中频电炉上班后十分钟即可进行完成锻造任务的连续工作,不需烧炉专业工人提前进行烧炉和封炉工作。由于中频加热方式升温速度快,氧化极少,锻件的氧化烧损百分比仅为0.5%,而煤气炉加热的氧化烧损为2%,燃煤炉达到3%;中频加热工艺节材,每吨锻件和烧煤炉相比至少节约钢材原材料20 ~ 50千克,其材料利用率可达95%。由于该加热方式加热均匀,芯表温差极小,在锻造方面还大大地增加了锻模的寿命,锻件表面的粗糙度也小于50微米工艺;中频加热比重油加热节能31.5% ~ 54.3%,比煤气加热节能5% ~ 40%;加热质量好,可降低废品率1.5%,提高生产率10% ~ 30%,延长模具寿命10% ~ 15%。

据此计算,我们认为,使用电窑炉可以提高20%的生产率(折算为产量理论上可增加25%),增加1.5%收益(废品价值可直接转为利润),其他经济效益让模具寿命延长12%。

根据上一节中的概念,我们将质量方面的企业经营影响量化为公式(4.24):

$$\Delta D2 = Eng \times \theta \times 25\% \qquad (4.24)$$

令φ为企业在实施电能替代后的增收率,则关于φ的公式(4.25)为

$$\varphi = (15\% + 25\%) \times \text{行业平均利润率} + 1.5\% \qquad (4.25)$$

当前测算的$\Delta D1$,$\Delta D2$均指生产效益,转换为GDP,实际计算过程中,应进一步根据行业的平均利润率折算为企业收益。用公式(4.26)表示最终的企业经营影响模式为

$$D = Eng \times \theta \times \varphi \qquad (4.26)$$

如山西省2012年制造业营业收入为86 450 635万元,利润4 529 849万

元，利润率为5.2%，则$D = Eng \times \theta \times 3.59\%$。

第十一节　模型测算的运用

一、总模型公式的确定

令电能设备生命期费用为$Fee(L_e,t)$，煤炭设备为$Fee(L_c,t)$。当需要测算某行业、企业的电能替代可行性时，只需判断下式是否成立：

$$Fee(L_e,t) < Fee(L_c,t)$$

我们提出以下以t为自变量的函数：

令$f(t) = Fee(L_e,t) - Fee(L_c,t)$。

结合前面所讲到的参数设计，在满足判断条件的情况下，可以代入得到公式（4.27）和公式（4.28）：

$$Fee(L,t) =$$

$$\left[M(t_0) + Acc(t_0) + Em(t_0) + Trm(t_0) + Oth(t_0) + Fid(t_0)\right] \times \frac{l_0}{L}$$

$$+\int_{t=t_0}^{t=t_0+l_0}\left[\begin{array}{l} Sup(t) + Emp(t) + Rep(t) + Erm(t) \\ +CAmt(t) \times Cef(t) \times Cp(t) \\ +Qt(t) + Ql(t) \end{array}\right] \mathrm{d}_{大} \tag{4.27}$$

则：

$$f(t) = \left(\frac{l_0}{Le} \times M_e(t_0) - \frac{l_0}{Lc} \times M_c(t_0) + E_1\right) +$$

$$\int_t^{t+n}\left[\begin{array}{l} \dfrac{Eng}{Cop_e \times \mu_e} \times P(t) - \dfrac{Eng}{Cop_c \times \mu_c} \times Q(t) - \dfrac{Eng}{Cop_c \times \mu_c} \times Q(t) \times \lambda \\ -\dfrac{Eng}{Cop_c \times \mu_c} \times Cef(t) - Eng \times \theta \times \varphi + E_2 \end{array}\right] \mathrm{d}_{大} \tag{4.28}$$

其中：

L为不同设备的使用年限，l_0为其中使用时限最短的设备的使用年限；

Eng为单位时间用能量，Cop为燃料热当量，μ为热转换率，λ为排污费率，θ为单位能源产值，φ为企业增益率；$M(t_0)$为当前主设备价格，P为电价，Q为煤价，Cef为碳税；E_1为初期投资主设备外的投资差额，E_2为运营费用中人工、检修部分费用差额。

令t为时间参数，设定为离2016年的时间差，如2017年取$t=1$；$P(t)=0.492\,238\,1+0.011\,892\,9\times t+0.000\,297\,6\times(t-4)$^2；

$$Q(t)=425\times\left\{\begin{array}{l}\dfrac{180\,651+11\,911\times t-187\times(t-3.5)^2}{182\,307+36\,844\times \mathrm{Log}(t)}\times\alpha(t)\\+\left[-0.008+0.01\times t+0.001\,3\times(t-4)^2\right]\times 95\end{array}\right\}\times 1.05;$$

$$Cef(x)=\begin{cases}0,\ x<2017\\(x-2012)\times\dfrac{76-19}{8}+19,\ x>2017。\end{cases}$$

二、模型应用

1. 当前年份经济性判定

以当前时点做是否可以进行替代的经济性判定。设定以下先置条件：

（1）以一台1蒸吨（热功率700千瓦）的锅炉运行300天，每天工作10小时为例进行分析。煤锅炉Mc为6.5万元，电锅炉Me为7.5万元。

（2）Le为电锅炉设备的使用寿命15年，Lc为煤锅炉使用寿命10年，则$l_0=10$；Eng为一年的用能700千瓦×10小时/天×300天×860大卡/千瓦时=18亿大卡，煤炭热当量为5 000大卡/千克，电为860大卡/千瓦时。煤锅炉转换率设为0.8，电锅炉设为1。

（3）P为电价0.6元/千瓦时，Q为煤价600元/吨；

（4）按自建脱硫除污装置考虑，排污费率λ为11.6%；

（5）单位能源产值θ为6.67×10^{-4}元/大卡；

（6）企业增益率φ为3.59%；

（7）Cef为碳税，当前取0；

（8）E_1为初期投资主设备外的投资差异，主要体现为环保设备价格25万元；

（9）E_2为运营费用中人工、检修部分费用差异。

根据上述条件，代入公式后可以计算求得如表4.21所示的结果，从而能够判断出煤锅炉与电锅炉的差别。

表4.21　电能替代模型具体应用结果一览表

分类	项目	电锅炉	煤锅炉
应用场景	用时	一年运行300天，每天工作10小时，即年运行小时数为3 000	
主设备*M*	设备规格		
	设备容量*Cap*	700千瓦	1蒸吨
	设备现价	7.5万元	6.5万元
配件设备*Acc*	配件总价	30万元	23万元
环保设施*Em*	设备总价	0	25万元
用能终端设备*Trm*	总价	0	0
土地与建筑*Fid*	土地面积		
	土地价格		
	建筑单价		
	总费用	6.38万元	15.57万元
其他费用*Oth*	其他费用	9万元	9万元
一次投资合计		52.88万元	79.07万元
供能*Sup*	年用能量*Eng*	700千瓦×3 000小时 ×860大卡＝18.06亿大卡	
	燃料热当量	860大卡/千瓦时	5 000大卡/千克
	设备热效率*Cop*	100%	80%
	燃料用量*Amt*	210万千瓦时	450吨
	能源价格	高：0.7元/千瓦时 平：0.6元/千瓦时 低：0.4元/千瓦时	600元/吨

续 表

分类	项目	电锅炉	煤锅炉
供能 *Sup*	供能费用	高:147万元 平:126万元 低:84万元	27万元
	供能均费	120万元	27万元
环保费用	外部排污费	0	3.13万元
	内部除污费	0	1.62万元
企业经营影响	企业增益率	3.59%	
	单位能源产值	6.67×10^{-4}元/大卡	
	增益值	4.31万元	
碳税	不征收	0	0
	征收单价19元	0	0.86万元
人工 *Emp*	人工单价	2 000元/(人·月)	25 00元/(人·月)
	人工数量	1	2
	人工总费用	2.4万元	6万元
耗材 *Mer*	具体耗材类型		
	用量		
	单价		
	总费用	3.01万元	6.06万元
检修 *Rep*	修理系数	3.5%	5%
	总费用	1.31万元	2.73万元
实际运营费用合计		123.71万元	44.03万元
考虑电价为0.2元时的运营费用		45.71万元	44.03万元

根据表4.21计算可知，在一次投资上，煤锅炉如果选择自行除污，则煤锅炉的投资额要更高，达到79万元，相应电锅炉投资为52.88万元；在电价取当前平均价格0.57元/千瓦时时，电锅炉运营费用为123.71万元，远高于煤锅炉的44.03万元；而只有在电价考虑为0.2元/千瓦时的情况下，两种供能方式的运营费用才大致相当。

2. 经济电价测算

在当前电价水平下，电能替代无任何经济性价值，电锅炉的年运营费用要远高于煤锅炉。如除电价外，其他指标值不做调整，要使两者运营费用相同，则必须保证电价低于0.2元/千瓦时，此时年运营费用降为45.71万元，该价格甚至低于发电成本，在此水平下，山西的谷电也无法给出如此价格。因此经济电价虽然能测算出来，但实施难度极大。

根据测算，到2030年，预测电价为0.573元/千瓦时，煤价为1 089元/吨。在该价格结构下，电锅炉仍然没有替代的优势，经济年份的求解已经没有意义。在运营费用构成中，电能方式下，电费占整体运营费用比例高达97%；而用煤方式下，煤炭的费用占60%，即电能替代的最敏感因素为电价。根据测算来看，电价会因可再生能源的占比越来越大而与煤价偏离得越来越远，但从未来20年来看，这种偏离并不会太大，因此电能替代从电价出发在有限年以内无法求解。

三、模型关键因子

电价作为对运营最关键的一个影响因素，决定着电能替代能不能快速被推进。如上所述，我们的结论是短中期内电能替代没有经济性。

经分析，我们发现在所有影响因子中，还有一个关键指标会影响电量，从而影响运营费用，这个指标便是热效率。在前面的运用中，我们计取的热效率已经是100%，但热泵这种用电设备可以通过逆卡诺原理将热效率提升到300%以上。由此可以让运营费用减至原来的30%，电能替代的经济性将发生彻底改变，优势顿显。重新计算后的结果如表4.22所示。

表4.22 改进热效率后的电能替代模型具体应用结果一览表

分类	项目	电锅炉	煤锅炉
应用场景		一年运行300天,每天工作10小时,即年运行小时数为3 000	
一次投资合计		52.88万元	79.07万元
供能*Sup*	设备热效率*Cop*	300%	80%
	燃料用量*Amt*	70万千瓦时	450吨
	能源价格	高:0.7元/千瓦时 平:0.6元/千瓦时 低:0.4元/千瓦时	600元/吨
	供能费用	高:49万元 平:42万元 低:28万元	27万元
	供能均费	40万元	27万元
实际运营费用合计		43.71万元	44.03万元

热泵是一项在国外已经相当成熟,但当前在国内普及情况并不理想的产品,它的优势是利用一小部分电能,带来数倍的热冷效率。这一优势能极大缩减运营费用,可能让电能替代走上一条良性循环的道路。

第十二节 能源替代模式的应用领域

前面我们提到的如何将电能替代运用到相应的领域才是我们研究替代模式的最终落脚点。电能的应用有2种方式:一种是发热,一种是做功,当前我们仅分析了发热这种应用方式。具体来说,就是电加热装置通过换热部位把热媒水或有机热载体(导热油)加热到一定参数(温度、压力)时,向外输出具有额定工质。

我们对可能的应用领域进行分析,结果如表4.23所示。也就是说,在不同的温度下可以使用不同的供能设备。

表4.23　不同温度下不同功能设备的应用比较表

温度(摄氏度)	介质状态	供能设备	应用领域	示例
15 ~ 25	冷水	热泵	民用	中央冷空调
20 ~ 60	温热水	热泵	民用	家庭用水、供暖
60 ~ 100	热水、开水	电热水锅炉	民用、商用	集中供暖，宾馆、别墅、厂房、办公楼、政府机关、高等院校、医院、部队
100 ~ 200	蒸汽	电蒸汽锅炉	轻工业	纺织、印染、造纸、食品、橡胶、塑料、医药等工业产品
200以上	高温蒸汽、其他液态介质	工业电锅炉	重工业	化工、钢铁、冶金等

本节主要从民商用领域进行应用的分析，以当前采集的数据为依据，按照上一节所得出的替代模型，并将其标准化，计算2017年的替代可行性，即把$t=2017$，代入$M(t)$，$Acc(t)$等时间变量函数，来计算具体的数值结果，这样通过更翔实的数据展现进行替代分析。

对于民用和商用2个领域，电能替代主要在供暖、热水和供冷3个方面进行分析。本书主要从供暖领域来具体展开，其他方面进行研究的基本思路是一样的，就不展开说明了。

因为锅炉、热泵等供热设备型号不同，制热方式不同，而且集中供暖方式并没有初始投资，只有每年的运行费用(热力公司收取的采暖费)，为了方便比较，我们按供热量统一计算，折算成每平方米每年的费用。

在这里做以下说明，对于总费用一般采用首字母大写的缩写方式，例如M，Acc，Fid；年费用采用首字母小写的缩写方式，比如m，acc，fid；对于不同类型的设备，用字母后缀c表示煤锅炉，字母后缀e代表电锅炉，字母后缀bw代表水地源热泵，字母后缀ba代表空气源热泵。

一、初期投资

1. 主设备

设备成本M，数据来源于晋中天绿、广东长菱等设备生产销售企业及阿里巴巴电商平台上的厂商对不同型号的报价，采用均值法归一折算成热功率700千瓦（1蒸吨）的设备成本煤锅炉Mc为6.5万元，电锅炉Me为7.5万元，水地源热泵价格为23万元，空气源热泵为26万元。

输出功率PWR为1蒸吨，700千瓦。

设备折旧年限N为从投建开始到设备报废的总年数，设备残值计为零，对于热力生产、输送系统折旧年限，认定与主设备相同。

采暖热负荷q范围为40瓦/平方米～70瓦/平方米，q的取值与室内外温差、门窗封闭性等有关，本书采用中位数法取值。

采暖热负荷修正系数$K1$为0.6～1.0，本书采用中位数法取值。

传输热损失$K2$为0.6～0.8，本节采用中位数法取值。由于不同的锅炉用不同的字母表示，公式略有不同。

（1）煤锅炉主设备折算成每平方米的年均投资为

$$mc = \frac{Mc}{Nc \times \dfrac{PWR}{q \times K1 \times K2}} \quad [4.29(1)]$$

（2）电锅炉主设备折算成每平方米的年均投资为

$$me = \frac{Me}{Ne \times \dfrac{PWR}{q \times K1 \times K2}} \quad [4.29(2)]$$

（3）水地源热泵主设备折算成每平方米的年均投资为

$$mbw = \frac{Mbw}{Nbw \times \dfrac{PWR}{q \times K1 \times K2}} \quad [4.29(3)]$$

（4）空气源热泵主设备折算成每平方米的年均投资为

$$mba = \frac{Mba}{Nbw \times \dfrac{PWR}{q \times K1 \times K2}} \quad [4.29(4)]$$

2. 场地投资

场地投资为Fid,包含土地和建筑两部分。设土地单价为α,建筑造价为β,面积为$S1$,场地面积(例如堆煤及渣料等非建筑场地)为$S2$。

土地单价α:对于锅炉,根据搜房网地产出让的价格数据,计算其加权平均值后得到均价为2 058元/平方米。

对于空气源热泵,可以利用楼顶等空间;对于水源或地源热泵,可以利用地下室等空间,无须另行建造厂房,则土地成本计为0。

建筑造价β:目前大多采用钢板房建造锅炉房,但因原材料价格成本变化及工人工资差异及房屋布局规格等限制,其建筑成本为400~800元/平方米。本节采用中位数法取值。其中,$S1$根据锅炉房设计规范GB50041-2008和现场调研数据,折算成热功率1蒸吨(700千瓦),煤锅炉房$S1c$为40平方米,电锅炉房$S1e$为24平方米,水源热泵房为$S1bw$30平方米,空气源热泵房为0。$S2$:燃煤锅炉房$S2c$为24平方米,其他无。由于不同的锅炉场地投资用不同的字母表示,公式略有不同。

(1)煤锅炉场地折算成每平方米的年均投资为

$$fidc=\frac{(\alpha+\beta)\times S1c+\alpha\times S2c}{Nc\times\dfrac{PWR}{q\times K1\times K2}} \qquad [4.30(1)]$$

(2)电锅炉场地折算成每平方米的年均投资为

$$fide=\frac{(\alpha+\beta)\times S1e}{Nc\times\dfrac{PWR}{q\times K1\times K2}} \qquad [4.30(2)]$$

(3)水地源热泵场地折算成每平方米的年均投资为

$$fidbw=\frac{(\alpha+\beta)\times S1bw}{Nc\times\dfrac{PWR}{q\times K1\times K2}}\text{或}fidbw=0 \qquad [4.30(3)]$$

(4)空气源热泵场地折算成每平方米的年均投资为

$$fidba=0 \qquad [4.30(4)]$$

3. 配件投资

对于煤锅炉,包括给水泵及控制箱、循环水泵、软水器、换热设备、引风机、鼓风机、除尘器、除渣机和上煤机等一系列配套设备。根据调研数据和文献《再生水源热泵应用于供热系统的研究与评价》，综合测算后，按1蒸吨标准折算，其费用*Accc*大约为23万元。

对于电锅炉，包括给水泵及控制箱、循环水泵、软水器、换热设备、配电柜、变压器和线缆等一系列配套设备。根据调研数据和文献《再生水源热泵应用于供热系统的研究与评价》，综合测算后，按1蒸吨标准折算，其费用*Acce*大概为30万元。

对于水地源热泵，其配件主要包括水泵及控制箱、循环水泵、软水器、换热设备、配电柜、变压器、线缆、钻井管道及其配套设备等。根据调研数据和文献《再生水源热泵应用于供热系统的研究与评价》，综合测算后，按1蒸吨标准折算，其费用*Accbw*大概为47万元。

对于空气源热泵，其配件主要包括水泵及控制箱、循环水泵、软水器、换热设备、配电柜、变压器、线缆和热泵固定器材等。根据调研数据测算后，按1蒸吨标准折算，其费用*Accba*大概为18万元。由于不同的锅炉配件投资用不同的字母表示，公式略有不同。

（1）煤锅炉配件折算成每平方米的年均投资为

$$accc = \frac{Accc}{Nc \times \frac{PWR}{q \times K1 \times K2}} \qquad [4.31(1)]$$

（2）电锅炉配件折算成每平方米的年均投资为

$$acce = \frac{Acce}{Ne \times \frac{PWR}{q \times K1 \times K2}} \qquad [4.31(2)]$$

（3）水地源热泵配件折算成每平方米的年均投资为

$$accbw = \frac{Accbw}{Nbw \times \frac{PWR}{q \times K1 \times K2}} \qquad [4.31(3)]$$

（4）空气源热泵配件折算成每平方米的年均投资为

$$accba = \frac{Accbw}{Nba \times \frac{PWR}{q \times K1 \times K2}} \qquad [4.31(4)]$$

4. 其他费用

其他费用主要包括证书使用费及安装费、人工费等等。对于煤锅炉，其环保装置的采购费用、安装费、人工费计在此处，根据调研数据和文献《再生水源热泵应用于供热系统的研究与评价》，综合测算后，按1蒸吨标准折算，煤锅炉 $Otrc$ 为34万元，电锅炉 $Otre$ 为9万元，水地源热泵 $Otrbw$ 为25万元，空气源热泵 $Otrba$ 为9万元。由于不同的锅炉的其他投资用不同的字母表示，公式略有不同。

（1）煤锅炉其他费用折算成每平方米的年均投资为

$$otrc = \frac{Otrc}{Nc \times \dfrac{PWR}{q \times K1 \times K2}} \quad [4.32(1)]$$

（2）电锅炉其他费用折算成每平方米的年均投资为

$$otre = \frac{Otre}{Ne \times \dfrac{PWR}{q \times K1 \times K2}} \quad [4.32(2)]$$

（3）水地源热泵其他费用折算成每平方米的年均投资为

$$otrbw = \frac{Otrbw}{Nbw \times \dfrac{PWR}{q \times K1 \times K2}} \quad [4.32(3)]$$

（4）空气源热泵其他费用折算成每平方米的年均投资为

$$otrba = \frac{Otrba}{Nba \times \dfrac{PWR}{q \times K1 \times K2}} \quad [4.32(4)]$$

二、运行费用

1. 供能

根据国家住房和城乡建设部发布的《严寒和寒冷地区居住建筑节能设计标准》（JGJ 26-2010）及采暖度日数（HDD18），山西省3个主要城市分别属于严寒（C）、寒冷（A）和寒冷（B）3个档次。这3个主要城市分别为严寒（C）的大同、寒冷（A）的太原、寒冷（B）的运城，其采暖天数和采暖期间室外平均温度如表4.24所示。

表4.24 山西省3个主要城市的采暖情况表

	气候区属	气候描述	HDD18	采暖天数	采暖期室外温度（摄氏度）
大同	严寒（C）	冬季很寒冷，夏季凉爽	4 120	158	-4.0
太原	寒冷（A）	冬季寒冷，夏季凉爽	3 160	127	-1.1
运城	寒冷（B）	冬季寒冷，夏季热	2 267	84	1.3

该部分费用记为*Sup*（Supply），则供能公式为

$$Sup = \frac{Eng}{Cop \times \mu} \times p(t) \tag{4.33}$$

热效率为其他能转换为热能的转换效率，煤锅炉的热效率*Copc*为0.80，电锅炉的热效率*Cope*为0.97，一般空气源热泵制热效率*Copba*为3.0，水地源热泵制热效率*Copbw*为3.6。燃料热当量为μ，电力μe为860大卡/千瓦时，燃煤μc为5 000大卡/千克，1大卡 = 4 182焦耳。

根据山西省当前电价执行情况，*pe*单价为0.47元/千瓦时；根据秦皇岛动力煤价格，*pc*单价为0.6元/千克。采暖天数*Hd*以表4.24中太原地区为例，为127天，一天供暖按24小时计算，因此共用3 048小时。

所以年运行供能费用*sup*的公式为

$$sup = \frac{PWR \times 24 \times Hd \times p}{cop \times \mu \times 4182 \times \dfrac{PWR}{q \times K1 \times K2}} \tag{4.34(1)}$$

化简后，

$$sup = \frac{q \times K1 \times K2 \times 24 \times Hd \times p}{cop \times \mu \times 4182} \tag{4.34(2)}$$

由于不同锅炉的供暖耗费用不同的字母表示，公式略有不同。

（1）煤锅炉每平方米供暖年化能耗费为

$$supc = \frac{q \times K1 \times K2 \times 24 \times Hd}{copc \times \mu c \times 3048} \tag{4.35(1)}$$

（2）电锅炉每平方米供暖年化能耗费为

$$supe = \frac{q \times K1 \times K2 \times 24 \times Hd}{cope \times \mu e \times 3048} \tag{4.35(2)}$$

（3）水地源热泵每平方米供暖年化能耗费为

$$supbw = \frac{q \times K1 \times K2 \times 24 \times Hd}{copbw \times \mu bw \times 3\,048} \qquad [4.35(3)]$$

（4）空气源热泵每平方米供暖年化能耗费为

$$supba = \frac{q \times K1 \times K2 \times 24 \times Hd}{copba \times \mu ba \times 3\,048} \qquad [4.35(4)]$$

2. 人工费用

设需要m个工种，各工种月工资为ci，各工种需要人员数ni，员工的节假日月人均补助及福利费用为Q。员工工作t个月需要的总费用记作$Emp(t)$，用公式4.36表示。

$$Emp(t) = \left[\sum_{i=0}^{i=m}(ci + Q) \times ni\right] \times t \qquad (4.36)$$

根据文献和调研数据，员工人数即每蒸吨（700千瓦）煤锅炉按2个人计算，电锅炉和热泵按1人计算，员工节假日补助及福利费按照工资的14%计算。根据太原目前的劳动力价格水平，煤锅炉司炉工$c1$按2 500元/月，电锅炉和热泵看管员工$c2$按2 000元/月计算，t按12个月计算。由于不同锅炉的人工费用用不同的字母表示，在计算每平方米时的公式略有不同。

（1）煤锅炉每平方米供暖年化人工成本为

$$empc = \frac{\left[(c1 + Q) \times n2\right] \times t}{\dfrac{PWR}{q \times K1 \times K2}} \qquad [4.37(1)]$$

（2）电锅炉每平方米供暖年化人工成本为

$$empe = \frac{\left[(c2 + Q) \times n1\right] \times t}{\dfrac{PWR}{q \times K1 \times K2}} \qquad [4.37(2)]$$

（3）水地源热泵每平方米供暖年化人工成本为

$$empbw = \frac{\left[(c2 + Q) \times n1\right] \times t}{\dfrac{PWR}{q \times K1 \times K2}} \qquad [4.37(3)]$$

（4）空气源热泵每平方米供暖年化人工成本为

$$empba = \frac{\left[\left(c2 + Q\right) \times n1\right] \times t}{\frac{PWR}{q \times K1 \times K2}} \quad [4.37(4)]$$

3. 耗材费用

耗材费用 Mer 主要包括辅助配件费用 $Mer(e)$、水费 $Mer(w)$ 及其他耗材费用 $Mer(o)$。用公式4.38表示如下：

$$Mer = Mer(e) + Mer(w) + Mer(o) \quad (4.38)$$

煤锅炉的用电辅助设备包括循环水泵、补水泵、水处理设备、鼓引风机、上煤除渣设备等；电锅炉和热泵用电辅助设备包括循环水泵、潜污泵、中介水循环泵等；电费按照0.47元/千瓦时、水费按照2.40元/每千瓦时计算，费用主要是软化水所需无机盐的损耗。

根据调研数据，折算出的不同锅炉每蒸吨（700千瓦）每年的三大消耗如表4.25所示。

表4.25　不同锅炉每年三大消耗对比表

	$Mer(e)$	$Mer(w)$	$Mer(o)$
煤锅炉	4.31	0.70	1.05
电锅炉	1.26	0.70	1.05
水地源热泵	1.26	1.86	1.05
空气源热泵	1.26	1.86	1.05

由于不同锅炉的耗材费用用不同的字母表示，在计算每平方米时的公式略有不同。

（1）煤锅炉每平方米供暖年化耗材成本为

$$merc = \frac{Mer(e)c + Mer(w)c + Mer(o)c}{\frac{PWR}{q \times K1 \times K2}} \quad [4.39(1)]$$

（2）电锅炉每平方米供暖年化耗材成本为

$$mere = \frac{Mer(e)e + Mer(w)e + Mer(o)e}{\frac{PWR}{q \times K1 \times K2}} \quad [4.39(2)]$$

（3）水地源热泵每平方米供暖年化耗材成本为

$$merbw=\frac{Mer(e)bw+Mer(w)bw+Mer(o)bw}{\frac{PWR}{q\times K1\times K2}} \quad [4.39(3)]$$

（4）空气源热泵每平方米供暖年化耗材成本为

$$merba=\frac{Mer(e)ba+Mer(w)ba+Mer(o)ba}{\frac{PWR}{q\times K1\times K2}} \quad [4.39(4)]$$

4. 检修费用

检修费用采用线性函数表示，如公式4.40所示。

$$Rep(t)=\left[M(t)+Acc(t)\right]\times\xi \quad (4.40)$$

其中：ξ取值范围为2%～5%，这里采用中值法，取值为3.5%。

由于不同锅炉的维修费用用不同的字母表示，在计算每平方米时的公式略有不同。

（1）煤锅炉每平方米供暖年化检修成本为

$$repc=\frac{Mc+Accc}{\frac{PWR}{q\times K1\times K2}}\times\xi \quad [4.41(1)]$$

（2）电锅炉每平方米供暖年化检修成本为

$$repe=\frac{Me+Acce}{\frac{PWR}{q\times K1\times K2}}\times\xi \quad [4.41(2)]$$

（3）水地源热泵每平方米供暖年化检修成本为

$$repbw=\frac{Mbw+Accbw}{\frac{PWR}{q\times K1\times K2}}\times\xi \quad [4.41(3)]$$

（4）空气源热泵每平方米供暖年化维修成本为

$$repba=\frac{Mba+Accba}{\frac{PWR}{q\times K1\times K2}}\times\xi \quad [4.41(4)]$$

5. 环保费用

吨煤环保费用系数λ为11.6%，折算成每平方米年化环保费用的公式为

$$ermc = \frac{q \times K1 \times K2 \times 24 \times Hd}{copc \times \mu c \times 3\,048} \times \lambda \tag{4.42}$$

三、综合测算

通过前面一系列公式的推算，我们对4种不同的锅炉进行综合费用测算对比，从而得出能源替代是否可行的结果。

1. 初期投资总成本

首先进行初期投资总成本测算，具体的测算如表4.26所示。

表4.26　四大锅炉投资情况对比表

单位：元

分类	子类	电锅炉	煤锅炉	水地源热泵	空气源热泵
投资	主设备	75 000	65 000	230 000	260 000
	土地与建筑	63 792	155 712	79 740	53 160
	配件设备	300 000	230 000	470 000	180 000
	其他费用	90 000	340 000（含环保设备费）	250 000	90 000
	合计	528 792	790 712	1 029 740	583 160

2. 每平方米供暖费用

由于各种设备的使用年限不同，简单地比较总投资额的实际意义不够大，需标准化折算成每平方米供暖年化费用，具体如表4.27所示。

表4.27　四大锅炉供暖费用对比表

单位：元/平方米/年

分类	子类	煤锅炉	电锅炉	水地源热泵	空气源热泵
投资	主设备	0.29	0.17	0.67	0.76
	土地与建筑	0.69	0.14	0.23	0.16
	配件设备	1.01	0.66	1.38	0.53
	其他费用	1.50	0.20	0.73	0.26

续 表

分类	子类	煤锅炉	电锅炉	水地源热泵	空气源热泵
运营	供能	11.02	45.532	12.27	14.72
	人工	3.01	1.20	1.20	1.20
	耗材	2.67	1.46	1.83	1.83
	检修	0.05	0.03	0.07	0.05
	环保	1.28	0	0	0
碳排放	碳税	0	0	0	0
合计	总合计	21.51	49.38	18.40	19.52

根据已知数据，太原热力公司供暖售价为4.8元/平方米/月，其年化费用为4.8/30×127 = 20.32元。

对比集中供暖和上述4种供暖技术，不难发现：

（1）煤锅炉的供暖年化费用高于热力公司的费用，主要是因为热力公司的热源除了热源厂，还包括热电厂和工厂余热；另外，政府会对居民取暖有一定的财政补贴。

（2）电锅炉供暖的年化费用远远高于其他，此处的电费是按照居民用电峰值电价计算；如果按照居民用电谷值电价测算，费用为38.68元，依旧远远高于其他取暖方式，经济上替代可行性不大，不排除山西省政府大规模提高排污费征收标准，以及国家开始征收碳税后，价格趋势会反转。

（3）水地源热泵的年均费用是最低的，而且已经低于集中供暖的价格。水源热泵可以在汾河两岸新开发建设的商用和民用商品房中推广；在靠近工业废水等污水源的新建住房和商业用房处，也可以考虑进行污水源热泵的推广。地源热泵由于需要地下打井，需要市规划、房产、水利、环保和国土资源等部门提供办理选址、地下水资源论证、井位布置审查、环境影响评估意见，才可以实施，在可实施区域，可以采用地源热泵方式替代。

（4）空气源热泵是目前最理想的替代方式，一般设置在建筑物顶层，不额外占地。但从实际调研情况来看，如果在寒冷时节，直接用空气作为热源温度偏低，温度提升幅度过大，空气源热泵的热效率*Cop*急剧下降，解决方案有2种：第一种是采用高温空气源热泵，一般采用二级压缩机机制，通过2次运转，提高温度；第二种是采用空气源热泵外加辅热设备，一般建议该辅助设备为小型电锅炉。

第五章 物联网下的生态成本控制

物联网(Internet of Things,IOT)被看作信息领域的一次重大发展与变革,其广泛应用将在未来5~15年中为解决现代社会问题做出极大贡献。2009年以来,美国、欧盟、日本等纷纷出台物联网发展计划,进行相关技术和产业的前瞻布局,我国"十二五"规划中也将物联网作为战略性新兴产业予以重点关注和推进。但整体而言,无论是国内还是国外,对物联网的研究和开发都还处于起步阶段,且不同领域的专家、学者对物联网研究的起点各异,因此关于物联网的定位和特征的认识还未能统一,对其框架模型、标准体系和关键技术都还缺乏清晰化的界定。利用物联网技术能够快速采集、分析和处理数据,还能够通过监控产业链各个节点的成本产生点,来节约人力成本和合理利用资源,从而能够为企业控制生态成本提供技术手段。

第一节　物联网概述

一、理念源自比尔·盖茨

物联网的理念最早出现于比尔·盖茨1995年《未来之路》一书。1999年，美国Auto-ID首先提出“物联网”的概念，即把所有物品通过射频识别等信息传感设备与互联网连接起来，实现智能化识别和管理。

2005年11月，国际电信联盟（International Telecommunication Union，ITU）发布了《ITU互联网报告2005：物联网》，报告指出，无所不在的“物联网”通信时代即将来临，世界上所有的物体从轮胎到牙刷、从房屋到纸巾都可以通过互联网主动进行交换，射频识别技术、传感器技术、纳米技术、嵌入技术将得到更加广泛的应用。2008年11月，IBM提出“智慧地球”的概念，即“互联网+物联网=智慧地球”，以此作为经济振兴战略。2009年初，奥巴马在与美国工商业领袖举行的“圆桌会议”上，肯定了IBM提出的“智慧地球”这一概念。

2009年8月，温家宝总理在无锡考察传感网产业发展时，明确指示要早一点谋划未来，早一点攻破核心技术，并且明确要求尽快建立中国的传感信息中心，或者叫“感知中国”中心。2009年11月3日，在“让科技引领中国可持续发展”的讲话中，温家宝总理再次提出“要着力突破传感网、物联网关键技术，及早部署后IP时代相关技术研发，使信息网络产业成为推动产业升级、迈向信息社会的“发动机”。

二、物联网的内涵

1. 定义

物联网就是“物物相连的互联网”，是指通过传感器、射频识别技术、全球定位系统、红外感应器、激光扫描器、气体感应器等各种装置与技术，实时采集任何需要监控、连接、互动的物体或过程，采集其声、光、热、电、力学、化学、生物、位置等各种需要的信息，与互联网结合形成的一个巨大网络。其目的是实现物与物、物与人，所有的物品与网络的连接，实现智能识别、定位、跟踪、监控和管理。现阶段，物联网是指在物理世界的实体中部署具有一定感知能力、计算能力和执行能力的各种信息传感设备，通过网络设施实现信息传输、协同和处理，从而实现广域或大范围的人与物、物与物之间信息交换需求的互联。

物联网是通过信息传感设备，按约定的协议实现人与人、人与物、物与物全面互联的网络，其主要特征是通过射频识别、传感器等方式获取物理世界的各种信息，结合互联网、移动通信网等网络进行信息的传送与交互，采用智能计算技术对信息进行分析处理，从而提高人对物质世界的感知能力，实现智能化的决策和控制。物联网被视为互联网的应用扩展，应用创新是物联网发展的核心，以用户体验为核心的创新是物联网发展的灵魂。

2. 体系架构

物联网的体系架构由感知层、网络层、应用层组成。感知层主要实现智能感知功能，包括信息采集、捕获和物体识别。网络层主要实现信息的传送和通信。应用层则主要包括各类应用，如智能电网、工业监控、绿色农业、智能家居、环境监测、公共安全等。体系架构如图5.1所示。

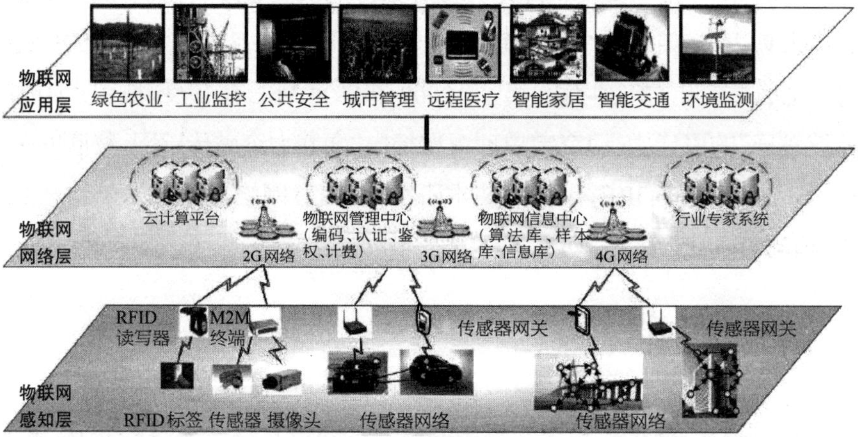

图 5.1　物联网体系架构

物联网的基本特征可概括为全面感知、可靠传送和智能处理。全面感知：利用射频识别、二维码、传感器等感知、捕获、测量技术随时随地对物体进行信息采集和获取；可靠传送：通过将物体接入信息网络，依托各种通信网络，随时随地进行可靠的信息交互和共享;智能处理:利用各种智能计算技术,对海量的感知数据和信息进行分析并处理,实现智能化的决策和控制。

三、物联网产业链

物联网至少包括以下5个方面的技术和围绕这些技术的庞大产业群。

1. 以RFID为代表的物品识别技术

物品识别技术是实现物联网的基础。RFID(Radio Frequency Identification,无线射频识别)是当前最被看好的物品识别技术。一个完整的RFID标签由RFID芯片、天线及封装媒介组合。RFID标签技术将带动材料技术、芯片及封装技术、能源技术等产业的发展。

2. 传感与传动技术

物联网将实现人与物互动及物与物互动,这就要求物体具备根据物理变化做出反应的能力。为赋予物体"智能"属性,传感与传动技术的应用将不可避免。传感与传动技术涉及领域极广,其技术需求将能够带动半导体、精密机械、电子元器件、光学、声学等多个科技领域的进步。

3. 网络和通信技术

在物联网时代,由于所有物体都处于随时接收数据并传输数据的状态中,所产生的海量数据传输需求将不是现有网络技术所能应对的,这将带动有线网络投资、无线网络升级、信息设备及软件、网络搜索等产业的发展。

4. 数据处理与存储

物联网时代所产生的数据量将是难以想象的庞大,将对数据处理与储存技术提出前所未有的挑战。数据处理及存储需求将带动包括"云计算"在内的计算机软硬件、半导体、电子元器件等产业的发展。

5. 以3C融合为代表的智能物体技术

3C指的是计算机(Computer)、通信(Communication)和消费类电子产品(Consumer Electrics)。现有人与物体的对话的应用主要体现在人与计算机之间的"人机对话"。在物联网时代,人与"物体"的对话将无处不在,3C融合将得到进一步的发展和应用。3C融合可行的手段就是通过标准化的智能型无线技术(比如无线宽带),实现这些设备的无缝互联。智能物体的发展将是物联网对人类生活方式最直接的改变，其对电子产业将产生巨大的推动作用，消费电子、家电、汽车等产业都将迎来巨大的需求。同时，对智能装置的研究将可能促使智能机器人得到大范围的应用。

四、物联网的主要特征

物联网集合以往其他技术所不具有的显著优势，引起了全世界的广泛关注。物联网主要是从应用角度出发，在传感网网络的基础上，利用互联网、无线通信网络资源进行业务信息的传送，是互联网、移动通信网应用的延伸，是综合了自动化控制、遥控遥测及信息应用技术的新一代信息系统。

1. 物联网的3个主要特征

物联网是通过各种感知设备和互联网，将物体与物体相互连接，实现物体间全自动、智能化信息采集、传输与处理，并可随时随地进行智能管理的一种网络。作为崭新的综合性信息网络，物联网并不是单一的，它包含信息的感知、传输、处理决策、服务等多个方面，呈现出显著的自身特点。[①]物联网有以下3个主要特征。

第一，全面感知。

全面感知即利用RFID，WSN（Wireless Sensor Network，无线传感器网络）等随时随地获取物体的信息。物联网接入对象涉及的范围很广，不但包括了现在的PC、手机、智能卡等，就如轮胎、牙刷、手表、工业原材料、工业中间产品等物体也因嵌入微型感知设备而被纳入。物联网所获取的信息不仅包括人类社会的信息，也包括更为丰富的物理世界信息，包括压力、温度、深度等。其感知信息的能力强大，数据采集的多点化、多维化、网络化，使得人类与周围世界的相处更为智慧。

第二，可靠传递。

物联网不仅基础设施较为完善，网络随时随地的可获得性也大大增强，其通过电信网络与互联网的融合，将物体的信息实时、准确地传递出去，并且人与物、物与物的信息系统也实现了广泛的互联互通，信息共享和互操作

① 刘军、阎芳、杨玺：《物联网技术》，机械工业出版社2017年版，第10—11页。

性达到了很高的水平。

第三,智能处理。

智能是指个体对客观事物进行合理分析、判断及有目的的行动和有效处理周围环境事宜的综合能力。物联网的产生是微处理器技术、传感网技术、计算机网络技术不断发展和融合的结果,从其自动化、感知化要求来看,它已能代表人、代替人对客观事情进行合理分析、判断及有目的的行动和有效处理周围环境事宜,智能化是其综合能力的表现。

物联网不但可以通过数字传感设备自动采集数据,也可以利用云计算、模式识别等各种智能计算技术,对采集到的海量数据和信息进行自动分析和处理,一般不需人为的干预,还能按照设定的逻辑条件,如时间、地点、压力、温度、湿度、光照度等,在系统的各个设备之间自动进行数据交换或通信,对物体实行智能监控和管理,使人们可以随时随地、透明地获取信息。

除了上述三大主要特征外,物联网还具有显著的网络化、物物相连、多种技术相融合等特点。网络化是物联网的基础,无论是M2M、专网,还是无线、有线传输信息,都必须依赖于网络,不管是什么形态的网络,最终都必须与互联网相联,这样才能形成真正意义上的物联网。计算机和计算机相连而成的互联网,可以完成人与人的交流。而物联网是在物体上安装传感器,植入微型感应芯片,然后借助无线或有线网络,让人和物体"对话",让物体和物体之间进行即时"交流",进而实现由虚拟网络世界向现实世界的转变。物联网集成了多种网络、接入技术、应用技术,是实现人与自然、人与物、物与物进行交流的平台。因此,在一定的协议关系下,实行多种技术相融合,分布式与协同式并存,是物联网的显著特点,让物联网具有很强的开放性、自组织和自适应能力,可以随时接纳新器件,提供新服务。

2. 物联网提供服务的特点

在物联网环境中,一个合法的用户可以在任何时间、任何地点对任何资源和服务进行低成本的访问。有的学者将物联网能够提供服务的特点总结为7A服务(Anytime Anywhere Affordable Access to Anything by Anyone Authorized),即一个合法用户(Anyone Authorized)可以在任何时候(Anytime)、任何地点(Anywhere),通过任何途径(Affordable Access)访问任何事物(Anything)。

第二节　物联网智能传感技术

随着社会的进步、科学技术的发展,特别是近20年来,电子技术日新月异,计算机的普及和应用把人类带到了信息时代,各种电器设备融入了人们生产和生活的各个领域,相当大的部分电器设备都应用到了传感器件上。传感器技术是现代信息技术中主要技术之一,在国民经济建设中占据极其重要的地位。

人通过视觉、嗅觉、听觉及触觉等感官来感知外界的信息,感知的信息输入大脑进行分析判断(即人的思维)和处理,再指挥人做出相应的动作,这是人类认识世界和改造世界具有的最基本的本能。但是通过人的五官感知外界所获得的信息非常有限,例如,人不能利用触觉来感知超过几十甚至上千摄氏度的温度,而且也不可能辨别温度的微小变化,这就需要电子设备的帮助。同样地,如利用电子仪器特别是计算机控制的自动化装置来代替人的劳动,那么计算机类似于人的大脑,而仅有大脑而没有感知外界信息的“五官”显然是不够的,中央处理系统也还需要它们的“五官”,即传感器。

一、传感器的定义、组成及分类

1. 传感器的定义

科学技术的高速发展带领人们走向信息时代。随着人们对物理世界的建设与完善、对未知领域与空间的拓展,需要的信息来源、种类、数量不断增加,这对信息的获取方式提出了更高的要求。在人类历史发展的很长一段时间内,人类是通过视觉、听觉、嗅觉等方式感知周围环境的,这是人类认识世界的基本途径。然而,依靠人类对物理世界的本能感知已远远不能满足信息时代发展的需要。例如,人类不能感知上千摄氏度的温度,也不能辨别温度的微小变化。

人的五官是功能非常复杂、灵敏的“传感器”,如人的触觉是相当灵敏的,它可以感知外界物体的温度、硬度、轻重及外力的大小，还具有电子设备所不具备的“手感”，例如棉织物的手感、液体的黏稠感等。然而人的五官感觉大多只能对外界的信息做“定性”感知，而不能做定量感知。而且有许多物理量，人的五官是感觉不到的，例如不能感知磁性。视觉可以感知可见光部分，对于频域更加宽的非可见光谱则无法感觉得到，如红外线和紫外线光谱等，人类是“视而不见”的。借助温度传感器很容易感知到几百到几千摄氏度的温度，而且要做到1摄氏度的分辨率轻而易举。同样地，借助红外线和紫外线传感器，便可感知到这些不可见光，所以人类才制造出了具有广泛用途的红外夜视仪和X光诊断设备，这些技术在军事、国防及医疗卫生领域有着极其重要的作用。

最早的传感器出现在1861年，作为连接物理世界与电子世界的重要媒介，在当今信息化的过程中发挥着关键作用。事实上，当前传感器已经渗透到人们的日常生活中。只要细心观察，就可以发现日常生活中的各类传感器，例如热水器的温控器、电视机的遥控器、空调的温湿度传感器等。此外，传感器也广泛应用到工农业、医疗卫生、军事国防、环境保护等领域，极大地提高了人类认识世界和改造世界的能力。

在工农业生产领域，工厂的自动流水生产线、全自动加工设备及许多智能化的检测仪器设备，都大量地采用了各种各样的传感器，它们在合理化地进行生产，在减轻人们的劳动强度、避免有害作业方面发挥了巨大的作用。在家用电器领域，像全自动洗衣机、电饭煲和微波炉都离不开传感器。医疗卫生领域，电子脉搏仪、体温计、医用呼吸机、超声波诊断仪、断层扫描（CT）及核磁共振诊断设备，都大量地使用了各种各样的传感技术。这些对改善人们的生活水平、提高生活质量和健康水平起到了重要的作用。在军事国防领域，各种侦测设备，如红外夜视探测，以及雷达跟踪、武器的精确制导，没有传感器是难以实现的。在航空航天领域，空中管制、导航、飞机的飞行管理和自动驾驶及仪表着陆盲降系统，都需要传感器。人造卫星的遥感遥测都与传感器紧密相关。没有传感器，要实现这些功能那是不可能的。

传感器是一种物理装置或生物器官，能够探测、感受外界的信号、物理条件（如光、热、湿度）或化学组成（如烟雾），并将探知的信息传递给其他装置或器官。

国家标准《传感器通用术语》(GB/T 7665-2005)给传感器下的定义是:"能感受被测量并按照一定的规律转换成可用输出信号的器件或装置,通常由敏感元件和转换元件组成"。敏感元件指传感器中直接感受或响应被测量的部分。转换元件指传感器中将敏感元件感受或响应的被测量的部分转换成适用于传输或测量的电信号部分。传感器是一种检测装置,能感受到被测量的信息,并能将检测感受到的信息,按一定规律变换成为电信号或其他所需形式的信息输出,以满足信息的传输、处理、存储、显示、记录和控制等要求。它是实现自动检测和自动控制的首要环节。

2. 传感器的组成

传感器由两个基本元件组成:敏感元件与转换元件。在非电量到电学物理量的变换过程中,并非所有的非电量参数都能一次性直接变换为电学物理量,往往是先变换成一种易于变换成电学物理量的非电量(如位移、应变等),然后再通过适当的方法变换成电学物理量。因此把能够完成预变换的单元称为敏感元件。在传感器中,建立在力学结构分析上的各种类型的弹性元件(如梁、板等)统称为弹性敏感元件。而转换元件是能将感觉到的被测非电量转换为电学物理量的元件,如应变计、压电晶体、热电偶等。转换元件是传感器的核心部分,是利用各种物理、化学、生物效应等原理制成的。新发现的物理、化学、生物效应也常被用到新型传感器上,使其品种与功能日益增多,应用领域更加广阔。

需要指出的是,并不是所有的传感器都包括敏感元件与转换元件,有一部分传感器不需要起预变作用的敏感元件如热敏电阻、光敏器件等。传感器的基本组成如图5.2所示。

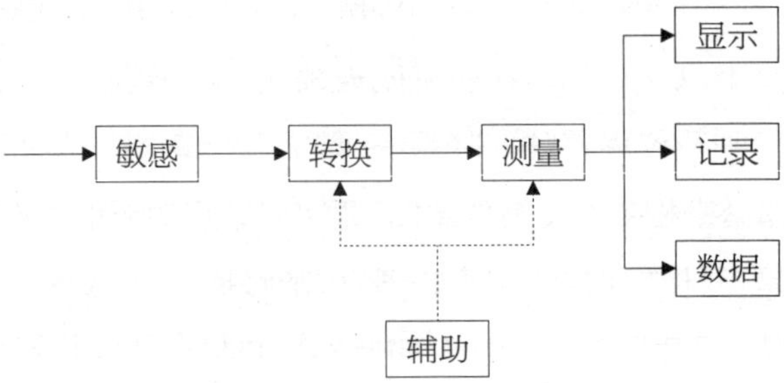

图5.2　传感器的基本组成

与传统的传感器不同，无线传感器节点不仅包括了传感器部件，而且集成了微型处理器和无线通信芯片等，能够对感知的信息进行分析处理和网络传输。

网络化催生了全新的传感器应用模式——传感网。无线传感网是由部署在检测区域内的大量微型、低成本、低功耗的传感器节点组成的多跳无线网络。它主要用于长期、实时、大规模、自动化的环境检测。

3. 传感器的分类

目前对传感器尚无统一的分类方法，但比较常用的有如下3种。

（1）按传感器的物理量分类，可分为位移、力、速度、温度、流量、气体成分等传感器。

（2）按传感器工作原理分类，可分为电阻、电容、电感、电压、霍尔、光电、光栅、热电偶等传感器。

（3）按传感器输出信号的性质分类，可分为输出为开关量（“1”和“0”或“开”和“关”）的开关型传感器；输出为模拟型传感器；输出为脉冲或代码的数字型传感器。

二、传感器的特性

1. 传感器的静态特性

传感器的静态特性是指对静态的输入信号，传感器的输出量与输入量之间具有相互关系。因为这时输入量和输出量都和时间无关，所以它们之间的关系，即传感器的静态特性可用一个不含时间变量的代数方程，或以输入量作为横坐标，把与其对应的输出量作为纵坐标而画出的特性曲线来描述。表征传感器静态特性的主要参数有线性度、灵敏度、分辨力和迟滞等。

第一，传感器的线性度。

通常情况下，传感器的实际静态特性输出是条曲线而非直线。在实际工作中，为使仪表具有均匀刻度的读数，常用一条拟合直线近似地代表实际的特性曲线，线性度（非线性误差）就是这个近似程度的一个性能指标。

拟合直线的选取有多种方法，如将零输入和满量程输出点相连的理论直线作为拟合直线；或将与特性曲线上各点偏差的平方和为最小的理论直线作为拟合直线，此拟合直线称为最小二乘法拟合直线。

第二，传感器的灵敏度。

灵敏度是指传感器在稳态工作情况下输出量变化（Δy）与输入量变化（Δx）的比值。它是输出—输入特性曲线的斜率。如果传感器的输出和输入之间显现线性关系，则灵敏度S是一个常数。否则，它将随输入量的变化而变化。

灵敏度的量纲是输出量、输入量的量纲之比。例如，某位移传感器，在位移变化1毫米时，输出电压变化为200毫伏，则其灵敏度应表示为200毫伏每毫米。当传感器的输出量、输入量的量纲相同时，灵敏度可理解为放大倍数。提高灵敏度，可得到较高的测量精度。但灵敏度愈高，测量范围愈窄，稳定性也往往愈差。

第三，传感器的分辨力。

传感器的分辨力是指传感器可能感受到的被测量的最小变化的能力。也就是说，如果输入量从某一非零值缓慢地变化，当输入变化值未超过某一数值时，传感器的输出值不会发生变化，即传感器对此输入量的变化是分辨不出来的。只有当输入量的变化超过某一数值时，其输出量才会发生变化。

通常传感器在满量程范围内各点的分辨力并不相同，因此常用满量程中能使输出量产生阶跃变化的输入量中的最大变化值作为衡量分辨力的指标。上述指标若用满量程的百分比表示，则称为分辨率。

第四，传感器的迟滞。

迟滞特性表征传感器在正向（输入量增大）和反向（输入量减小）行程间输出—输入特性曲线不一致的程度，通常用这两条曲线之间的最大差值ΔMAX与满量程输出$F \cdot S$的百分比表示。

2. 传感器的动态特性

所谓动态特性，是指传感器在输入变化时，它的输出的特性。在实际工作中，传感器的动态特性常用它对某些标准输入信号的响应来表示。这是因为传感器对标准输入信号的响应容易用实验方法求得，并且它对标准输入信号的响应与它对任意输入信号的响应之间存在一定的关系，往往知道了前者就能推定后者。研究动态特性的标准输入的形式有3种，即正弦、阶跃和线性，最常用的标准输入信号有阶跃信号和正弦信号，所以传感器的动态特性也常用阶跃响应和频率响应来表示。

了解了传感器的静态特性和动态特性。对选择传感器有很多帮助，能让我们了解传感器的各项指标，仔细辨别就可以知道它是否适用于所需要的场合。

三、常用传感器

1. 温度传感器

温度是表征物体冷热程度的物理量，是工农业生产过程中一个很重要而普遍的测量参数。温度的测量及控制对保证产品质量、提高生产效率、节约能源、生产安全、促进国民经济的发展起到非常重要的作用。由于温度测量的普遍性，温度传感器的使用率在各种传感器中居首位，约占50%。

温度传感器是通过物质随温度变化而改变某种特性来间接测量的。不少材料、元件的特性都随温度的变化而变化，所以能做温度传感器的材料相当多。温度传感器随温度变化而引起的物理参数变化有膨胀、电阻、电容、电动势、磁性能、频率、光学特性及热噪声等等。随着科学技术的发展，新型温度传感器还会不断涌现。

温度传感器利用物质的各种物理性质随温度变化的规律把温度转换为电量。这些呈现规律性变化的物理性质主要有金属导体和半导体材料。温度传感器是开发最早、应用最广的一类传感器。温度传感器主要有电阻式传感器、热电偶传感器、PN结温度传感器和集成温度传感器等。

热电偶传感器（简称热电偶）是建立在物体的热电效应的基础之上的。其基本原理是两种不同成分的材质导体组成闭合回路，当两端存在温度梯度时，回路中就会有电流通过，此时两端之间就存在电动势，即热电动势。这类传感器主要用于高温测量，如冶金行业的锅炉温度测量。

晶体二极管或晶体管的PN结的结电压是随温度而变化的，利用这种特性可以直接采用二极管或采用硅晶体管接成二极管来做PN结温度传感器。这种传感器具有较好的线性、尺寸小的特点。

由于工农业生产中温度测量的范围极宽，从零下几百摄氏度到零上几千摄氏度，但各种材料做成的温度传感器只能在一定的温度范围内使用。常用的温度传感器的种类与测温范围如表5.1所示。

表 5.1 温度传感器的种类与测温范围

测量原理	种类特征	测温范围（摄氏度）	特征
体积热膨胀	玻璃制水银温度计	–20~350	不需要用电
	玻璃制有机液体温度计	–100~100	
	双金属温度计	0~300	
	液体压力温度计	–200~350	
	气体压力温度计	–250~550	
电阻变化	铜电阻	–50~150	精度中等，价格低
	铂电阻	–200~600	精度高，价格高
	热敏电阻	低温 –200~0	精度低，灵敏度高，价格最低
		一般 –50~30	
		中温 0~700	
热电效应	镍铬—考铜	5（–200~800）	测量范围宽，精度高，需要冷端补偿
	镍铬—镍硅	5（–200~1 250）	
	铂铑10—铂	200~1 400	
	铂铑30—铂铑	200~1 500	
PN结电压变化	半导体二极管	–150~150	灵敏度高，线性度好
晶体管特性变化	晶体管	150~150	
	半导体集成电路	–40~150	
压电反应	石英晶体振荡器	–100~200	可作标准使用
频率变化	SAW振荡元件	0~200	
光学变化	光学高温度计	900~2 000	非接触测量
热辐射	辐射源	100~2 000	

续 表

测量原理	种类特征	测温范围(摄氏度)	特征
磁性变化	热铁素体	–80 ~ 150	在特定温度下变化
	Fe-Ni-Cu 合金	0 ~ 350	
电容变化	$BaSrT_2O_3$陶瓷	–270 ~ 150	温度与电容是倒数关系
物质颜色	示温涂料	0 ~ 1 300	检测温度不连续
	液晶	0 ~ 100	颜色连续变化

温度传感器与被测物质的接触方式分为两大类：接触式和非接触式。接触式温度传感器需要与被测物质保持热接触，使两者进行充分的热交换而达到同一温度。这一类传感器主要有电阻式、热电偶、PN结温度传感器等。非接触式温度传感器无须与被测物质接触，而是通过把被测物质的热辐射或对流传到温度传感器，以达到测温的目的。这一类传感器主要有红外测温传感器。这种测温方法的主要特点是可以测量运动状态物质的温度（如慢速行驶的火车的轴承温度、旋转着的水泥窑的温度）及热容量小的物质的温度（如集成电路中的温度分布）。

2. 湿度传感器

空气的干湿程度叫作湿度，常用绝对湿度、相对湿度、比较湿度、混合比、饱和差及露点等物理量来表示。通常空气的温度越高，最大湿度就越大。随着时代的发展，科研、农业、暖通、纺织、机房、航空航天、电力等部门越来越需要采用湿度传感器。

湿度传感器基本都是利用湿敏材料对水分子的吸附能力或对水分子产生物理效应的方法测量湿度。湿敏元件是最简单的湿度传感器。湿敏元件主要分为两大类：水分子亲和力型湿敏元件和非水分子亲和力型湿敏元件。利用水分子有较大的偶极矩，易于附着并渗透入固体表面的特性制成的湿敏元件称为水分子亲和力型湿敏元件。例如，利用水分子附着或浸入某些物质后，其电气性能（电阻值、介电常数等）发生变化的特性可制成电阻式湿敏元件、电容式湿敏元件。利用水分子附着某些物质后，引起物质长度变化的特性，可制成尺寸变化式湿敏元件，如毛发湿度计。金属氧化物是离子型结合物质，有较强的吸水性能，不仅有物理吸附，而且有化学吸附，可制成金属氧化物湿敏元件。这类元件在应用时附着或浸入被测的水蒸气分子，与物质发生化学反应生成氢氧化物；或一经浸入就有一部分残留在元件上而难以全部脱出，导致重复使用时元件的特性不稳定，测量时有较大的滞后误差和较慢的反应速度。目前应用较多的均属于这类湿敏元件。

另一类非水分子亲和力型湿敏元件利用其与水分子接触产生的物理效应来测量湿度。例如，利用热力学方法测量的热敏电阻式湿敏元件，利用水蒸汽能吸收某波长段的红外线的特征制成的红外线吸收式湿敏元件等。

水是一种极强的电解质。水分子有较大的电偶极矩，在氢原子附近有极大的正电场，因而它有很大的电子亲和力，使得水分子易吸附在固体表面并渗透到固体内部。利用水分子这一特性制成的湿度传感器称为水分子亲和力型传感器。而把与水分子亲和力无关的湿度传感器称为非水分子亲和力型传感器。在现代工业上使用的湿度传感器大多是水分子亲和力型传感器，它们将湿度的变化转换为阻抗或电容值的变化后输出，湿度传感器的分类如图 5.3 所示。

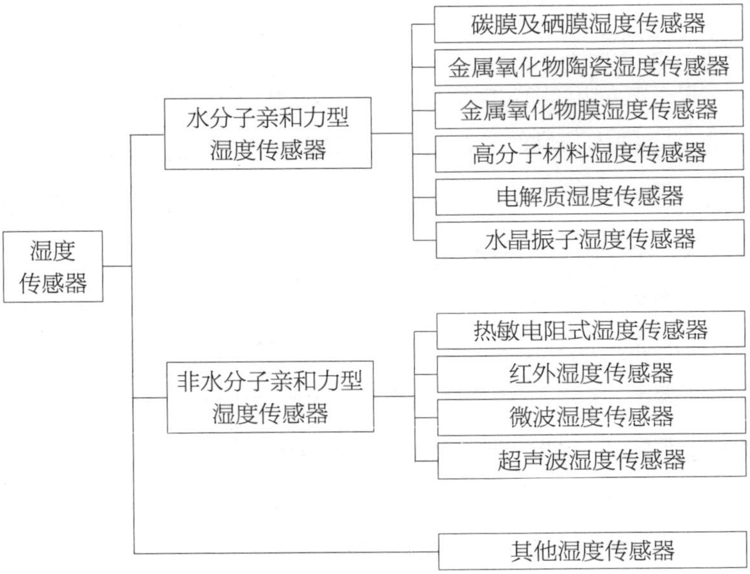

图 5.3　湿度传感器的分类

3. 位移传感器

位移是和物体的位置在运动过程中的移动有关的量，位移的测量方式所涉及的范围是相当广泛的。位移有线位移和角位移2种。线位移是指物体沿着某一条直线移动的距离，角位移是指物体绕着某一定点旋转的角度。在机械工程中经常要精确测量零部件的位移或位置，并且力、压力、转矩、速度、加速度、温度、流量等参数也可经转换为位移进行测量。

小位移通常用应变式、电感式、差动变压器式、涡流式、霍尔式传感器来检测，大的位移常用感应同步器、光栅、容栅、磁栅等传感器来测量。其中，光栅传感器因具有易实现数字化、精度高（目前分辨率最高的可达到纳米级）、抗干扰能力强、没有人为读数误差、安装方便、使用可靠等优点，在机床加工、检测仪表等行业中得到日益广泛的应用。

4. 加速度传感器

加速度传感器是以加速度的观点来测量物体运动的传感器。加速度传感器所测量的加速度包括一般性物体的移动速度变化（直线加速度）、物体的低频晃动、高频振动等。因此，从检测重力等静态加速度的加速传感器到10千赫兹高频响应加速度传感器，加速度传感器的种类繁多。

加速度传感器主要包括压电式加速度传感器、集成电路式压电加速度传感器、压阻式加速度传感器和变电容式加速度传感器。

压电式加速度传感器运用了压敏元件，在加速度增加时压敏元件所发出的电荷直接由电缆导出。压电式加速度传感器的特点是体积较小、重量较轻、使用范围广。

集成电路式压电加速度传感器使用了压敏元件，内部具有电荷—电压的转换回路。通过在加速度传感器内部安装转换器回路，在小型化的基础上又实现了高灵敏度化。

压阻式加速度传感器内部具有半导体感应元件，在半导体元件上形成可变电阻。它通过可出可变电阻在全桥或半桥状态形成惠斯顿电桥，针对施加在电桥上的电压，观测一方输出电压的变动来测量加速度。压阻式加速度传感器适用于测量车辆振动、汽车碰撞试验、爆炸试验等产生的冲击程度。

变电容式加速度传感器中各个感应元件用晶体硅通过小型精密技术制成，具有平行板状量的设计，内部电子回路可以在很广的温度范围内非常稳定地高额输出。

5. 烟雾传感器

烟雾传感器属于气体传感器，是气—电变换器，它将可燃性气体在空气中的含量（即浓度）转化成电压或者电流信号，通过A-D转换电路将模拟量转换成数字量后送到单片机，进而由单片机完成数据处理、浓度处理及报警控制等工作。

烟雾传感器种类繁多，从检测原理上可以分为三大类。

第一类：利用物理化学性质的烟雾传感器，如半导体烟雾传感器、接触燃烧烟雾传感器等。

第二类：利用物理性质的烟雾传感器，如热导烟雾传感器、光干涉烟雾传感器、红外传感器等。

第三类：利用电化学性质的烟雾传感器，如电流型烟雾传感器、电动势型气体传感器等。

6. 光电传感器

光电传感器是采用光电元件作为检测元件的传感器。它先把被测量物质的变化转换成光信号的变化，再借助光电元件进一步将光信号转换成电信号。

光电传感器一般由处理通路和处理元件2个部分组成。其基本原理是以光电效应为基础，把被测量物质的变化转换成光信号的变化，然后借助光电元件进一步将非电信号转换成电信号。光电效应是指用光照射某一物质，可以看作一连串带有一定能量的光子轰击在这个物质上，此时光子能量就传递给电子，并且是一个光子的全部能量一次性地被一个电子所吸收，电子得到光子传递的能量后其状态就会发生变化，从而使受光照射的物质产生相应的电效应。通常把光电效应分为以下3类。

第一类：在光线作用下能使电子逸出物质表面的现象称为外光电效应，如光电管、光电倍增管等。

第二类：在光线作用下能使物质的电阻率改变的现象称为内光电效应，

如光敏电阻、光敏晶体管等。

第三类：在光线作用下，物质产生一定方向电动势的现象称为光生伏特效应，如光电池等。

光电传感器可用于检测直接引起光量变化的非电物理量，如光强、光照度、辐射测温、气体成分分析等；也可用来检测能转换成光量变化的其他非电量，如零件直径、表面粗糙度、应变、位移、振动、速度、加速度，以及物质的形状、工作状态的识别等。光电传感器具有非接触、响应快、性能可靠等特点，因此在工业自动化装置和机器人制造中获得广泛应用。

第三节　物联网下的智能环保生态成本控制

一、智能环保生态成本控制概述

智能环保生态成本控制是指通过传感器检测对人类和环境有影响的各种物质的含量、排放量及各种环境状态参数，跟踪环境质量的变化确定环境质量水平，从而进行生态成本控制，节约企业生态成本，为环境管理、污染治理、防灾减灾等工作提供基础信息、方法指引和质量保证。

物联网可以广泛应用于生态环境监测、生物种群检测、气象和地理研究、洪水和火灾检测、水质监测、排污水监控、降水监测、大气监测、电磁辐射监测、噪声监测、森林植被防护、土壤监测和地质灾害检测等。

二、物联网技术在智能环保生态成本控制中的应用

1. WSN技术在智能环保生态成本控制中的应用

智能环保系统是WSN技术的典型应用。WSN技术可以应用于大气监测、水资源监测和地质监测。通过WSN技术，可以对大范围内的大气状况进行实时监测；利用不同的传感器探头，可以监测大气中有关气体的含量；根据每一个数据节点采集的风向、风速、气体浓度等参数，可以及时、有效地监测有毒气体的泄漏状况。WSN技术用于水资源监测具有独特的优势。集成有传感器、计算单元和通信模块的节点能够通过自组织方式构成网络，可

借助于节点中内置的多种传感器测量周边环境中的热、红外光、可见光、水中有毒物质含量等信号，部署方便，无须电缆等基础设施支持。

2. GIS技术在智能环保生态成本控制中的应用

日前，物联网和地理信息系统(Geography Information Systorm，GIS)技术已经在环境保护与治理、环境监测、灾害监测和防治、生态资源保护与利用等诸多领域得到了初步的应用。物联网和GIS技术能够提供的，远远不止地图可视化和简单的查询和定位。GIS技术更加强大和本质的部分，在于可以对相同空间范围内各种不同因素之间的内在关系进行发掘和分析。

在环境监测过程中，需对数据量庞大、分类繁多的各种环境信息进行采集、记录、处理、统计分析、绘图与汇总上报等。这个过程通常需要几天甚至十几天时间，难以保证数据的及时性，况且传统的环境数据库缺乏空间性，无法对环境问题进行空间管理和空间分析。利用物联网和GIS技术可实现对数据的实时采集、存储、传输、处理、分析和显示。

立足物联网和GIS技术的智能预警系统，可对事故风险源的地理位置、人口集中居住区、饮用水源地等环境敏感区进行监控，并对事故敏感区域的位置和属性进行管理，提供污染扩散的模拟过程和应急方案。

将GIS技术应用于智能环保领域，实现信息实时动态采集、处理、分析，能够大大提高环境监测领域的现代化、自动化程度，促进智能环保向信息时代的迈进。

3. 基于物联网技术的生态环境监测模型

基于物联网技术的生态环境监测模型主要由4个部分组成：数据采集传感器节点、簇头节点、移动代理(Agent)节点和控制中心。

物联网的分簇区域的自组织多传感器网络中，采用的传感器节点包括各种水文传感器、空气质量传感器、光照度传感器、温度传感器和湿度传感器等。分簇区域内的多传感器采集到各种类型的环境监测数据后，将数据发送给该分簇的簇头节点，或者可发送给检测到的移动Agent节点，簇头节点或移动Agent节点将收集到的数据汇聚后转发至控制中心。

传感器节点数据采集模块经过一跳将数据发给簇头节点，而且该节点装有污染源实时监控功能模块，可以监测该节点圆形监测区域内是否出现排污现象，并及时发送监控数据，且该操作优先级高于一般环境监测数据的发送，要求簇头节点优先转发，这样就可以充分满足监测数据采集和环境污染源监测的实际需求。监测传感器节点采用嵌入式技术设计，该节点功能模块包括数据采集类型模块、数据无线发射模块、高效电源模块、污染源实时监控模块及移动Agent监测模块等。

监测传感器节奏节点根据监测需求自适应启动相应类型数据监测模块。其工作流程如下：

（1）根据来自控制中心的监测需求启动相应数据采集类型模块，包括各种水文数据采集模块、空气质量数据采集模块、光照强度数据采集模块、温度数据采集模块和湿度数据采集模块等。

（2）周期性地启动移动Agent监测模块，若发现，则将待发送的数据发给移动Agent节点。

（3）周期性地启动数据无线发射模块，将采集到的数据发送给簇头节点。

（4）根据控制中心反馈的控制信息，周期性地启动污染源实时监控模块，若发现污染现象，则转（3）。

（5）若该节点所处的分簇内的簇头节点失效，则转（2）。

基于物联网技术的生态环境监测模型中，监测区域分为若干个分簇区域，每个分簇区域内拥有一个簇头节点。此外，整个模型中设置了若干个移动Agent节点，一方面实时收集各分簇簇头节点汇聚的数据；另一方面，避免某分簇簇头节点失效，导致监测区域出现盲点，致使网络瘫痪，无法实时监测。

三、智能环保的发展现状与趋势

截至"十二五"末，我国单位GDP能耗降低18.4%，化学需氧量、二氧化硫、氨氮、氮氧化物等主要污染物排放总量分别减少12.9%，18%，13%和18.6%。全国已建成各级污染源监控中心，并已全部与环境保护部污染源监控中心联网，共对2016年国家重点监控的14 312家企业进行监控，其中包括废水排放企业2 660家、废气排放企业3 281家、污水处理厂3 812家、规模化畜禽养殖场（小区）21家、重金属排放企业2 901家、危险废物排放企业1 637家。大部分企业与环境保护部污染源监控中心联网，并可以实时查询在线监测数据。环境卫星遥感方面，通过中国环境一号A，B卫星实现，环境一号卫星拥有CCD相机、热红外相机、超光谱成像仪等多种遥感探测设备，能够在大型水体蓝藻监测、沙尘暴监测、秸秆焚烧监测、区域生态环境动态变化监测、环境风险排除等方面发挥重要作用。

对照物联网感知层、网络层和应用层3个层面，对环境监测的3个层面的分析如下：环境监测的感知层包括异种环境传感器、在线监测仪器、传感器网络等，是制约物联网在该领域应用的主要因素。目前，各种环境传感器功能仍比较单一，可以监测的污染物不多，可靠性不高；各种在线监测仪器主要以化学分析类为主，大部分依靠进口，价格和维护成本较高。环境监测的网络层主要依靠现有通信系统实现，需要与电信运营商充分合作才能发挥优势效果。环境监测对现有信息通信的大量成熟、先进的技术没有充分应用，并且对下一代网络、云计算等技术研发的参与程度不高。在环境监测的应用层，由于以前缺乏整体规划和顶层设计，“信息烟囱”林立，信息整合难度大，无法综合应用，实际作用有限。

在技术层面，需要针对各个层面的问题进行解决：感知层需要加快研发速度，生产出多功能、可适应各种环境条件、可靠性高、成本低廉的传感器；网络层需要积极探索现有信息通信的成熟、先进的技术与环境监测的结合点，积极参与新兴技术的研发；应用层需要加大原有系统的整合力度，并注重未来系统的一体化建设，按照整体规划、顶层设计的思想进行建设。

第四节　物联网下的智能农业生态成本控制

一、智能农业生态成本控制概述

智能农业是现代信息化技术与人的经验、智慧的结合及应用所产生的新的农业形态。智能农业是现代农业的重要内容和标志，也是对现代农业的继承和发展，其基本特征是高效、集约，其核心是信息、知识和技术在农业各个环节的广泛应用。在智能农业环境下,信息和知识成为重要投入主体,并能大幅度提高物质流与能量流的投入效率。智能农业是现代农业发展的必然趋势和高级阶段。智能农业生态成本控制就是指通过传感网和RFID技术收集数据信息和处理数据,监控农业生产,节约农业生态成本,使农业进行集约化经营。

二、物联网技术在智能农业成本控制中的应用

(一)RFID技术在智能农业成本控制中的应用

1. 在农畜产品安全生产监控中的应用

RFID技术在畜牧业中得到了应用,通过射频信号自动识别目标对象,获取相关数据和RFID单元中载有关于目标物的各类相关信息,可以记录动物的个体信息、免疫疾患信息、养殖信息和交易流转信息等。通过这些信息可在任何监控点上还原该动物体的生命过程,一旦发现传染病,可以直接追溯到源头,及时采取控制措施,同时也可对违规养殖者和交易者进行及时处理。此外,RFID技术提高了信息采集的准确性和及时性,减少了失误和人员的大量重复劳动,降低了人员的劳动强度,提高了信息质量水平和处理效率,为畜牧业集约化养殖提供了有力的技术支持。

2. 在动物识别与跟踪中的应用

动物识别与跟踪一般利用特定的标签,以某种技术手段与拟识别的动物相对应,并能随时对动物的相关属性进行跟踪与管理。在动物识别中使用的RFID技术,代表了当前动物识别技术的最高水平,即在动物身上安装电子标签,并写入代表该动物的ID。当动物进入RFID固定式阅读器的识别范围内,或者工作人员拿着手持式阅读器靠近动物时,阅读器就会自动将动物的数据信息识别出来。如果将阅读器的数据传输到动物管理信息系统,便可以实现对动物的跟踪。

3. 在农畜精细生产系统中的应用

(1)使用RFID技术的田间伺服系统。田间伺服系统主要通过使用RFID等无线技术的田间管理监测设备自动记录田间影像与土壤酸碱度、温度、湿度、日照量乃至风速、雨量等微气象,详细记录农产品的生产成长情况。

(2)使用RFID技术的畜产品精细养殖数字化系统。在精细养殖数字化系统中，利用RFID和其他传感器技术跟踪豢养牲畜的生理、生产活动，通过有线或者无线通信连接，以计算机数据控制中心构成分布式计算机管理网络。系统功能采用模块化设计，支持在仓储物流配送、经营管理等业务领域的扩展和融合，是对畜牧业现代化发展的有益尝试。

4. 在农产品流通中的应用

RFID技术具有自动、快速、多目标识别等特点，这样如果在农产品上粘贴RFID标签，将会大大提高产品信息在"产地→道口→批发市场→零售卖场"这一流通过程中的采集速率，提高农产品供应链中信息集成和共享程度，从而提高整个供应链的效益和顾客满意度。

(二)WSN技术在智能农业生态成本控制中的应用

在进行农业信息采集时，有线传输方式仅适用于测量点位置固定、需长期连续监测的场合，而对于移动测量或距离很远的野外测量，则需要采用无线方式。WSN具有易部署、低功耗、节能、成本低、无线、自组织等特征，非常适用于农业信息采集。目前，通过WSN可以把分布在远距离且不同位置上的通信设备连在一起，实现相互通信和农业信息的资源共享。此外，无线网络的优点还包括较高的传输带宽、抗干扰能力强、安全保密性好、功率谱密度低。利用无线网络的上述特点，可组建针对农业信息采集和管理的本地无线局域网络，实现农业信息的无线、实时传输。同时，可以给用户提供更多的决策信息和技术支持，实现整个系统的远程管理。

(三)GPS/GIS技术在智能农业生态成本控制中的应用

近年来，我国将全球定位系统(Global Positioning System，GPS)技术与传感网相结合，实现了对农业资源信息的定位与采集；利用WSN和移动通信技术，实现了对农业资源信息的传输；利用GIS技术实现了对农业资源的规划管理等。目前，GPS技术已开始应用于农业资源调查、土壤养分监控和施肥、病虫害监控和防治等农田信息采集和管理、农业环境变化和农业污染监控等方面。GPS技术与农田信息采集技术相结合，可以实现定点采集、分析农田状态信息，生成农田信息空间分布图，指导生产者做出相应的决策并付诸实施。

（四）温室大棚环境监控系统

温室大棚环境监控系统主要由监控中心、GPRS移动网和ZigBee无线传感网3个部分组成。温室大棚环境监控系统是一个层次形网络结构，最底部为传感器监测节点，向上依次是ZigBee网络协调器和监控中心。监测中心由计算机与监测软件组成，负责接收从系统中各监测节点采集的数据且显示数据的变化趋势，并根据用户的需求，利用计算机的高速处理能力和大容量存储能力对数据进行处理并建立数据库，以便随时查询与分析。用户可直观、清晰地观察到监测节点的状态信息，从而及时了解环境变化，做出正确的反应。监测中心可设定各监测点的温度、湿度等参数的报警限值，当被监测点数据出现异常时，可自动发出手机短信息报警信号，通知用户。

ZigBee网络协调器与监测中心的连接方式有2种，通常可将协调器与监测中心通过串口连接；当监测中心不便于在现场长期使用时，可通过GPRS移动网将数据发送至拥有GPRS接收装置的监控中心。这种方法有效地将监测控制设备与GPRS移动网连接起来，实现了ZigBee网络协调器与GPRS网络的取向通信，提供了一个更加广阔的远程监测平台，并保证了传输数据的可靠性和安全性。

终端监测节点主要完成对环境的湿度、温度及光强度等参数的采集、处理和发送。上电后，监测节点自动组建ZigBee无线传感器网络，将定时采集的温室环境数据以多跳形式汇聚到网络协调器，再上传到监测中心。ZigBee网络协调器负责选择工作信道和发送网络信标、组建网络、管理网络节点与存储网络节点信息，且与监测中心交互数据。在终端节点与协调器之间的路由器可提供信息的双向传输，允许其他设备与自己建立连接，支持多跳的数据传输，以扩大网络的覆盖范围。

三、智能农业的发展趋势

近10年来，美国和欧洲的一些发达国家相继开展了农业领域的物联网应用示范研究，实现了物联网在农业生产、资源利用、农产品流通领域，物—人—物之间的信息交互与精细农业的实践与推广，形成了一些良好的产业化应用模式，推动了相关新兴产业的发展，同时还促进了农业物联网与其他物联网的互联,为建立无处不在的物联网奠定了基础。我国在农业的物联网应用主要为实现农业资源、环境、生产过程、流通过程等环节信息的实时获取和数据共享,以保证产前正确规划以提高资源利用效率,产中精细管理以提高生产效率,实现节本增效,产后高效流通,实现安全溯源等多个方面的目标,但多数应用还处于试验示范阶段。

智能农业的发展具有一些严重的制约因素:较高的RFID成本限制低附加值的农业的智能化;农作物生产周期较长的特点限制WSN在智能农业中的普遍应用;由于农业物联网具有感知数据量大、无线通信带宽低、时效性强的特征,网络节点在能量、计算、存储及通信能力方面存在局限性等。

要实现真正的智能农业,就必须解决如下问题:一是农业传感设备必须向低成本、自适应、高可靠、微功耗的方向发展;二是农业传感器网络必须具备分布式、多协议兼容、自组织和高通量等功能特征;三是信息处理必须达到实时、准确、自动和智能化等要求。物联网技术的发展,将是实现传统农业向现代农业转变的助推器和加速器,将为物联网农业应用相关新兴技术和服务产业发展提供无限商机。

物联网的应用创新已成为国家战略级别的经济科技制高点。物联网将把高端技术、日常生活和产业发展三者紧密结合起来,把人与所有物品通过物联网技术连接起来,实现智能识别和管理。本章详细介绍了物联网的内涵、体系结构和特征,智能传感器的类型、分类和作用,重点介绍了物联网技术在智能环保、智能农业中的生态成本控制典型应用,展现了物联网技术的独特魅力。

伴随着物联网技术的飞速发展,物联网在采集数据、节约人力成本、信息监控等方面的作用将不断增强,特别是在合理利用大自然资源、推进国家产业结构的转型升级中发挥重要作用。为此要将物联网真正应用到实际,必然需要社会各行各业的参与,同时也需要政府发挥主导作用并在相关法规上给予支持。物联网技术是一项综合性的技术,理论上的研究已经在各行各业展开,然而,其实际应用还仅局限于行业内部。因此,现在正是大力推进物联网应用的好时机。

第六章
大数据预测与分析

大数据是进行企业生态成本研究的问题之一，为了深入说明这一点，有必要先对大数据的特征有个基本的了解。大数据（Big Data），顾名思义，是指海量的、高增长的、多样化和不确定的信息资产集合。IBM曾提出大数据的5V特点：Volume（大量）、Velocity（高速）、Variety（多样）、Value（低价值密度）、Veracity（真实性）。由于大数据的上述特点，常规的软件工具便无法在一定的时间范围内进行数据捕捉、管理和处理，而需要新的处理模式才能使大数据技术具有更强的决策力和流程优化能力。

第一节 大数据概述

一、大数据的概念综述

关于大数据的研究在国内外都长久不衰。在维克托·迈尔·舍恩伯格及肯尼斯·库克耶编写的《大数据时代》[①]中,对大数据的分析不采用随机分析法(抽样调查)这样的捷径,而是采用全数据分析处理的方法进行处理。

由于当代信息技术的发展,以及大数据伴随着人们日常生活所产生的越来越多的应用性价值,众多的研究机构从大数据分析角度对大数据的应用做出了各自独立的判断。

大数据研究机构Gartner给出的结论是:为了适应海量化、高增长和多样化的信息资产,需要新的处理模式来加工大数据,大数据技术才能获得更强的决策力和流程优化能力。

麦肯锡全球研究所给出的结论是:大数据集合的规模已经大到在获取、存储、管理、分析方面远远超出了传统数据库软件工具的能力范围,它具有海量的数据规模、快速的数据流转、多样的数据类型和价值密度低四大特征。

由此可见,大数据技术的战略意义不在于掌握庞大的数据信息,而在于对这些含有意义的数据进行符合人们需求的专业化处理。换言之,如果把大数据比作一种产业,那么这种产业实现盈利的关键,在于提高对数据的"加工能力",通过"加工"实现数据的"增值"。

从技术上看,大数据与云计算的关系密不可分,大数据必然无法用单台计算机进行各种处理,必须采用分布式架构。它的特色在于对海量数据进行分布式数据挖掘,必须依托云计算的分布式处理、分布式数据库和云存储、虚拟化技术。因而,随着云时代的来临,大数据也吸引到了越来越多的关注。一般认为,大数据通常用来形容一个企业所创造的或者面临的大量

① 维克托·迈尔·舍恩伯格、肯尼斯·库克耶:《大数据时代》,盛杨燕、周涛译,浙江人民出版社2013年版。

非结构化数据和半结构化数据，这些数据在下载到关系型数据库用于分析时，会花费过多时间和金钱。大数据分析常和云计算联系到一起，因为实时的大型数据集分析需要像MapReduce一样的框架来向数十、数百，甚至数千的电脑分配工作。

因此，大数据分析需要特殊的采集、分析和加工技术，以有效地处理大量的、可容忍时长的数据。适用大数据技术的场景包括大规模并行处理（Massively Parallel Processing，MPP）数据库、数据挖掘、分布式文件系统、分布式数据库、云计算平台、互联网和可扩展的存储系统。

对大数据的描述指标有：

（1）大量（Volume）：任何数据都具有大小的特征，称为容量。由于数据采集手段的普遍运用，当今的数据容量呈爆炸式增长趋势，数据的存储和传输就需要有合理的规则，借以决定所考虑的全部数据的价值和潜在的信息。

（2）多样（Variety）：数据种类即数据的类型是多样化的，除了我们通常认识到的文字数据、图像数据、音频数据、视频数据外，还包括结构化数据、半结构化数据和非结构化数据。不同种类的数据之间还可以互换转换，以满足特定人群的特定需求。

（3）高速（Velocity）：指获得数据的速度，获得大数据的速度除和数据采集、传输、分析、存储等诸多技术要素有关，还和频率、容量、结构、类型及数据关联度等有关，甚至还和人们的生态环境和需求变化有着密切的关系。

（4）可变性（Variability）：妨碍了有效处理和管理数据的不确定过程。这个过程虽然会影响数据的既有价值，但它往往又是数据新价值挖掘的前提。自然和社会的复杂多样、人类思维的螺旋式变化，决定了大数据必然具有无穷的可变性和不确定性。

（5）真实性（Veracity）：数据的质量，即数据结果是否真正实现人们需求的标志。数据质量既包括账户系统、飞机时刻表那样精准的数据结果，也包括票价预测、疾病流行这样大概率事件的发生结果。

（6）复杂性（Complexity）：数据量巨大，来源多渠道。大数据的来源渠道通常不可能是单一的，这不仅表现在技术手段上，还可能表现在人们的生活行为和自然现象上。就像那个著名的“啤酒尿布”和“阿汉餐馆”一样，男人的生活可以和女人、孩子的生活混搭，顾客的行为也可与股东的行为混搭，所以维克托·迈尔·舍恩伯格及肯尼斯·库克耶说，“不是精确性，而是混杂性”。

（7）低价值密度（Value）：合理运用大数据，以降低成本或者提高价值。提高企业利润是每一个企业经营者的最终目标，正确运用大数据降低企业运营成本，或者提高企业获得的收益，应该是当今时代的大数据技术关联者们的共同使命。

二、大数据的作用

结合本书的宗旨，大数据的价值可以体现在以下几个方面：对大量消费者提供产品或服务的企业可以利用大数据进行精准营销；做小而美模式的中小微企业可以利用大数据做服务转型；在面临生态环境和互联网双重压力之下必须转型的传统企业，需要与时俱进地充分利用生态大数据进行价值优化。

我们可以从理论、实践、技术3个维度的体系结构进一步认知大数据对于生态成本和生态效益建设的重要作用，如图6.1所示。在理论层面上，可以从大数据的定义和特征出发，理解从各个行业的生态视角对大数据的整体描绘和定性分析；探讨大数据的价值，深入解析大数据的本质所在，洞悉大数据的发展趋势，从大数据隐私这个特别而重要的视角审视人和数据之间的长久博弈。

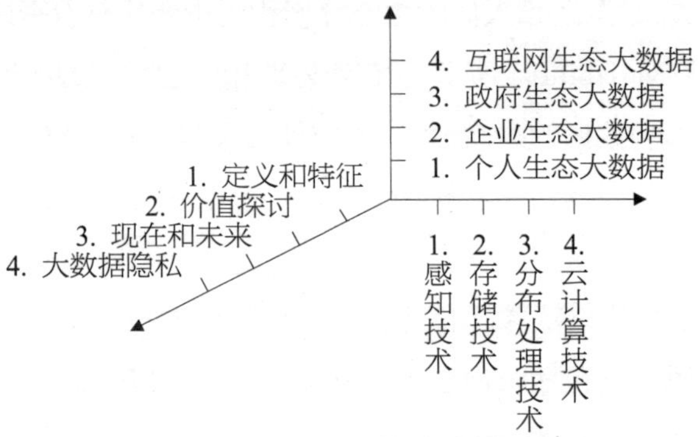

图6.1　生态大数据应用体系

在实践层面上，大数据与具体行业的生态应用绑定，最终便可体现大数据的生态价值。无论是个人的，企业的还是政府的，与众多自然界和社会生活相关联的互联网的大数据，都将向人们呈现美好的景象及即将实现的蓝图。

在技术层面上，感知技术、存储技术、分布式处理技术和云计算技术是大数据价值体现的手段和前进的基石，这充分展现了大数据从采集、处理、存储到形成结果的整个过程。

不过，大数据在经济发展中的巨大意义，并不代表其能取代一切对社会生态问题的理性思考，科学发展与生态变化的自然逻辑不能被湮没在海量数据中。著名经济学家路德维希·冯·米塞斯曾提醒过："就今日言，有很多人忙碌于资料之无益累积，以致对问题之说明与解决，丧失了其对特殊的经济意义的了解。"这正是本书的重要出发点和归宿点。

在这个快速发展的智能硬件时代，困扰应用开发者的一个重要问题就是如何在效率、覆盖范围、传输速率和成本之间找到那个微妙的平衡点。企业组织利用相关数据和相关分析，可以帮助它们降低成本、提高效率、开发新产品、做出更明智的业务决策等等。例如，通过将大数据结合高性能的分析，下面这些对企业有益的情况都可能会发生：

（1）及时解析故障、问题和缺陷的根源，每年为企业节省可观的费用；

（2）为成千上万的快递车辆规划实时交通路线，躲避拥堵，减少废气排放；

（3）分析所有合理库存，以利润最大化为目标来定价和清理库存；

（4）根据客户的购买习惯，为其推送他可能感兴趣的优惠信息；

（5）从大量客户中快速识别出金牌客户；

（6）使用点击流分析和数据挖掘来规避欺诈行为，净化网络生态环境。

第二节　大数据与生态成本的链接点

长期以来，受主客观因素的影响，企业对生态成本乃至生态价值的认识一直是不充分的。现今的企业成本理论是以马克思的《资本论》和西方会计学原则为基础的。马克思认为，商品价值由2个部分构成：一是商品生产中消耗掉的生产资料的价值;二是生产过程中活劳动所创造的价值。活劳动创造的价值,又由2个部分组成:一部分是补偿劳动力的价值,另一部分是剩余价值。物化劳动的价值,是指物化在生产资料上的劳动,有时就是指商品价值。用公式表示为[①]:商品价值$w=v+c+m$,式中的v是劳动者创造的补偿劳动力的价值,表现为价格中的劳动报酬货币支出。在生产过程中,由于劳动力的使用会创造出大于自身价值的价值,使预付资本价值量发生了变化,称v为可变资本。c为生产中消耗的生产资料的价值,在价格中表现为物质资料耗费的货币支出。在生产过程中,借助于工人的具体劳动,把物质资料的原有价值转移到新产品中去,价值量没有发生变化,因此称c为不变资本。m是劳动者创造的剩余价值,表现为由于劳动力的使用而创造出的大于其自身价值的价值,在价格中表现为利税。

与此相对,西方会计学认为,商品价值$w=V+C+m$,式中除m含义与上述公式相同外,其余都不同。

V为存在于辅助材料和原料上的可变资本和投在劳动力上的可变资本,称为流动资本;C为投入在厂房、机器、设备等劳动资料上的那部分生产资本,称为固定资本。

毫无疑问,马克思的《资本论》对于商品生产的过程做了精辟的分析。鉴于此,我们可以认为商品价值的来源由4个部分组成:①自然资源。自然资源即有形的物质商品。②智慧资源。智慧资源即无形的精神商品。③人类劳动(脑力、体力)的结晶。脑力劳动比体力劳动重要,任何体力劳动都是由大脑指挥。④市场的需求。

在这样一个商品价值体系下,一方面,阳光、空气、水这样的资源被企业长期无偿地占有和使用,被认为是"取之不尽,用之不竭"的资源,而从来没有被计入企业的成本;另一方面,青山绿水、清新空气这样的生态资源,又长期得不到地方政府和企业家的重视和可持续利用。在农业社会和初级工业社会,由于社会消耗再生资源的速度慢于或者接近于大自然自我修复的速度,自然的生态退化通常处于缓慢的进程之中,不为人们所发觉和重视。而

① 马克思:《资本论》,人民出版社2004年版。

当今社会人口众多，社会再生资源被消耗的速度又远远快于大自然自我修复的速度，自然的生态退化便呈现出加速度的状态，并直接威胁人们的栖息和居住环境，北京沙尘暴、甘南泥石流、伦敦雾霾等生态灾害事件都给当地民众的生活和生产带来了巨大的不利影响。

因此，近年来，我国农村大面积实行“退耕还林，退厂还田，退散还圈，进城创业”城镇整治政策；城市实行“退二进三，转型升级”等产业调整政策，一批可以保留的工业企业迁往远郊副城区，并加强节能减排措施，以换取与大自然之间和谐的生态平衡。表面看来，这些措施导致工业比重下降、GDP 增速放缓；但是，天更蓝了，山更绿了，水更清了，人们的居住环境更美了，旅游业得到了空前的发展。这说明人民的生活水平不仅没有下降，反而得到显著的提高。

在这样的生态建设理念的指导下，无论是政府还是企业，都迫切需要建立一个数据化的生态资源系统，以及对于这个系统的积极或者消极的共享干预方法。于是，大数据理论及其应用方法就被自然而然地引入了生态成本优化领域，翻开了它崭新而又充满希望的一页。

显然，一个地区、一个企业的发展已经越来越离不开对生态地保护了，它不仅和地方政府负责人息息相关，和企业家息息相关，更是和这片土地上居住着的民众的可持续生存息息相关。然而，如何才能有效发挥生态成本的监督制约作用？如何才能有效利用生态效益为大众谋幸福？这样的历史命题，就落在了大数据产业的肩膀之上了。

科学发展大数据产业以支持生态建设，就应当迅速建立起一批海量的生态环境监测网络，大规模应用物联网传感设备，大规模接入并存储全部数据资源，大规模建立生态环境质量评估考核及预警指标体系。

科学发展大数据产业以支持生态建设，就应当区别国民经济行业和第一、二、三产业，迅速建立起“碳资源税”制度并计入企业成本，强化企业和公民的生态保护和职责意识，提升中央和地方政府保护生态的信心和实力，科学布局工业园区的区域碳排放年度总量，合理保持土地、水文、大气和光资源的动态平衡，建章立法，奖罚分明，确保生态建设落到实处。

科学发展大数据产业以支持生态建设，就应当借助大数据分析手段和量本利成本核算准则，未雨绸缪，帮助地方政府和企业对产业产品结构、规模、选址、工艺、市场等进行必要的预测分析，把准经济发展中的效益和成本二脉，实现经济的永续发展。

科学发展大数据产业以支持生态建设，就应当在国家层面围绕中国作为《联合国气候变化框架公约》缔约方所承诺的“2016—2020年中国将把每年的二氧化碳排放量控制在100亿吨以下”，“二氧化碳排放量将在2030年左右达到峰值”，制订科学合理的考核指标体系，落实地方政府考核责任制，帮助企业优化产品结构、节能减排、降本增效，走绿色可持续发展的道路。

第三节　生态成本优化控制的大数据预警技术

大数据在企业生态成本优化领域的第一个重要应用，就是对生态成本的预警。传统企业的成本核算中，多是事后核算，并未把生态的危险作为重要的考虑因素。而事实上，生态一旦发生灾害，突破某个警戒线值，给企业带来的同样是显著的乃至巨大的损失。

比如火灾和盗窃。俗话说“贼偷一半，火烧全完”，揭示的是事故发生后给企业带来的巨大损失。那么，是不是有可能通过对大数据的应用，将安全防范的工作做在事故发生之前呢？进一步设想，如果采取了防范措施，所花费的费用是否足以挽回事故一旦发生时所造成的损失？再者，生态成本风险往往带有一定的社会性。那么，生态预警系统的建设是否需要地方片区联建共享？共享的机制是什么？显然，生态成本风险的预警依赖于大数据的存在；但是，大数据又不应该只是静态地存在，而应该与周边数据发生碰撞和聚核，大数据应该是政府或企业洞察力与行动力的体现。

一、生态预警的分类

如果按照数据采集加工的深度进行划分，生态预警可分为一阶生态预警、二阶生态预警和三阶生态预警。

1. 一阶生态预警

一阶生态预警是依赖于大数据采集传感器直接获取数值而发出的预警。当为某个传感器采集的数据设置适当的警戒界限后，一旦传感器所测的值突破此警戒线，便按事先设定的程序向系统发出警报。

就现有技术条件来说，一阶生态预警可分为：

第一，固态检测预警。

固态检测预警通常用于对固态废弃物、土壤、道路、桥梁、车辆、建筑物和生物等对象进行不间断数据采样，对被检测对象的重量、体积、成分和应力等指标进行采集及对比分析，一旦发现指标超限，即启动报警程序，向管理者报告异常情况，提供事故预案。对于一些关键监测点，还有必要连通防灾减灾设施，以便在第一时间自动实施喷淋、降温、断电、释放惰性气体等措施，使可能的灾害降到最低程度。

比如在一些金库、仓库、古建筑等场所使用的振动式地音入侵探测器，就是利用地下土壤中传播的音频应力变化而设计的固态检测预警系统。显然，这种探测器不仅可用于重点场所的安全防盗，还可用于地下采矿和隧道施工的安全防范，可以及时监测并预报土壤和岩石体在周边运动时的微破裂程度，成为避免危险预测预报颇为行之有效的手段。

第二，液态检测预警。

液态检测预警通常用于对液态化学物质和污水排放，以及洪水、倒灌、干旱、暴雨等对象进行不间断数据采样，对被检测对象的重量、体积、成分、面积、时间等指标进行采集及对比分析，发现指标超限后的做法与固态检测预警中的相同。

在一些地方大力整治化工企业排污问题时，液态检测设备便发挥了重要的作用，设置在河道排污口的仪器，能够全天候监测水文数据，一旦发现异常，便可立即报警，并取样保全证据。

其实化工连续型生产企业的液态检测设备是应用比较广泛的，如厂区纵横交错的管道内流淌的液体，可以通过在进门或出口装置计量仪器，自动记录流量，进而转化为投料量和产出量，对于其中的超限异常现象，也可触发实时预警系统。

第三，气态检测预警。

气态检测预警通常用于对气态化学物质和大气污染事件的监测，以及车厢、实验室等局部空间中的烟雾、毒气、温湿度等指标进行不间断数据采样，对被检测对象的浓度、体积、成分、面积、时间等指标进行采集及对比分析，发现指标超限与上2种检测的处理方式相同。

城市汽车尾气和一些老式锅炉、烟囱所排放的大量气体一直是困扰城市管理者的难题，我国基于发展生态文明的需要，把PM2.5微型颗粒物指标纳入《环境空气质量标准》。随着PM2.5微型颗粒物监测仪器的广泛使用，以及公众环保意识的逐步提高，城市治理大气污染的成效已经日见显著，城市全年空气质量优良天数稳步增加。

更值得一提的是，随着习近平总书记“绿水青山就是金山银山”理论的深入人心，“美丽乡村”建设取得了可喜的成就，“让居民望得见山，看得见水，记得住乡愁”。在这些乡村里，不仅PM2.5微型颗粒物得到有效的控制，而且负氧离子监测值也持续走高，这些乡村逐渐成为人们旅游度假的胜地，为当地农业结构的调整提供了宝贵的机遇，也为农民改善生活、增加收入提供了新的途径。

当然，我国幅员辽阔，一些缺水干旱地带、一些工业园区，空气质量仍然不尽如人意，这就需要通过大数据持续地监测预警，从中央、地方到企业，综合采取各种措施，多管齐下，发动全民族的力量，来建设好自己美丽的家园。

第四，光电检测预警。

光电检测预警通常用于对光化学污染和影像状态的监测，以及辐射、磁场、电流等指标进行不间断数据采样，对被检测对象的强度、动作、地点、时间等指标进行采集及对比分析，发现指标超限与上述3种检测的处理方法相同。

高楼大厦立面玻璃的不合理使用，会给周边环境带来光污染的损害；城市发电、变电设备周围会有电磁场的污染；放射性化学矿开采和加工区域周围、医院人体检测设备周围，也可能存在放射性污染，所有这些污染都可以通过检测设备加以检测，并警示人们做出必要的防范。

路面交通违法监测的“电子警察”也是光电检测预警的一个重要应用领

域,它不仅能够拍摄违法影像,而且还能识别车牌号和违法种类。如果把这类设备运用于企业生产现场的监控,那么一些跑冒滴漏现象或违反操作规程的现象,就能够得到有效的管控。

2. 二阶生态预警

二阶生态预警是基于其他生态监测系统、互联网系统、云资源系统直接获得数值而发出的预警。当为某个指标采集的数据设置适当的警戒线后,一旦所获得的值突破此警戒线,便按事先设定的程序,向系统发出警报。

就现有应用状态来说,二阶生态预警可分为:

第一,金融账户监测预警。

其适用于银行、证券、保险乃至企业的现金、往来款、债权、债务、费用等账户的周期性数据进行采样,对被监测对象的余额、频度、来源、去向等指标进行采集及对比分析,一旦发现指标超限或异常,即启动报警程序或证据保全,向管理者报告异常情况,提供处理预案。对于一些重要的被监测对象,还有必要关联公安、纪检、法院、海关等国家权力部门,以便在第一时间及时采取强制措施,使可能产生的损失降到最低程度。

有效控制企业上下游往来款账户余额,减少坏账损失,树立诚信形象,是企业经营得以永续运转的一个重要法宝。在市场经济条件下,以合同为依据,科学合理地安排资金的流入和流出,并借此预警和控制新的供销业务,是企业财务监督的一个重要内容。

对于法院已经裁决的“老赖”,或者与银行产生信贷问题的客户,也可以申请对其在银行、证券、保险机构的账户实施监督,以确保国家和企业的损失降到最低程度。

第二,诚信账户监测预警。

在与企业发生关联的外部生态环境中,基于政府征信系统所获得的自然人或法人诚信数据采样,对被监测对象的诚信指数、恶意行为、时间地点等指标进行采集及对比分析,一旦发现指标超限或异常,即应谨慎开展借贷、交易等事宜,必要时可向有关部门报告异常情况。对于一些重要的被监测对象,还有必要关联公安、纪检、法院、海关等国家权力部门,以便在第一时间及时采取强制措施,使可能产生的损失降到最低程度。

随着国家法治建设的完善，政府倡导建设的公民和企业征信系统将向社会开放，提供必要的检索服务。这个系统一旦和企业经营对接，那么，市场经济中的一切不诚信行为都将会被有效遏制，企业的生态成本风险也将得到有效的控制。

第三，库存账户监测预警。

对于制造业企业、流通业企业和票务公司，基于实时处理所形成的账户存量的周期性数据采样，对被监测对象的存量、增减量、来源、去向等指标进行采集对比分析，一旦发现指标超限或异常，即启动报警程序，向管理者报告异常情况，提供处理预案。对于一些重要的被监测对象，还有必要关闭货物自动进出，以便在第一时间及时采取有效措施，使可能产生的损失降到最低程度。

铁路票务系统就是一个具有严密票务库存账户监测的预警系统，当购票量不足时，可以通知调度减挂车厢；当购票量爆满时，则可通知调度增挂车厢，乃至增开临时列车。对于具有多地、多处仓库的大型企业而言，也可以通过对库存的监测，自动实现并报告不同仓库间的调剂，以满足市场的需求。当然，合理库存的警戒，也是制订企业生产计划的一个重要因素。

3. 三阶生态预警

三阶生态预警是从各类混杂信息系统、云资源系统中获得数据，并基于挖掘分析所获得的高附加数值而发出的预警。当为某个综合性指标采集的数据设置适当的警戒线后，一旦所获得的值突破此警戒线，便按事先设定的程序向系统发出警报。

三阶生态预警离不开挖掘分析，但作为挖掘分析的结果，有以下几种预警手段：

第一，公众事件监测预警。

通过对互联网和社交工具中基于特征词的搜索，可能发现会给公众和社会带来重要影响的事件，从而实施必要的监督。对被监测对象的交流语境、朋友圈、时间、频度等指标进行采集和对比分析，一旦发现异常，即启动报警程序，向管理者报告异常情况，提供处理预案。对于一些重要的监测对象，还有必要关联公安、法院等舆情监督部门，以便在第一时间及时采取有效措施，使可能产生的损失降到最低程度。

近年来，国家对于舆情的监管持续增强，一些明显有违社会主义核心价值观的论坛、网站得到清理，网站和社交工具的责任制逐渐得到落实，结合党委政府网站信访举报渠道的畅通有效，舆情风清气正，民众安居乐业，社会稳定，经济繁荣，得到了广大老百姓的赞扬。

《大数据时代》开篇就有一个案例，2013年，Google流感趋势（Google Flu Trends，GFT）利用搜索关键词预测禽流感的情况。通过它搜索某些关键词，可以很好地了解禽流感疫情的现状。GFT的工作原理就是使用经过汇总的谷歌搜索数据来估测流感疫情，其预测结果将提供给美国疾病预防控制中心（Centers for Disease Control and Prevention，CDC）作为参考和比对。虽然结果不尽准确，但大数据挖掘分析所得出的结论，还是先于权威部门采样所得到的结果。因此，预警仍然具有重要的意义。

第二，消费行为监测预警。

在各种商务网站和社交工具中进行基于特征词的搜索，从中可能发现会给商家带来收益影响或者避免经营损失的线索，从而调整商务经营策略。对监测对象的消费习惯、消费能力、兴趣爱好等指标进行采集和对比分析，一旦发现规律，即告知营销部门，采取措施增加特定消费对象的黏性，培育顾客对品牌产品忠诚度。对于一些重要的顾客对象，还有必要关注顾客的积分优惠和活动邀请以建立相对稳定的消费顾客群，从而更多地保有市场份额。

阿里巴巴、京东、淘宝这类大型商务网站在这方面是比较出色的。马云曾放豪言说："人类正从IT时代走向DT时代。"因为全世界几十亿人在淘宝的网站上浏览、下单、检索、交易和点评等，无疑为阿里巴巴集团的技术部门进行消费行为分析提供了海量的数据资源。从这个意义上说，阿里巴巴集团永远在发现商机，引领消费。

第三，企业经营监测预警。

对于企业经营中产生的大量产供销及人财物数据进行深入的分析挖掘，可从中发现产品的结构特征、营销的定价特征、库存的波动特征、同行的标杆情况、费用的执行情况、计划的完成情况等，从而给企业带来收益或者避免损失，以利于企业领导调整经营策略。企业经营监测预警从现金流、利润、往来款、库存、费用、设备完好率、劳动生产率等诸多切入点着手，逐月或逐日分析，一旦发现企业的发展偏离既定的轨迹，即告知企业领导，以便及时采取相应措施。

一般来说，企业资源计划（Enterprise Resouorce Planning，ERP）应该具备上述的企业经营监测预警功能，但是由于市场波动剧烈，原有的ERP功能往往不能适应新的情况，相当一些ERP的功能逐渐“萎缩”，以至于最后只剩下“账务处理”功能，这应该是值得大家注意的。相反，如果ERP能很灵敏地跟踪市场的变化，那么即使在2008—2009年这样的金融危机中，企业也是可以凭借“企业经营监测预警”稳操胜券的。

第四，碳排放交易预警。

碳排放交易（简称碳交易）是为促进全球温室气体减排，减少全球二氧化碳排放所采用的市场机制。我国已经向国际社会承诺了二氧化碳排放量控制的目标。目前，我国的碳交易市场分为2个部分，即强制性的配额交易及以自愿性为原则的中国核证自愿减排量交易，其中以配额交易为主。做碳交易最基本的是要对这个地区确定一个碳的排放总量，然后确定一些额度，把这些额度分配给各个重点的排放企业或者排放单位。有了这些最基础的东西，就可以核算出减排的成本，企业得以通过碳排放信用交易获取大量利润。目前，我国北京、天津、上海、广东、湖北、重庆等省市已经先后启动了碳排放权交易试点。对于企业来说，一旦确定碳排放量配额，企业的碳排放监测预警便直接决定了企业生态成本的高低。

由于企业生产产品、工艺流程、行业类型等的差异，碳排放量的计算应该是一个十分复杂的换算过程。石化企业正在加紧对生产工艺、设备、技术进行改进，以改变现有高耗能、高污染、高排放的现状，同时引入风能、核能、光伏等清洁能源，但这是一个非常漫长的过程。

第四节　生态成本分析的大数据挖掘技术

在众多的涉及大数据发展交流和探讨的观点中，几乎一致认为，“大数据的真正价值在于挖掘分析”，只有通过分析才能从大数据中获取很多智能的、深入的、有价值的信息。从应用角度概括，大数据挖掘分析分为描述型分析、诊断型分析、预测型分析和指令型分析。

描述型分析所要解决的核心问题是“发生了什么”，它是最常见的分析方法。在业务中，这种方法向数据分析师提供了重要指标和业务的衡量方法。例如，每月的营收和损失账单。数据分析师可以通过这些账单，获取大量的客户数据。同时，利用可视化工具，能够进一步有效地增强描述型分析所提供的信息的有效性。

诊断型分析所要解决的核心问题是“为什么会发生”，这是与描述性分析相继的重要分析手段。通过评估描述型数据，诊断分析工具能够让数据分析师深入分析数据，抓取到数据的核心。设计良好的商务智能能够按照时间序列集整合数据，包括数据读入、特征过滤和抓取数据等功能，以便更好地分析数据。

预测型分析所要解决的核心问题是“可能发生什么”，预测型分析主要用于进行预测。事件未来发生的可能性、预测一个可量化的值，或者是预估事情发生的时间点，这些都可以通过预测模型来完成。预测模型通常会使用各种可变数据来实现预测，数据的多样化与预测结果密切相关。在充满不确定性的环境下，预测能够帮助管理者做出更好的决策。预测模型也是很多领域正在使用的重要方法。

指令型分析所要解决的核心问题是“需要做什么”，数据价值和复杂度分析的目标就是指令型分析。指令模型基于对“发生了什么”“为什么会发生”和“可能发生什么”的分析，来帮助用户决定应该采取什么措施。通常情况下，指令型分析不是单独使用的方法，而是前面的所有方法都完成之后，最后需要的分析方法。

例如，交通规划分析考量了每条线路的距离、每条线路的行驶速度，以及目前的交通管制等方面因素，来帮助选择最好的回家路线。

上述分析方法都对业务分析具有很大的帮助，它们应用于数据分析的各个方面。从技术方面概括，面对海量且又低价值密度的大数据，挖掘分析的基本方法（或者称为主要算法）包括可视化分析、机器学习、数据仓库、统计学和云计算等。

一、可视化分析

可视化分析是一种分析软件（也称分析仪），主要应用于海量数据关联分析，辅助人工操作将数据进行关联分析，并做出完整的分析图表。由于所涉及的信息比较分散、数据结构有可能不统一，而且通常以人工分析为主，加上分析过程的非结构性和不确定性，不易形成固定的分析流程或模式，很难将数据调入应用系统中进行分析挖掘。借助功能强大的可视化数据分析平台，可辅助人工操作将数据进行关联分析，并做出完整的分析图表。图表中包含所有事件的相关信息，也完整展示了数据分析的过程和数据链走向。同时，这些分析图表也可通过另存为其他格式，供相关人员调阅。

在电子商务领域，数据可视化是获得信息价值的最佳方式之一，它可通过视觉化方式，快速抓住要点信息，揭示令人惊奇的模式和观察结果，解决简单统计所不能获得的模式和结论。“通过视觉化，我们把信息变成了一道可用眼睛来探索的风景线、一种信息地图。当你迷失在信息中时，信息地图非常实用。”（作家、记者和信息设计师David McCandless语）在电商行业尤为如此。

二、机器学习

机器学习（Machine Learning，ML）是一门多领域交叉学科，涉及概率论、统计学、逼近论、凸分析、算法复杂度理论等多门学科。专门研究计算机怎样模拟或实现人类的学习行为，以获取新的知识或技能，重新组织已有的知识结构使之不断改善自身的性能。它是人工智能的核心，是使计算机具有智能的根本途径，其应用遍及人工智能的各个领域，它主要通过归纳、综合从大量数据中获取有价值的信息，而不是进行演绎。

良好的机器学习系统的基本结构如图6.2所示。环境向系统的学习部分提供某些信息；学习部分利用这些信息修改知识库，以提高系统执行部分完成任务的效能；执行部分根据知识库完成任务，同时把获得的信息反馈给学习部分。在具体的应用中，环境、知识库和执行部分决定了具体的工作内容。

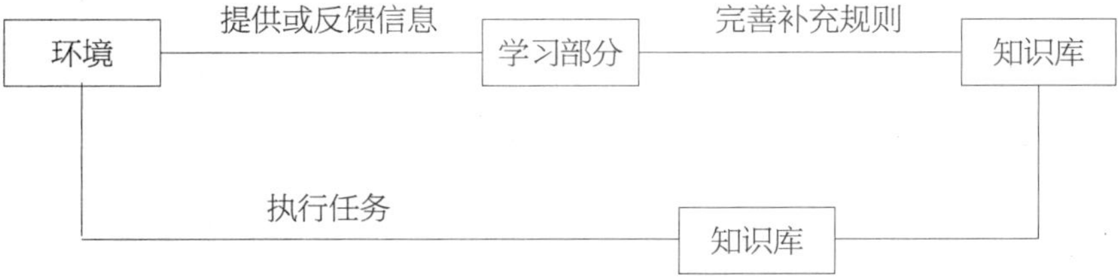

图6.2　机器学习示意图

影响学习系统设计的最重要因素是环境向系统提供的信息，或者更具体地说是信息的质量。知识库里存放的是指导执行部分动作的一般原则，但环境向学习系统提供的信息却是各种各样的。如果信息的质量比较高，与一般原则的差别比较小，则学习部分比较容易处理。如果向学习系统提供的是杂乱无章的指导执行具体动作的具体信息，则学习系统需要在获得足够数据之后，删除不必要的细节，进行总结推广，形成指导动作的一般原则，再放入知识库，这样学习部分的任务就比较繁重，设计起来也较为困难。

因为学习系统获得的信息往往是不完全的，所以学习系统所进行的推理并不完全是可靠的，它总结出来的规则可能正确，也可能不正确。这要通过执行效果加以检验。正确的规则能使系统的效能提高，应予保留；不正确的规则应予修改或从数据库中删除。

知识库是影响学习系统设计的第二个因素。知识的表示有多种形式，比如特征向量、一阶逻辑语句、产生式规则、语义网络和框架等等。这些表示形式各有其特点，在选择表示形式时要兼顾表达能力强、易于推理、容易修改、易于扩展4个方面，而且学习系统应当是对既有知识的扩展和改进，不能在知识空集情况下凭空获取知识。

执行部分是整个学习系统的核心，因为执行部分的动作就是学习部分力求改进的动作。同执行部分有关的问题有复杂性、反馈和透明性。

对于生态成本优化来说，机器学习可以面向市场营销策略和工艺配方优化开展研究，分析并改进企业预定任务，认知市场模型，进而加以持续性的改进。

三、数据仓库

数据仓库（Data Warehouse，DW或DWH）是为企业所有级别的决策制订过程，提供所有类型数据支持的战略集合，它为需要商务智能的企业，提供指导业务流程改进，监督时间、成本、质量及其控制的数据。

与操作型数据库的数据组织面向事务处理任务与应用不同，数据仓库是面向主题的，数据仓库中的数据按照一定的主题进行组织。主题是指用户使用数据仓库进行决策时所关心的重点方面，一个主题通常与多个操作型信息系统相关，它是一个抽象概念，是在较高层次上将企业信息系统中的数据综合、归类并进行分析和利用。一般来说，每一个主题对应一个宏观的分析领域。数据仓库排除对于决策无用的数据，并提供特定主题的简明视图。

数据仓库是集成的，它是在对原有分散的数据库数据进行抽取、清理的基础上，经过系统加工、汇总和整理得到的，必须消除原数据中的不一致性，以保证数据仓库内的信息是关于整个企业的一致的全局信息。

数据仓库的数据主要供企业决策分析之用，所涉及的数据操作主要是数据查询，一旦某个数据进入数据仓库以后，一般情况下将被长期保留，也就是数据仓库中一般有大量的查询操作，但修改和删除操作很少，通常只需要定期加载和刷新。

数据仓库中的数据通常包含历史信息，系统记录了企业从过去某一时点（如开始应用数据仓库的时点）到当前的各个阶段的信息，其数据以只读格式保存，不随时间改变，且不可更新。通过这些信息，可以对企业的发展历程和未来趋势做出定量分析和预测，为决策分析提供参考。

数据仓库又是随时间而增大的。数据仓库中的数据来自内部的和外部的非集成操作系统，操作性数据映射成决策可用的格式，时间序列数据集合通常都非常大。由于非规范化，数据仓库中的数据可以而且经常是冗余的，所需的存储空间也较大，它以元数据形式将描述数据的数据保存起来。

数据仓库并不是所谓的“大型数据库”，而是在数据库已经大量存在的情况下，为了进一步挖掘数据资源、为了决策需要而产生的，它的目的是为前端查询和分析打下基础，为前端应用提供服务。

数据仓库的第一个特点是效率足够高。数据仓库的分析数据一般分为日、周、月、季、年等，可以看出，日为周期的数据要求的效率最高，要求24小时甚至12小时内客户就能看到数据分析。

第二个特点：通过特殊的技术手段确保数据质量。数据仓库所提供的各种信息，肯定要是准确的数据，但由于数据仓库流程通常分为多个步骤，包括数据清洗、装载、查询、展现等，复杂的架构会有更多步骤，并且数据原有脏数据或者代码不严谨，都可能让数据失真，客户看到错误的信息就可能导致错误的决策，造成损失，而不是产生效益。

第三个特点：数据仓库具有扩展性。考虑到未来3～5年的扩展性，大型数据仓库的系统架构通常设计得比较复杂，以确保运行稳定。数据仓库建模的合理性、结构的层次性等，均使海量数据流有足够的缓冲，不至于运行受到较大的影响。

从上面的介绍中可以看出，数据仓库技术可以将企业多年积累的生态系统数据唤醒，不仅为企业管理好这些海量数据，而且还能挖掘数据潜在的价值，从而成为企业可持续运营维护中的亮点之一。

四、统计学

统计学是关于认识客观现象总体数量特征和数量关系的科学，是通过搜集、整理、分析统计资料，认识客观现象的数量规律性的方法论科学。由于统计学的定量研究具有客观、准确和可检验的特点，统计方法就成为实证研究的最重要方法，广泛适用于自然、社会、经济、科学技术各个领域的分析研究。

和大数据的其他挖掘分析方法相比较，统计学虽属于传统的分析手段，但也具有十分重要的作用。为了将统计学应用到科学、工业及社会问题上，我们由研究母体开始。这可能是一个国家的人民，石头中的水晶，或者是某家特定工厂所生产的商品。一个母体甚至可能由许多次同样的观察程序所组成,而这种资料收集所组成的母体我们称为时间序列。

在大数据被普遍运用之前,为了实际的理由,我们选择研究母体的子集代替研究母体的每一笔资料,这个子集称作样本。以某种经验设计实验所搜集的样本是统计分析的对象,并且被用作两种相关的用途:描述和推论。描述统计学处理有关叙述的问题:不论是以数学或是图片表现,样本是否可以被有效地摘要,以用来代表母体的性质?基础的数学描述包括了平均数和标准差,图像的摘要则包含了许多种表和图。

推论统计学被用来将样本中的数据模型化,计算它的概率并且做出对于母体的推论。这个推论可能以对/错的答案呈现进行假设检定,对于数字特征量进行估计。其他的数据挖掘技术还包括变异数分析、时间序列等。

相关分析是其中一种特殊的样本集合的统计分析手段,就好比显示的2个变量(母体中的2种性质)倾向于一起变动,似乎它们是相连的一样,但未必能做直接的推断。举例来说,对于人收入和死亡年龄的研究结论可能会发现,穷人比起富人来说倾向于拥有较短的生命。上述2个变量被认为是相关的。但是实际上,我们不能直接推论这2个变量间有因果关系。

如果样本足以代表母体的,那么由样本所做的推论和结论可以被引申到整个母体上。最大的问题在于决定样本是否足以代表整个母体。统计学提供了许多方法来估计和修正样本和收集样本过程中的随机性(误差),如同上面所提到的透过经验所设计的实验。在大数据研究条件下,人们有可能以全部数据样本作为研究对象,一般来说,这样可能会提高预测的可信度。

数理统计(通常又叫统计理论)是使用概率来分析并且验证统计分析结果可信度的一个基础理论,属于应用数学的一个分支,它是了解随机性或概率必须具备的基本数学理论。

会计学作为一门学科,旨在为金融市场降低交易成本,透过会计报表传递反映公司运营的信息,它以货币为主要计量单位,以凭证为基础对象和依据。在大数据时代背景下,因为有大量数据的存在,统计学就可以抓取数据特征,通过会计报表中的数据来判断公司的运营情况。比如,运用统计学实现估值预测，审计判别公司财务质量，用卷积神经网训练后识别财务指标效力，等等。

与会计学相关联的审计学发展至今也已成为一门综合性应用学科。它包括抽样审计、内部控制审计、电算系统审计、经营审计、管理审计、绩效审计等理论，借助于信息化技术的发展，现代审计进一步扩大了描述式审计理论，同时也诞生了规范式审计理论，以及边缘审计理论等，都与统计学有着显著的关联。

因此，随着大数据时代的到来，统计学不再是过去认为的仅仅是一个应用狭窄的学科，而是涵盖会计学、审计学、财务管理、资源保护利用、生物学、医学、电子商务、保险精算、金融、宏观经济监测预测、政府统计、农业研究、生物制药等众多领域的综合性学科。

任何统计方法是否有效，取决于当这个方法或所讨论的母体是否满足方法论的基本假设。误用统计学可能会导致描述面或推论面出现严重的错误，这个错误可能会影响社会政策、医疗实践及桥梁或核能发电计划结构的可靠性。

即使统计学被正确的应用，结果对于不是专家的人来说可能会难以陈述。例如，统计样本中显著的改变可能是由样本的随机变量所导致，但是这个显著性又可能与大众的直觉相悖。所以，人们需要掌握一些统计（或怀疑）的技巧以面对每天日常生活中引用统计数据所获得的信息。

在企业经营生态中，针对配方用量、工艺参数、市场占有等大数据都可以模拟建立相应的统计模型，并通过大量的数据进行拟合和分析，从中找出具有商业价值的信息，用于指导企业的可持续发展。

五、云计算

按照美国国家标准与技术研究院（National Institute of Standards and Technology，NIST）的定义：云计算是一种按使用量付费的模式，这种模式提供可用的、便捷的、按需的网络访问，进入可配置的计算资源共享池（资源包括网络、服务器、存储空间、应用软件、服务），这些资源能够被快速提供，只需投入很少的管理工作，或与服务供应商进行很少的交互。从这一角度看，云计算也可被理解为数据挖掘的一个方法和途径。在此介绍几个重点的云计算相关方法。

(一)Hadoop HDFS

HDFS(Hadoop Distributed File System),即分布式文件系统,主要由客户端模块、元数据管理模块、数据存储服务模块等组成,其优势是能储存容量较大的文件,通常情况下被用于商业化硬件的群体中。相比于低端的硬件群体,商业化硬件的群体发生问题的概率较低,在储存大容量数据方面备受欢迎和推崇。Hadoop,即分布式计算,是一个在大型集群的廉价硬件设备上运行应用程序的软件框架,为应用程序的透明化提供了一组具有稳定性及可靠性的接口和数据运动,可以不用在价格较高、可信度较高的硬件上应用。一般情况下,面对出现问题概率较高的群体,分布式计算是处理问题的首选,它采用继续运用的手法进行处理,而且还不会让用户产生明显的运用间断问题,这是它的优势所在,而且还在一定程度上减少了机器设备的维修和维护费用,特别是针对机器设备量庞大的用户来说,不仅降低了运行成本,而且还有效提高了经济效益。

Hadoop的核心架构由许多元素构成。其最底部是HDFS(Hadoop Distributed File Systerm,分布式文件系统),它存储 Hadoop集群中所有存储节点上的文件。HDFS的上一层是MapReduce引擎,该引擎由JobTrackers和TaskTrackers组成。通过对Hadoop平台最核心的HDFS,MapReduce的处理过程,以及数据仓库工具Hive和分布式数据库Hbase的介绍,基本涵盖了Hadoop平台的所有技术核心。

(二)Web数据挖掘

与传统数据和数据仓库相比,Web上的信息是非结构化或半结构化的、动态的,并且是容易造成混淆的,所以很难直接以Web网页上的数据进行数据挖掘,而必须经过必要的数据处理。

1. 典型Web挖掘的处理流程

(1)查找资源:任务是从目标Web文档中得到数据。值得注意的是,有时信息资源不仅限于在线Web文档,还包括电子邮件、电子文档、新闻组,或者是网站的日志数据,甚至是通过Web形成的交易数据库中的数据。

（2）信息选择和预处理：任务是从取得的Web资源中剔除无用信息和将信息进行必要的整理。例如，自动去除Web文档中的广告链接，去除多余格式标记，自动识别段落或者字段并将数据组织成规整的逻辑形式甚至是关系表。

（3）模式发现：自动进行模式发现。可以在同一个站点内部或在多个站点之间进行。

（4）模式分析：验证、解释上一步骤产生的模式。可以是机器自动完成，也可以是机器与分析人员进行交互来完成。

2. Web挖掘的分类

Web挖掘作为一个完整的技术体系，在进行挖掘之前的信息获得（Information Retrieval，IR）和信息抽取（Information Extraction，IE）相当重要。信息获得的目的在于找到相关Web文档，它只是把文档中的数据看成未经排序的词组的集合；而信息抽取的目的在于从文档中找到需要的数据项目，它对文档的结构和表达的含义有影响，它的一个重要任务就是对数据进行组织整理并适当建立索引。

对信息获得和信息抽取技术的研究已有很长时间了，随着Web技术的发展，基于Web技术的信息获得，信息抽取得到了更多的重视。由于Web数据量非常大，而且可能动态变化，用原来手工方式进行信息收集早已经力不从心，目前的研究方向是用自动化、半自动化的方法在Web上进行信息获得和信息抽取。在Web环境下既要处理非结构化文档，又要处理半结构化的数据，最近几年在这两方面都有相应的研究成果和具体应用，特别是在大型搜索引擎中得到了很好的应用。根据对Web数据的感兴趣程度不同，Web挖掘一般可以分为3类：Web内容挖掘（Web Content Mining）、Web结构挖掘（Web Structure Mining）、Web 用法挖掘（Web Usage Mining）。

第一，Web内容挖掘。

Web内容挖掘指从Web内容/数据/文档中发现有用信息，Web上的信息五花八门，传统的Intcrnct由各种类型的服务和数据源组成，包括WWW，FTP，Telnet等，现在有更多的数据和端口可以使用，比如政府信息服务、数字图书馆、电子商务数据，以及其他各种通过Web可以访问的数据库。Web内容挖掘的对象包括文本、图像、音频、视频、多媒体和其他各种类型的数据。其中,针对无结构化文本进行的Web挖掘被归类到基于文本的知识发现(Knowledge Discovery in Database,KDT)领域,也称文本数据挖掘或文本挖掘,是Web挖掘中比较重要的技术领域,也引起了许多研究者的关注。最近在Web多媒体数据挖掘方面的研究成为另一个热点。

Web内容挖掘一般从2个不同的观点来进行研究。从资源查找的观点来看,Web内容挖掘的任务是从用户的角度出发,怎样提高信息质量水平和帮助用户过滤信息。而从DB的角度讲Web内容挖掘的任务主要是试图对Web上的数据进行集成、建模,以支持对Web数据的复杂查询。

第二,Web结构挖掘。

Web结构挖掘的对象是Web本身的超链接,即对Web文档的结构进行挖掘。对于给定的Web文档集合,应该能够通过算法发现它们之间连接情况的有用信息,文档之间的超链接反映了文档之间的包含、引用或者从属关系,引用文档对被引用文档的说明往往更客观、更概括和更准确。

Web结构挖掘在一定程度上得益于社会网络和引用分析的研究。把网页之间的关系分为incoming链接和outgoing链接,运用引用分析方法找到同一网站内部及不同网站之间的链接关系。在Web结构挖掘领域最著名的算法是HITS算法和PageRank算法。它们的共同点是使用一定方法计算Web页面之间超链接的质量水平,从而得到页面的权重。著名的Clever和Google搜索引擎就采用了该类算法。

此外,Web结构挖掘另一个尝试是在Web数据仓库环境下的挖掘,包括通过检查同一台服务器上的本地连接衡量Web结构挖掘Web站点的完全性,在不同的Web数据仓库中检查副本以帮助定位镜像站点,通过发现针对某一特定领域超链接的层次属性去探索信息流动如何影响Web站点的设计。

第三,Web用法挖掘。

Web用法挖掘(Web Usage Mining)即Web使用记录挖掘,在新兴的电子商务领域有重要意义,它通过挖掘相关的Web日志记录,来发现用户访问Web页面的模式,通过分析日志记录中的规律,可以识别用户的忠实度、喜好、满意度,可以发现潜在用户,增强站点的服务竞争力。Web使用的记录数据除了服务器的日志记录外,还包括代理服务器日志、浏览器端日志、注册信息、用户会话信息、交易信息、Cookie中的信息、用户查询、鼠标点击流等一切用户与站点之间可能的交互记录。可见,Web使用记录的数据量是非常巨大的,而且数据类型也相当丰富。根据对数据源的不同处理方法,Web用法挖掘可以分为2类:一类是将Web使用记录的数据转换并传递进传统的关系表里,再使用数据挖掘算法对关系表中的数据进行常规挖掘;另一类是将Web使用记录的数据直接进行预处理再挖掘。Web用法挖掘中的一个有趣的问题是在多个用户使用同一个代理服务器的环境下如何标志某个用户,如何识别属于该用户的会话和使用记录,这个问题看起来不大,但却在很大程度上影响着挖掘质量,因为有人专门针对这方面进行了研究。通常来讲,经典的数据挖掘算法都可以直接用到Web用法挖掘上,但为了提高挖掘质量,研究人员在扩展算法上进行了努力,包括复合关联规则算法、改进的序列发现算法等。

本书根据数据来源、数据类型、数据集合中的用户数量、数据集合中的服务器数量等,将Web用法挖掘的表现形式分为5类。

(1)个性挖掘:针对单个用户的使用记录对该用户进行建模,结合该用户基本信息,分析该用户的使用习惯、个人喜好,目的是在电子商务环境下为该用户提供与众不同的个性化服务。

(2)系统改进:Web服务(数据库、网络等)的性能和其他服务质量是衡量用户满意度的关键指标,Web用法挖掘可以通过用户的拥塞记录发现站点的性能瓶颈,以提示站点管理者改进Web缓存策略、网络传输策略、流量负载平衡机制和数据的分布策略。此外,可以通过分析网络的非法入侵数据找到系统弱点,提高站点安全性,这在电子商务环境下尤为重要。

(3)站点修改:站点的结构和内容是吸引用户的关键。Web用法挖掘通过挖掘用户的行为记录和反馈情况,为站点设计者提供改进的依据,比如页面链接情况应如何组织、哪些页面应能够直接访问等。

(4)智能商务:用户怎样使用Web站点的信息,无疑是电子商务销售商关心的重点,用户一次访问的周期可分为被吸引、驻留、购买和离开4个步骤,Web用法挖掘可以通过分析用户点击流等Web日志信息,挖掘用户行为的动机,以帮助销售商合理安排销售策略。

(5)Web特征描述:这类研究更关注怎样通过用户对站点的访问情况,统计各个用户在页面上的交互情况,即对用户访问情况进行特征描述。

Web数据挖掘对于生态成本的挖掘和优化显然有着重要的作用,而其中关系最为密切的是用法挖掘;也就是说,在这个领域它将会持续得到更多的重视。另外,在搜索引擎的研究方面,结构挖掘的研究已经相对成熟,基于文本的内容挖掘也已经有许多研究成果,下一步将会有更多的研究者把多媒体挖掘作为研究方向,这些无疑将逐渐渗透到企业的生态成本和生态效益核算中去。

第五节　生态成本预决策的大数据辅助技术

现实世界从表面上看是复杂、无序的,但在这种复杂背后往往隐藏着规律。如果能发现、认识和掌握其中的规律,对事物的发展做出预测,便可以为决策提供依据,趋利避害。预测可能得到与实际相符合的结果,体现出预测的价值。因此,决策一般都和预测有着密切的联系。

反过来,预测的结果作为管理者决策的依据,一定只是为决策者提供参谋建议,而不能代替管理者制订的决策。

一、预测分析

所谓预测,是借助于对已知、过去和现在的探讨,从而得到对于未知和未来的了解,也是对尚未发生或目前还不明确的事进行预先的估计和推测,是在现时对事物将要发生的结果进行探讨和研究。

企业经营预测,包括市场需求预测、销售预测、产品生命周期预测、投资效益预测、成本及利润预测、碳排放量预测、环境成本预测等等。如果企业能积极开展各种经营及经济预测和决策活动,企业的经营工作便会立于不败之地。目前,各种预测技术的原则包括惯性原则、相似性原则、相关性原则、统计规律性原则。

惯性原则即延续性原则，就是说过去和现在的经济活动中存在的某种发展规律将会持续下去，适用于未来。以时间序列分析为代表的趋势外推预测方法，正是基于这种延续性原则展开的。

相似性原则，也称为类推原则，它是指不同的（通常是无关的）经济变量所遵循的发展规律有时是相似的。可以利用这种相似性原则，由已知的经济变量发展规律，类推出未知变量的未来发展规律。

相关性原则是指在经济发展中，一些经济变量之间通常不是独立的，而是存在着相互依存的因果关系，即经济变量之间存在一定的相关性。利用这种相关性，我们可以通过对一些经济变量的分析研究，找出受这些变量影响的另一些经济变量发展的规律性。因果预测方法就是基于这种相关性原则展开的。

统计规律性原则，也称为概率推断原则，是指在经济发展过程中，对于某个经济变量的多次结果所表现出来的具有规律性、非随机的统计数据相互关系，这种统计规律性是应用概率论及数理统计理论和方法进行经济预测的基础。

预测分析可以分为定性预测和定量预测。定性预测是依据预测人员的经验和判断能力，不用或少用计算，即可从对被预测对象过去和现在的有关资料及相关因素分析，找出事物发展的规律，求得预测结果。因此，定性预测是一种"软"预测。定性预测的方法有专家调查法、市场调查法、主观概率法、类推法等。定量预测是依靠所选用的预测数学方法进行预测，尽量使问题客观，因此定量预测是一种"硬"预测。定量预测的方法有时间序列预测法、因果预测法及概率预测法等。

一个预测过程，大致可分为7个步骤：第一，确定预测目标。先要明确预测要达到的目标，包括预测时间和数量、单位等。第二，收集样本和分析资料。根据已选定的预测目标，尽可能全面地收集与预测目标有关的各种资料和数据，并进行认真的分析、整理和选择，去伪存真。第三，预测方案的选择。根据预测目标的要求和对数据资料的分析判断，选择合理的预测方案，建立数学模型。第四，进行预测。根据所选择的方案及所建立的数学模型，输入数据进行预测。第五,预测结果的分析评价。对于上述的数学模型及数据进行预测的结果,需要做认真的分析评价,判断其是否合理。如果不合理则应另选预测方案,重新预测。第六,修正预测结果。如果根据上一步对预测结果分析和评价认为合理时,仍需要根据过去和现在的有关资料、数据及各种因素条件,对预测结果做必要的验证和修正,使预测结果更能反映实际情况。第七,输出最后预测结果。

从上述预测过程可见,预测离不开人们的定性分析,是定性预测和定量预测的结合,甚至可以说,定量预测也是以预测人员的定性预测为前提的。正因为如此,当预测结果用于决策参考时,只能是辅助决策而不能代替决策。

二、智能决策

决策支持系统(Decision-making Support System,DSS)是管理信息系统应用概念的深化,是在管理信息系统基础上发展起来的系统。智能决策解决非结构化问题,是服务于高层决策的管理信息系统,按功能可分为专用DSS,DSS工具和DSS生成器。专用DSS是为解决某一领域问题的DSS。DSS工具是指某种语言、某种操作系统、某种数据库系统。DSS生成器是通用DSS,一般DSS包括数据库(DBMS)、模型库(MBMS)、方法库、知识库和会话部件。DSS数据库不同于一般数据库管理系统,是有很高性能要求的,它是在原基层数据库的基础上建立起来的专用数据库,一般由数据仓库来充当DSS数据库。数据库为决策提供数据能力或资料能力,模型库为决策提供分析能力的部件,模型能力的定义决定非结构化问题转化的程度。会话部件,又称接口部件,是人和DSS联系的接口。

智能决策支持系统是DSS与人工智能(AI)相结合的产物,其设计思想着重把AI的知识推理技术和DSS的基本功能模块有机地结合起来。有的DSS已融进了启发式搜索技术,这就是AI方法在DSS中的初步实现。将AI技术引入DSS主要有2个方面原因:第一是AI因可以处理定性的、近似的或不精确的知识而引入DSS中;第二是各类DSS的共同特征是交互性强,这就要求使用更方便,并在接口水平和推理水平上更为“透明”。而AI在接口水平，尤其是对话功能上对此可以做出有益的贡献，如对自然语言的研究与使用使DSS能更接近于用户的语言来实现接口功能。

随着DSS应用范围的不断扩大，应用层次的逐渐提高，DSS已进入区域性经济社会发展战略研究、大型企业生产经营决策等领域的决策活动中来，这些决策活动不仅涉及经济活动各个方面、经营管理的各个层次，而且各种因素互相关联，使决策环境更加错综复杂。对于省、市、县等发展战略规划方面的应用领域，决策活动还受政治、社会、文化、心理等因素不同程度的影响，而且可供使用的信息又不够完善、精确，这些都对DSS的建设造成了很大的困难。在这种情况下，一种新型的、面向决策者和决策过程的综合性决策支持系统产生了，即智能—交互—集成化决策支持系统（Intelligent, Interactive and Integrated DSS，3IDSS）。

集成化：在这种情况下，采用单一的以信息为基础的系统，或以数学模型为基础的系统，或以知识、规则为基础的系统，都难以满足上述这些领域的决策活动的要求。这就需要在面向问题的前提下，将系统分析、运筹学方法、计算机技术、知识工程、人工智能等有机地结合起来，发挥各自的优势，实现决策支持过程的集成化。

交互性：决策支持系统的核心内容是人机交互。为了帮助决策者处理半结构化和非结构化的问题，认定目标和环境约束，进一步明确问题，产生决策方案和对决策方案进行综合评价，系统应具备更强的人机交互能力，成为交互式系统（Interactive Systems）。

智能化：DSS在处理难以定量分析的问题时，需要使用知识工程、AI方法和工具，这就是DSS的智能化（Intelligent）。

把数据仓库、联机分析处理、数据挖掘、模型库、数据库、知识库结合起来形成的智能决策支持系统，是更高级形式的DSS，称为综合决策支持系统（Synthetic Decision Support System，SDSS）。SDSS发挥了传统决策和智能决策的优势，实现了更有效的辅助决策。

由于Internet的普及，网络环境成为企业智能决策支持系统中新的生态环境和决策资源，如数据资源、模型资源、知识资源，将作为共享资源，以服务器的形式在网络上提供共享服务，为智能决策支持系统又开辟了一条新路。

对于生态成本优化智能决策应用领域而言，基于专家系统的智能决策支持系统以知识推理和模型计算为核心，做到了定性分析和定量分析的有机结合；而基于数据仓库和数据挖掘的智能决策支持系统是从数据中获取辅助决策信息和知识，两者属于不同的辅助决策方式，不能相互代替，更应该是互相结合。

生态成本优化智能决策的特征及组成包括：一是主要针对管理人员经常面临的结构化程度不高、说明不够充分的问题。二是把模型或分析技术与传统的数据存取及检索技术结合起来。三是易于为非计算机专业人员以交互会话的方式使用。四是强调对环境及用户决策方法改变的灵活性和适应性。五是支持但不是代替高层管理者制订决策，并不提供“最优”解，而只给出满意解；同时，系统不要求用户给出一个预先定义好的决策过程。六是系统所支持的主要对象是半结构化和非结构化的决策（即不能完全用数学模型、数学公式来求解）。它的一部分分析可由计算机自动进行，但需要用户的监视和及时参与。七是采用人机对话的有效形式解决问题，充分利用人的丰富经验，计算机的高速处理及存贮量大的特点，各取所长，有利于问题的解决。

智能决策支持系统的组成包括模型库及其管理系统，交互式计算机硬件及软件，数据库及其管理系统，图形及其高级显示装置，以及对用户友好的建模语言。

用户通过交互语言系统把对问题的描述和要求输入智能决策支持系统。交互语言系统对此进行识别和解释。问题处理系统通过知识库系统和数据库系统收集与该问题的有关各种数据、信息和知识，据此对该问题进行识别，判定问题性质和求解过程；通过模型库系统集成构造解题所需的规则模型或数学模型，对该模型进行分析鉴定；在方法库中识别进行模型求解所需的算法并进行模型求解，对所得结果进行分析评价。最后通过交互语言系统对结果进行解释，输出具有实际含义、用户可以理解的结果。

三、企业决策

企业生产经营的决策是围绕产供销、人财物等企业生态而进行的，具体包括如下内容。

1. 生产计划决策

生产计划的优化决策应当以效益为目标，面向市场，按照市场需要和企业自身能力，从系统的观点出发，达到各种生产指标的最优化。

生产计划包括年度计划和季度（或月度）计划。年度计划重点考虑产销过程的平衡，特别是产需的平衡，求得企业与外部环境的协调发展。

编制年度生产计划需要掌握的资料包括上级下达的任务、企业长期计划中规定的年度计划、上期计划的预计完成情况和库存情况，人力、物力、财力等资源的约束，各类技术标准、经济定额等。

短期计划一般指月度计划或季度计划，是年度计划在本期实施的具体安排。它一方面要保证年度计划所规定的目标得以实现，另一方面要适应本期企业内外环境包括市场、生产能力、物资准备、库存等情况的变化，在年度效益与短期效益之间取得平衡。

2. 成本决策

成本是企业为生产和销售一定数量的产品而发生的全部费用，包括产品开发、设计及供产销全过程中的耗费。成本决策是根据成本形态及有关的数据，运用定量分析和定性分析方法对未来成本水平及其变动趋势做出科学的估计，在成本管理中选择最优方案。成本决策包括目标成本、成本水平、发展趋势等方面的决策。

第一，目标成本的确定。

目标成本是企业在一定时期内经营活动实现的成本期望值，是产品成本应该达到的水平，它比已经达到的实际成本要求高，但经过努力又是可以达到的。目标成本是在以最有利于产品推销的最低价格减去税金和企业必须保证的利润之和之后，再来确定各项费用支出的目标，还要分解到每一个品种、部件和工艺环节。

第二,产品成本水平的预测。

产品成本水平的预测,一般是通过各种因素的变化来预测未来的成本水平。如通过产品所用的材料价格的变动对产品成本的影响,产品所用外购件价格的变动,单位成本工资含量的变化,单位成本车间经费的变动等,来预测各成本项目的变动对成本水平的影响。产品成本水平的预测包括全部产品总成本水平和单位产品成本水平2个方面。

第三,产品成本发展趋势的预测。

产品成本预测按可比产品和不可比产品的成本分别进行预测。可比产品成本的发展趋势可根据历史的成本资料,选用合适的数学模型,分析其变化趋势,并预测计划年度产品成本水平。不可比产品的成本可以根据产品技术文件直接预测或按产值比例进行成本的预测。

第四,设计成本的预测与决策。

设计成本是指某产品在开发、设计和试制过程中所发生的一切耗费。设计成本的预测包括新建企业产品成本的预测,以及正在生产的产品进行第二代、第三代改型后的设计成本预测。产品设计成本的预测和决策将直接影响产品产供销全过程。要以最少的成本耗费,获得最佳的经济效益,一定要重视设计成本的决策优化。

第五,质量成本的决策。

质量成本是产品成本构成中的一个重要因素,是指企业为保证和提高产品质量水平而支出的一切费用,以及因未达到质量标准而产生的一切损失费用。质量成本又分为预防成本、鉴定成本和事故成本3个方面。产品质量与产品价格、成本、利润有着直接的关系。

产品质量成本分析包括事故成本分析、鉴定成本分析、预防成本分析,以及质量成本各项目之间的相关分析,并用最佳值的理论确定它们之间的比例,预测出质量成本,做出质量成本控制目标的决策。

第六,产品生命周期成本的分析。

产品生命周期成本,是指产品在它的生命周期内所发生的全部支出。产品的生命周期是指它的有效使用期限。生命周期成本包括该产品研究、开发、设计、试验、分析、投资、使用和维修等的全部费用,还包括对环境生态资源的消耗费用。产品生命周期成本常作为项目投资决策的依据，也是用户购买商品时的决策依据。

3. 财务计划决策

财务计划是全面规划企业财务活动的一项管理手段。财务计划要对企业的资金需要量、资金来源和投向、资金运用过程中耗费、收回和利用效果等做出全面安排，计划的内容贯穿于整个生产经营的全过程。

财务计划具体包括资金计划、成本计划、利润计划及财务收支计划等4个部分。计划要对各项财务指标进行反复的测算，实现有关指标之间的平衡关系，同时要对未来的行动做出决定，因此带有明显的不确定性。但是，可以通过人机对话构造算法模型，比较方案指标，加快周转，这将大大改善计划工作的效率。

4. 生态效益决策

生态效益决策是全面规划企业节能减排计划、提升生态效益的一项新兴手段。生态效益决策要对企业的新能源利用、设备改造、污染排放、市场挖掘、再生物资回收等做出全面安排，决策的内容充分体现了企业的社会和谐和可持续发展。

生态效益决策具体包括生态成本分析决策和生态收入分析决策。决策要对各项生态关联指标进行反复的额定测算，实现有关指标之间的平衡关系，同时要对未来的生态化行动做出决定，可以通过人机对话构造算法模型，比较方案指标，加快生态优化步伐，从而大大提高生态效益优化工作的效率。

第七章
企业生态与社会责任

企业的经济活动，不但会受到社会和生态环境的影响，同时也会反作用于社会和生态环境，尤其是随着工业化快速发展，经济活动给环境带来的负面影响加剧，比如资源不断匮竭，各种污染加剧导致的全球变暖、水资源恶化等生存问题越来越刺激着人们的神经，企业是否应该承担社会责任已经不存在讨论的必要，需要的是对企业如何针对生态责任进行履责的评价方法的探讨。

第一节　企业社会责任和生态责任研究综述

本书通过查询，选取了学术界认同度较高的 CSSCI 数据库与核心期刊数据库的相关文献，2011—2016 年以“企业社会责任”为篇名，在维普期刊网中检索获取的核心及CSSCI期刊的文献共计92篇，如图7.1所示。

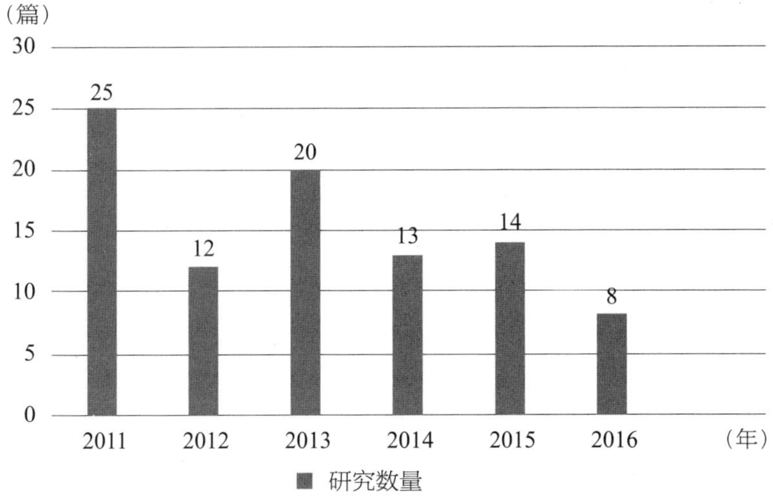

图7.1　2011—2016年国内关于企业社会责任评价研究的文献数量统计情况

一、企业社会责任概念

自从1924年Sheldon最早提出“企业社会责任”概念以来，对于企业社会责任的研究就没有停止过，而且其内涵和外延不断地得到发展扩大。20世纪70年代之前社会责任概念比较有代表的是，Howard R.Bowen在1953年出版的《商人的社会责任》中对社会责任的表述：“商人按照社会的目标与价值来推行政策，做出决策及采取行动的义务。”这时期的学者虽然都承认企业社会责任必须超越经济责任与法律责任这一“最低义务标准”，但他们对企业社会责任的界定仍然是模糊不清的。到了20世纪80年代，理论界对企业社会责任有了较为全面的认识，也是从这个时候开始，对企业社会责任的概念渐渐清晰和明确起来。较为典型的是Carroll（1979）构建的“企业社会表现的三维概念模型”，其中提到了企业社会责任这一维度包括了经济责任、法律责任、伦理责任及自愿责任4个部分。此后Wartick，Cochran（1985）在这个基础上加入了动态视角，使这个模型更有现实意义。20世纪90年代，理论界对于企业社会责任的认知开始有了明确的对象性，也就是在向谁负责的问题上有了新的突破，那就是Freeman（1984）提出了利益相关者理论。这个理论认为，企业涉及的绝大部分社会问题其实都与企业利益相关者有关，企业关心社会问题,并非是关心全社会的问题,而是关心那些对企业生存发展有重要影响作用的利益相关者的利益诉求,所以如何识别企业利益相关者对企业来说至关重要。[①]21世纪初,把企业当作公民对待,将企业社会责任行为发展成公民应对社会承担的义务,并且进一步将企业社会责任的概念突破了地理和文化的界限,为跨国公司履行社会责任提供了理论基础。

此外,还有些组织也对此提出各自的见解,如世界企业可持续发展工商理事会(World Business Council for Sutainable Development, WBCSD)对企业社会责任进行了正式的定义,"企业社会责任是企业承诺持续遵守道德规范,为经济发展做出贡献,并且改善员工及其家庭、当地小区、社会的整体生活质量"。欧盟委员会(2001)则把企业社会责任定义为"公司在自愿的基础上,将社会和环境问题与公司经营活动结合在一起,将公司和相关利益者的合作结合在一起"。2010年,国际标准化组织(International Organization for Standardization, ISO)发布的ISO26000《社会责任指南》对社会责任的定义,它认为"社会责任是指组织的决策和活动对社会、环境产生影响并应负有责任,可采取如下透明的、道德的行为:促进可持续发展,包括社会的健康和福利;考虑利益相关者的期望;遵守相关法律并符合国际行为规范;将责任融入组织并落实到组织关系中"。

二、企业社会责任评价

企业社会责任评价的3种模式,即3重底线模式、金字塔模式和利益相关者模式。"三重底线"包含经济底线、环境底线和社会底线,具体指企业应承担的经济责任、环境责任和社会责任。这个模式以Dow Jones公司于1999年推出的道琼斯可持续发展指数(The Dow Jones Sustainability Indexes, DJSI)为基础,从经济、环境和社会3个维度构建了最具代表性的企业社会责任评价体系。从我国对企业社会责任评价模式的研究来看,白睿洁将三重底线理论引入林业企业的绩效评价体系中,以促使林业企业在追求经济效益的同时自觉履行其社会责任与环境职责,进而促进企业的可持续发展。

① 黄伟:《中国企业社会责任研究:内在动机、外部压力与制度建设》,复旦大学2014年硕士学位论文,第15页。

其他一些学者在这个基础上，增设了一些其他指标，从而构建了企业社会责任评价体系。比如李永臣和曹希以供电企业为研究对象，构建了以责任管理为核心、以市场责任（经济责任）为基础、以社会责任和环境责任为两翼的"四位一体"企业社会责任评价模型。[①]金字塔模式主要就是以"卡罗尔结构"为基础，从经济责任、法律责任、伦理责任和自愿责任4个方面对企业社会责任进行因子分析，有的研究学者在这几个维度上又包含更细的内容，进而形成了企业社会责任评价体系。利益相关者模式是以利益相关者类别为维度构建的企业社会责任评价体系，国外关于利益相关者模式的研究最具代表性的理论成果是外部利益相关者评价模式和RDAP（Reactive—对抗型、Defensive—防御型、Accommodative—适应型、Proactive—预见型）模式。我国关于利益相关者模式的研究虽然所选的行业不同，但是选取的评价指标大同小异，基本上是将股东、债权人、员工、消费者、社区、政府及环境作为评价主体而构建CSR评价指标体系的。[②]

三、企业生态责任

生态责任是企业社会责任的重要组成部分，是伴随着企业快速发展导致的环境负面问题而出现的。将生态责任作为单独方向去研究是因为环境保护、生态平衡等问题越来越重要。企业生态责任的概念最早源于瑞典籍环境经济学家托马斯·林德丘斯特于1990年和1992年为瑞典环境部完成的两份研究中提到的生产者责任延伸。这个延伸性责任就是减少对环境破坏的保护责任。尤其是随着采矿业、钢铁制造业等工业兴起，对环境的破坏更加明显，这使得人类不得不关注企业与生态的关系及生存的生态需求。对于那些过分追求经济利益而以牺牲子孙后代的环境为代价的企业，国家制定了一系列的政策和法律加以约束。企业往往也是迫于这种压力履行生态责任。世界经济合作与发展组织（Organization for Econormic Cooperation and Development，OECD）明确提出，企业生态责任是产品生产者延伸至产

① 李永臣、曹希：《供电企业社会责任评价指标体系研究》，《环境工程》2013年第31期，第677—680页。

② 甄建斌、刘延慧：《企业社会责任评价研究综述》，《西安石油大学学报》（社会科学版）2017年第3期，第48页。

品消费后阶段的责任，包括由地方政府转移至生产者的废弃物回收及处理责任等，并鼓励生产者将环境因素纳入产品设计中。

在本质上，企业生态责任是一个广泛的范畴，公司的目标也从追求股东利益最大化向利益相关者利益最大化转移，其中环境保护、生态平衡等都包含，即企业如何从生态的角度考虑其社会责任的履行。基思·戴维斯在"责任的铁律"中提到，"有社会责任感的组织在保护和提高社会生活质量的同时也保护和提高自身的生存质量。从本质上看，生活质量是指人们在多大程度上生活在与自己内心、与他人及与自然环境的和谐之中。企业对于这些和谐，尤其是后两种和谐起着重大的影响作用。如果企业能够从一个更大的系统中看待问题，就可以促进人与人之间、人与环境之间的和谐"。

从生态责任和财务绩效的对比中，一般倾向于认为，从短期看承担生态责任可能会造成股东的损失；但从长远看，企业履行社会责任能够实现企业利润的最大化。履行企业生态责任可以被视为一个投资机会，不但可以降低未来的风险，而且可能建立一个强大的品牌。从生态责任对公司可持续竞争优势的影响看，企业积极主动地履行生态责任，为其进入市场获得融资提供了便利，并能帮助企业降低成本和风险；同时，履行责任所产生的提高企业声誉、促进与利益相关者的有效沟通等提高无形资产价值的行为，有助于增加企业的差异化优势；此外还可以有效地保证合规性以避免道德和法律制裁及消费者的抵制。因此，积极主动的企业生态责任行为与其潜在的产出——可持续竞争优势间形成一种互动关系。企业履行生态责任会对企业绩效产生一系列影响，包括改善效率和技术，改善组织学习氛围及创新等，这些影响又会降低成本和风险，提高声誉等无形资产价值，有利于获得市场进入及融资便利，以及保证合规性等。

第二节　我国企业社会责任发展情况分析

中国企业社会责任从2006年"责任元年"快速发展到现在已走过了10多个年头。过去10多年间，政府在倡导企业社会责任，公益组织在学习企业社会责任，企业正在把社会责任愈发紧密地与自身核心业务相结合，消费者和市场正在关注企业社会责任的本质及影响。纵观这10多年历程，中国的企业社会责任一方面发生了根本性变化，另一方面也包含了很大隐患。

一、企业社会责任10多年间的发展成效

从政府层面看：国务院国资委2008年1号文《关于印发〈关于中央企业履行社会责任的指导意见〉的通知》是中国企业社会责任发展进程中的重要里程碑事件。此后，各地政府纷纷出台推进企业履行社会责任的相关文件。以杭州市为例，杭州市委、市政府于2009年10月发布了《关于加强企业社会责任建设的意见》，提出了企业履行社会责任的十大内容。并于2010年和2012年先后制定并出台了《杭州市企业社会责任评价体系》（通用版）、《杭州市企业社会责任建设业评价体系》、《杭州市企业社会责任服务业评价体系》，以及《杭州市企业社会责任评估办法》等一系列文件，要求通过政府、企业、社会各界协调配合、全员联动，来全面开展和推进杭州市企业社会责任的建设，实现杭州经济社会全面协调可持续发展。目前，国家对企业社会责任的重视已经上升到立法的层面。从《合同法》《环境保护法》《安全生产法》《慈善法》等的修订和出台，包括近期国家多个部委正在讨论研究的社会责任立法等事宜均表明，中国也正在法律框架下加强并促进企业社会责任管理实践。

从行业企业层面看：近年来，我国企业社会责任的履行有了很大进步，各行业企业纷纷发布了企业社会责任报告，《中国纺织企业社会责任管理体系》（CSC9000T）、《中国对外承包工程行业社会责任指引》《电子信息行业社会责任指南》等都成为企业现实可行的履责指导文件。上述企业社会责任报告是严格按照国家标准，在引进第三方评议的基础上完成的，非常的规范、全面和成熟。在这些报告里，各行业企业基本上都能提出有“德”、有“善”的企业核心价值观，企业社会责任在各行业企业中俨然成为不可或缺的一部分，并上升到企业发展的战略高度。与此同时，企业社会责任论坛也时常举行。

从消费者层面看：2008年含有三聚氰胺的毒奶粉直接导致近30万婴幼儿患病的恶性事件，三鹿集团也因此倒闭。该事件助推了中国消费者的集

体维权之路，也使得发端于消费者的维权造就了企业社会责任投入的大转变，是企业顺应社会发展趋势的选择。

二、企业社会责任面临的问题

2016年《中国企业社会责任蓝皮书》报告显示：2016年，中国企业300强社会责任发展指数为35.1分，同比提高0.7分，整体处于起步阶段；8年来，中国企业社会责任发展指数持续增长，但增速却呈现出进一步下降的趋势。从中可见中国企业社会责任发展步履艰难，重提企业社会责任问题非常必要。

“报告中心论”现象，即很多企业将社会责任工作局限在编发社会责任评价报告上。如果单单从企业发布的社会责任报告来看，报告中华丽的数字、精彩的表述确实使企业社会责任的履行令人瞩目。但是几年下来，企业对编写的社会责任报告的投入越来越大，报告“颜值”越来越高，社会责任工作却没什么起色，企业中的社会责任价值更无从体现，报告内容的实质性、平衡性和持续改进等均没有什么改变，报告本身的价值也越来越受到质疑。在企业内部社会责任评价成了主管部门和相关人员“自娱自乐”的“小众消费品”，甚至广大员工都不知道公司还有这么一份报告。

责任创造价值的路还很长。走过社会责任评价10多年之路，我们发现很多企业社会责任履行的实际情况远远落后于责任报告的数据，有些企业社会责任的履行远远不能与其企业实力相匹配。总的来说，许多企业在履行社会责任方面存在以下几方面的问题：单纯注重慈善捐助、环境责任上的功利化，对员工的福祉、对消费者合法权益的侵害、对行业间的恶性竞争等关注不足。核心问题聚焦在企业社会责任是否真的能够创造价值，还是仅仅是“被利用的一件华丽外衣”？

三、企业社会责任评价的研究意义

根据上述内容，我们看到了中国企业社会责任的现状及存在的隐患，进一步从本质上说，企业社会责任的提出，主要是为了解决资本与公众的矛盾问题，是为了解决企业与消费者的矛盾。没有正确的理念，资本就会过度地偏向少数人。例如,企业如果进行假冒伪劣,就会不正当地攫取消费者的利益;如果生产优质产品,不欺骗顾客,就要减少利润。如果要进行清洁生产、减少污染、保护环境,就更要减少利润。这是一对矛盾,一个社会如果没有清晰的商业伦理和经营理念,便可能陷入自私自利、互相诈骗的泥沼之中。因此,诸多问题就会浮现出来:如何摆正企业与社会的关系?如何发挥企业的社会责任?企业到底应该肩负起哪些社会责任?企业履责的价值创造机制和路径该如何实现?如何实现从报告到实践,再从实践到价值的良性循环?企业社会责任如何真正地在全社会达成本质意义上的共识?等等。

浙江省杭州市在企业社会责任问题上积极探索,通过先行先试、创新机制,走出了一条企业社会责任建设的新路子。在借鉴SA8000、ISO26000国际通行标准的基础上,杭州建立了"数字化"评价体系。其从市场责任、环境责任、用工责任和公益责任4个方面,设基本指标、进步指标和个性指标等共50项指标,采用标准化方式评估企业社会责任履行情况。笔者在对杭州市企业社会责任有效性进行调研时发现,在杭州市试行的50项指标中,除了综合能耗降低率指标、资源循环使用率指标是需要根据相关数据统计计算之外,其他都是以判断性的选择作为评分标准,比如是否建有完善的消费投诉体系,是否按时进行年报公示,是否建有完善的合同管理制度等,诸如此类的评分,很容易让社会责任评价失去原本的作用,沦为作秀包装的工具,也就不能真正将社会责任与创造价值等同起来。因此,我们需要对目前的评价指标进行重新考量,将财务指标融入社会责任的评价体系中,对杭州市出台的评价体系进行补充,以便更全面地衡量企业社会责任水平。

四、企业社会责任评价方法

根据国内外有关研究成果,可以看出企业社会责任评价方法的研究主要集中在指标权重方法的设定上,主要包括了专家打分法、内容分析法、层次分析法[①]、因子分析法、相同权重法等等。还有学者将层次分析法与其他方法结合起来使用,其中与模糊综合评价法的结合使用最为普遍。

---

① 层次分析法(Analytic Hierarchy Process,AHP)是针对一些较为复杂、较为模糊的问题做出决策的简易方法,它特别适用于那些难于完全定量分析的问题。

本书以杭州市的A股市场上市公司为研究对象，在这些公司的企业社会责任指标中有定性指标，也有定量指标。为了使具有不同含义和不同量纲的指标列在一起评价时具有可比性，采取专家打分法和层次分析法结合使用确定指标的权重，并对定量数据进行归一化处理，然后对所选取的社会责任评价指标进行加权求和，从而得到一个综合得分，并用这个综合得分对杭州市A股上市公司的社会责任履行状况进行分析和研究。

第三节　企业社会责任评价指标的确定

企业社会责任评价指标的确定是我们建立评价模型的前提。只有确定了合理的评价指标，才可以最终建立评价指标模型，算出企业的社会责任分数并进行分析后，找出社会责任评价存在的问题，并提出相应的解决对策。本次评价指标是在以浙江省317家上市公司中抽取具有代表性的杭州市A股上市公司作为确定对象的，查阅资料可得：2016年末杭州市A股上市公司共有98家，占浙江省上市公司总量的31%，我们将对这98家上市公司的社会责任履行情况进行普查。

一、企业社会责任评价指标构成

本调查报告在企业社会责任评价指标选取过程中遵循如下原则：

科学性原则。充分借鉴中外企业社会责任评价指标体系的有益成果，以及结合杭州市推行的企业社会责任评价指标，根据本次调研科学性制订，不奉行“拿来主义”。

可操作性原则。评价指标选择的最终目的是能够在现实中运用，因而本次调查的指标数据都尽量进行了量化处理，而不是单纯地进行定性评价。

适当超前原则。指标体系的作用，除了能够对企业的社会责任进行评价之外，也要为政府提供一种能够对企业目前的社会责任实施情况进行指导作用的评价指标。

根据本调查报告选择的将3种模式融合在一起的社会责任评价模式，再结合专家打分法和层次分析法，将企业社会责任分为市场责任、环境责任、员工责任和公益责任4个维度，对杭州市98家上市公司的企业社会责任提出了如下评价指标，如表7.1所示。

表7.1 企业社会责任4维度三级评价指标一览表

一级评价指标	二级评价指标	三级评价指标
市场责任	诚信经营	消费投诉
		合同与履行
		工商年报
		工商信用评价
	财会纳税	财务管理
		纳税及缴费
		纳税信用评价
	产品质量	质量管理体系认证
		质量服务管理体系
		产品研发投入
		产品技改创新
	消费者	销售增长率
		主营业务成本率
	供应商	应付账款周转率
环境责任	环保减排	环保管理体系
		环境管理认证
		环保行动
		环保治理投入
		减排降污

续 表

一级评价指标	二级评价指标	三级评价指标
		环境行为评价
环境责任	低碳节能	清洁生产审核
		低碳节能制度
		能源管理认证与计量管理
		低碳节能行动
		综合能耗降低率
		资源循环使用率
		低碳能源使用
员工责任	依法用工	用工管理
		合同签订与参保
		劳动合同履行
		工资支付
		工资增长
		工时与休假
	协调机制	组织建设
		民主管理集体协商
		员工发展
		员工关爱
	安全生产	安全宣传培训
		安全管理
		特种设备安全
		女工
	职业健康	劳动和工作环境
		体检与健康管理

续 表

一级评价指标	二级评价指标	三级评价指标
员工责任	职业健康	职业病发生率
		职业健康管理认证
		职业病防护控制
	股东	总资产收益率
		净资产收益率
	债权人	利息保障倍数
		流动比率
		资产负债率
公益责任	公益慈善	企业社会责任信息公开
		公益慈善活动
		社会贡献率
		帮扶与共建
		残疾人就业比例
	社会评价	表彰奖励认证
		法规政策履行
		重大事件事故

二、企业社会责任评价指标体系说明

该调查问卷的指标设定总体是以杭州市出台的“数字化”评价体系为依据来确定的，尤其是一级指标的设定没有做改变，这样设定的目的是让调查结果便于地方政策的推广和执行，可以为区域内各类企业评价体系的确定提供参考建议。

1. 企业对市场责任指标的说明

企业的市场责任指标下设二级和三级指标，设置的依据为：一方面体现为定性指标，主要集中在诚信经营、财会纳税、产品质量这三个二级指标上，通过调查问卷，对企业在工商、税务方面是否达到要求，在产品质量方面是否达到认证，是否有消费投诉等方面进行调查后，用专家打分法进行三级指标的分值确定；另一方面体现为定量指标，主要集中在消费者和供应商这两个二级指标上，通过对上市公司年报的财务数据和层次分析法进行三级指标的分值确定。

2. 企业对环境责任指标的说明

企业的环境责任指标下设二级和三级指标，设置的依据为：在各个二级指标中都采用定性指标和定量指标相结合的方法。通过环保减排和低碳节能这两个二级指标，对企业在是否进行环保管理认证、是否有具体的减排节能制度，是否进行能源管理认证等方面进行问卷调查；同时结合了环保治理投入、综合能耗降低率、资源循环使用率等定量指标，通过层次分析法进行三级指标的分值确定。

3. 企业对员工责任指标的说明

企业对员工责任一部分体现在股东和债权人身上，更主要是体现在对一般员工的责任，所以在指标设定中针对他们设定的指标最多，其中定性指标集中在协调机制、安全生产、职业健康等方面，在调查问卷上对细节内容进行了调查。定量指标除了员工的工资增长和工资支付情况，主要集中在股东和债权人权益方面，之所以将股东和债权人纳入员工责任，原因是一方面股东和债权人从某种意义上来看也属于公司员工，另一方面股东和债权人指标往往体现为公司的收益情况，公司收益情况直接影响到员工利益，因此也是对员工负责的一种表现。

4. 企业对公益责任指标的说明

公益慈善也是企业社会责任的一个主要组成部分，可以通过企业是否公开社会责任信息、是否参加公益慈善活动、是否进行帮扶与共建等行为进行评分，同时可以通过社会贡献率、残疾人就业比例等指标进行定量计算。企业如果得到了政府表彰奖励可以加分，如果出现重大事件事故给予减分。

以上几个维度的满分相加分数设为1 000分。我们主要通过检索各上市公司官网、国家企业信用信息公示系统、浙江省及杭州市国家税务局、东方财富网等相关网站获取到上市公司的相关指标数据，每个成员查找一部分数据，同时指定另一个成员对这部分数据进行检查，在一定程度上保证了数据的真实性和可靠性。

第四节 企业社会责任评价指标的预处理

一、定性数据处理

对采集到的定性数据，包括消费投诉、合同与履行、工商年报、工商信用评价、财务管理、纳税及缴费、纳税信用评价、质量管理体系认证、质量服务管理体系、产品研发投入、产品技改创新、环保管理体系、环境管理认证、环保行动、环保治理投入、减排降污、环境行为评价、清洁生产审核、低碳节能制度、能源管理认证与计量管理、低碳节能行动、综合能耗降低率、资源循环使用率、低碳能源使用、用工管理、劳动合同履行、工资支付、工时与休假、组织建设、民主管理集体协商、员工发展、员工关爱、安全宣传培训、安全管理、女工与未成年工保护、劳动和工作环境、体检与健康管理、职业健康管理认证、职业病防护控制、企业社会责任信息公开、公益慈善活动、帮扶与共建、残疾人就业比例等指标，将根据评价表中的评价标准给出相应的分数，每项指标的满分为100分。

二、定量数据处理

对销售增长率、主营业务成本率、工资增长、应付账款周转率、总资产收益率、净资产收益率、流动比率、利息保障倍数、资产负债率、社会贡献率等定量评价指标，将进行以下处理。

(1)将根据采集到的相关财务指标数据计算如下：

销售增长率 =(2016年销售收入 - 2015年销售收入)/2015年销售收入；

主营业务成本率 = 2016年主营业务成本/2016年主营业务收入；

应付账款周转率 =(2016年应付账款 - 2015年应付账款)/主营业成本；

总资产收益率 = 2016年净利润/2016年资产总额；

净资产收益率 = 2016年净利润/(2016年资产总额 - 负债总额)；

流动比率 = 2016年流动负债/2016年流动资产；

利息保障倍数 = 2016年息税前利润/2016年利息费用；

资产负债率 = 2016年负债总额/2016年资产总额；

社会贡献率 = 2×（2016年应付职工薪酬 + 2016年利息费用 + 应交税费 + 2016年净利润）/（2015年资产总额 + 2016年资产总额）。

（2）以上指标计算出来后，为使各指标处于同一数量级，适合进行综合对比评价，需要对数据进行标准化处理。这里采用了2次标准化处理过程，第一次为z-score标准化处理方式。这种方式将原始数据的均值（mean）和标准差（standard deviation）进行数据的标准化。经过处理的数据符合标准正态分布，即均值为0，标准差为1，转化函数如公式（7.1）所示：

$$x^* = \frac{x-\mu}{\sigma} \tag{7.1}$$

其中，μ为所有样本数据的均值，σ为所有样本数据的标准差。

（3）第二次为对得到的标准化数据再进行min-max标准化处理，对数据进行线性变换，使结果值映射到[0 ~ 1]之间。根据3σ原理，如果数据落在3倍标准差之外，则将值映射为0或1。转换函数如公式（7.2）所示：

$$x' = \begin{cases} 0 & x^* \leqslant -3 \\ \dfrac{x^*+3}{6} & -3 < x^* < 3 \\ 1 & x^* \geqslant 3 \end{cases} \tag{7.2}$$

（4）将[0 ~ 1]之间的x'值映射到[0，100]上，即$x'' = 100x'$。

三、指标权重的说明

确定各个评价指标权重的常用方法有层次分析法、定性分析法和问卷调查法，本节采用层次分析法来设置权重。它是美国运筹学家T. L. Saaty教授于20世纪70年代初期提出的一种简便、灵活而又实用的多准则决策方法。

由于层次分析法的建模过程比较复杂，计算工作量也较大，本书采用了Super Decision软件进行建模与计算。Super Decision是美国Rozann W. Satty，William Adams设计的一个用于使用层次分析法和网络层次分析法对建模及计算的软件工具，可以方便地计算各指标的权重。

具体流程如下：

1. 建立层次结构模型

把评价指标分组，每一组为一个层次，依照目标层、要素层、指标层来排列，根据确定的企业社会责任4维度三级评价指标，生成的层次结构如图7.2所示。

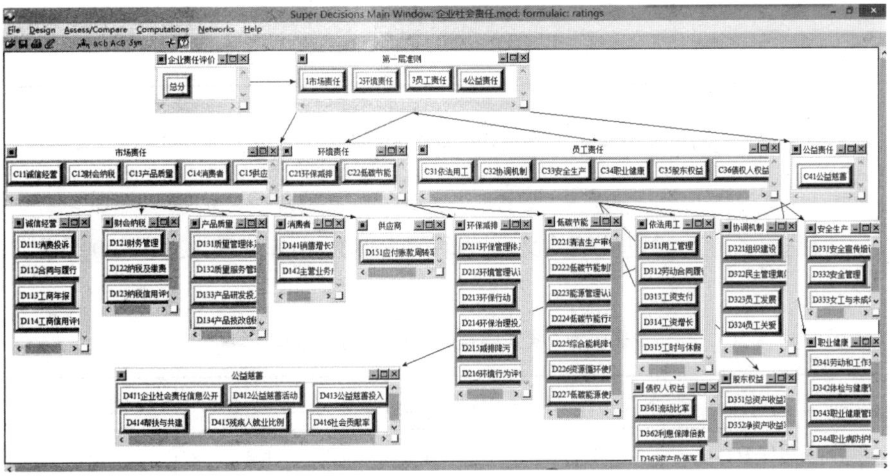

图7.2 企业社会责任评价系统层次结构①

2. 构造判断矩阵

层次结构反映了因素之间的关系，但准则层中的各准则在目标衡量中所占的比重并不一定相同，在决策者的心目中，它们各占有一定的比例。为了比较 n 个因子 $X=\{x_1,\cdots,x_n\}$ 对某因素 Z 的影响大小，Saaty等人建议可以采取对因子进行两两比较建立成对比较矩阵的办法。即每次取两个因子 x_i 和 x_j，以 a_{ij} 表示 x_i 和 x_j 对 Z 的影响大小之比，全部比较结果用矩阵 $\boldsymbol{A}=(a_{ij})_{n\times n}$ 表示，称 $\boldsymbol{A}$ 为 $Z-X$ 之间的成对比较判断矩阵（简称判断矩阵）。为了得到量化的判断矩阵，可通过引入合适的标度把这些判断用数值表示出来，本书采用1~5之间的数及其倒数作为标度，标度的含义如表7.2所示。

① 图7.2是以杭州市现行的指标来确定的，与书中内容有部分出入，表7.3至7.20是以图7.2为依据得出的。

表7.2　标度的含义

标度	含义
1	表示两个因素相比,具有相同重要性
2	表示两个因素相比,前者比后者稍重要
3	表示两个因素相比,前者比后者明显重要
4	表示两个因素相比,前者比后者强烈重要
5	表示两个因素相比,前者比后者极端重要

注:若因素i与因素j的重要性之比为a_{ij},那么因素j与因素i重要性之比为$a_{ji}=\frac{1}{a_{ij}}$。

根据参考专家意见及相关文档,两两比较判断矩阵如表7.3至7.20所示。

表7.3　准则层B两两比较判断矩阵

企业社会责任A	市场责任B1	环境责任B2	员工责任B3	公益责任B4
市场责任B1	1	1	1/2	2
环境责任B2	1	1	1	3
员工责任B3	2	1	1	3
公益责任B4	1/2	1/3	1/3	1

表7.4　准则层市场责任B1两两比较判断矩阵

市场责任B1	诚信经营C11	财会纳税C12	产品质量C13	消费者C14	供应商C15
诚信经营C11	1	2	3	2	4
财会纳税C12	1/2	1	1	1	2
产品质量C13	1/3	1	1	1	2
消费者C14	1/2	1	1	1	3
供应商C15	1/4	1/2	1/2	1/3	1

表 7.5　准则层环境责任 B2 两两比较判断矩阵

环境责任B2	环保减排C21	低碳节能C22
环保减排C21	1	4/5
低碳节能C22	5/4	1

表 7.6　准则层员工责任 B3 两两比较判断矩阵

员工责任B3	依法用工C31	协调机制C32	安全生产C33	职业健康C34	股东权益C35	债权人权益C36
依法用工C31	1	3	2	2	2	2
协调机制C32	1/3	1	1/2	1/2	1/3	1/3
安全生产C33	1/2	2	1	2	2	2
职业健康C34	1/2	2	1/2	1	1/2	1/2
股东权益C35	1/2	3	1/2	2	1	1
债权人权益C36	1/2	3	1/2	2	1	1

表 7.7　准则层公益责任 B4 两两比较判断矩阵

公益责任B4	公益慈善C41	社会评价C42
公益慈善C41	1	
社会评价C42		

表 7.8　准则层诚信经营 C11 两两比较判断矩阵

诚信经营C11	消费投诉D111	合同与履行D112	工商年报D113	工商信用评价D114
消费投诉D111	1	1/3	1/3	1/3
合同与履行D112	3	1	1	1
工商年报D113	3	1	1	1
工商信用评价D114	3	1	1	1

表7.9　准则层财会纳税C12两两比较判断矩阵

财会纳税C12	财务管理D121	纳税及缴费D122	纳税信用评价D123
财务管理D121	1	4/5	1/2
纳税及缴费D122	5/4	1	4/5
纳税信用评价D123	2	5/4	1

表7.10　准则层产品质量C13两两比较判断矩阵

产品质量C13	质量管理体系认证D131	质量服务管理体系D132	产品研发投入D133	产品技改创新D134
质量管理体系认证D131	1	2	1/2	1/2
质量服务管理体系D132	1/2	1	1/3	1/3
产品研发投入D133	2	3	1	1
产品技改创新D134	2	3	1	1

表7.11　准则层消费者C14两两比较判断矩阵

消费者C14	销售增长率D141	主营业务成本率D142
销售增长率D141	1	2/3
主营业务成本率D142	3/2	1

表7.12　准则层环保减排C21两两比较判断矩阵

环保减排C21	环保管理体系D211	环境管理认证D212	环保行动D213	环保治理投入D214	减排降污D215	环境行为评价D216
环保管理体系D211	1	1	1/2	1/2	1	1/2
环境管理认证D212	1	1	1/2	1	1	1/2
环保行动D213	2	2	1	2	2	1
环保治理投入D214	2	1	1/2	1	1	1/2

续 表

环保减排C21	环保管理体系D211	环境管理认证D212	环保行动D213	环保治理投入D214	减排降污D215	环境行为评价D216
减排降污D215	1	1	1/2	1	1	1/2
环境行为评价D216	2	2	1	2	2	1

表7.13 准则层低碳节能C22两两比较判断矩阵

低碳节能C22	清洁生产审核D221	低碳节能制度D222	能源管理认证与计量管理D223	低碳节能行动D224	综合能耗降低率D225	资源循环使用率D226	低碳能源使用D227
清洁生产审核D221	1	1	1	1/2	1/2	1	1
低碳节能制度D222	1	1	1	1/2	1/2	1	1
能源管理认证与计量管理D223	1	1	1	1/2	1/2	1	1
低碳节能行动D224	2	2	2	1	1	2	2
综合能耗降低率D225	2	2	2	1	1	2	2
资源循环使用率D226	1	1	1	1/2	1/2	1	1
低碳能源使用D227	1	1	1	1/2	1/2	1	1

表7.14 准则层依法用工C31两两比较判断矩阵

依法用工C31	用工管理D311	劳动合同履行D312	工资支付D313	工资增长D314	工时与休假D315
用工管理D311	1	1/3	1/2	1/2	1
劳动合同履行D312	3	1	1	1	3
工资支付D313	2	1	1	1	2

续 表

依法用工C31	用工管理D311	劳动合同履行D312	工资支付D313	工资增长D314	工时与休假D315
工资增长D314	2	1	1	1	2
工时与休假D315	1	1/3	1/2	1/2	1

表7.15 准则层协调机制C32两两比较判断矩阵

协调机制C32	组织建设D321	民主管理集体协商D322	员工发展D323	员工关爱D324
组织建设D321	1	1	1/2	1/5
民主管理集体协商D322	1	1	1/2	1/5
员工发展D323	2	2	1	1/3
员工关爱D324	5	5	3	1

表7.16 准则层安全生产C33两两比较判断矩阵

安全生产C33	安全宣传培训D331	安全管理D332	女工D334
安全宣传培训D331	1	1/3	1
安全管理D332	3	1	3
女工D334	1	1/3	1

表7.17 准则层职业健康C34两两比较判断矩阵

职业健康C34	劳动和工作环境D341	体检与健康管理D342	职业健康管理认证D343	职业病防护控制D344
劳动和工作环境D341	1	1	5	2
体检与健康管理D342	1	1	5	2
职业健康管理认证D343	1/5	1/5	1	1/3
职业病防护控制D344	1/2	1/2	3	1

表7.18　准则层股东权益C35两两比较判断矩阵

股东权益C35	总资产收益率D351	净资产收益率D352
总资产收益率D351	1	4/5
净资产收益率D352	5/4	1

表7.19　准则层债权人权益C36两两比较判断矩阵

债权人权益C36	流动比率D361	利息保障倍数D362	资产负债率D363
流动比率D361	1	1	1/2
利息保障倍数D362	1/2	1	1/2
资产负债率D363	2	2	1

表 7.20　准则层公益慈善C41两两比较判断矩阵

公益慈善C41	企业社会责任信息公开D411	公益慈善活动D412	公益慈善投入D413	帮扶与共建D414	残疾人就业比例D415	社会贡献率D416
企业社会责任信息公开D411	1	1/2	1/5	1/2	1/2	1/5
公益慈善活动D412	2	1	1/3	1	1	1/3
公益慈善投入D413	5	3	1	3	3	1
帮扶与共建D414	2	1	1/3	1	1	1/3
残疾人就业比例D415	2	1	1/3	1	1	1/3
社会贡献率D416	5	3	1	3	3	1

3. 按照判断矩阵分别计算以下各项

（1）计算判断矩阵每一行的元素乘积M_i，如公式（7.3）所示。

$$M_i = \prod a_{ij} \tag{7.3}$$

(2)计算M_i的n次方根W_i,如公式(7.4)所示。

$$W_i = \sqrt[n]{M_i} \tag{7.4}$$

(3)将向量规范化,如公式(7.5)所示。

$$W_i = \frac{W_i}{\sum W_i} \tag{7.5}$$

则所求的权重向量如公式(7.6)所示。

$$\boldsymbol{W} = \left(W_1, W_2, \cdots, W_n \right) \tag{7.6}$$

4. 一致性检验

为保证所求的权重符合实际,必须对判断矩阵进行一致性检验,公式为

$$CI = \frac{\lambda_{\max} - n}{n - 1} \tag{7.7}$$

为了确定判断矩阵的一致性,需要引入平均随机一致性指标的值RI。对$n = 1, \cdots, 9$,Saaty给出了RI的值,如表7.21所示。

表7.21 平均随机一致性指标速查表

n	1	2	3	4	5	6	7	8	9
RI	0	0	0.58	0.90	1.12	1.24	1.32	1.41	1.45

计算一致性比例CR的公式为

$$CR = \frac{CI}{RI} \tag{7.8}$$

当$CR < 0.10$时,认为判断矩阵的一致性是可以接受的,否则应对判断矩阵做适当修正。经过以上公式的计算检验,最终得出各指标权重,如表7.22所示。

表7.22 指标权重表

一级评价指标	二级评价指标	三级评价指标
市场责任0.230 1	诚信经营0.385 4	消费投诉0.100 0
		合同与履行0.300 0
		工商年报0.300 0
		工商信用评价0.300 0

续 表

<table>
<tr><th>一级评价指标</th><th>二级评价指标</th><th>三级评价指标</th></tr>
<tr><td rowspan="10">市场责任0.230 1</td><td rowspan="3">财会纳税0.176 4</td><td>财务管理0.238 1</td></tr>
<tr><td>纳税及缴费0.323 2</td></tr>
<tr><td>纳税信用评价0.438 7</td></tr>
<tr><td rowspan="4">产品质量0.163 7</td><td>质量管理体系认证0.189 1</td></tr>
<tr><td>质量服务管理体系0.109 1</td></tr>
<tr><td>产品研发投入0.351 0</td></tr>
<tr><td>产品技改创新0.351 0</td></tr>
<tr><td rowspan="2">消费者0.192 7</td><td>销售增长率0.400 0</td></tr>
<tr><td>主营业务成本率0.600 0</td></tr>
<tr><td>供应商0.081 8</td><td>应付账款周转率 1.000 0</td></tr>
<tr><td rowspan="13">环境责任0.301 5</td><td rowspan="6">环保减排0.444 4</td><td>环保管理体系0.112 4</td></tr>
<tr><td>环境管理认证0.124 2</td></tr>
<tr><td>环保行动0.248 3</td></tr>
<tr><td>环保治理投入0.142 7</td></tr>
<tr><td>减排降污0.124 2</td></tr>
<tr><td>环境行为评价0.248 3</td></tr>
<tr><td rowspan="7">低碳节能0.555 6</td><td>清洁生产审核0.111 1</td></tr>
<tr><td>低碳节能制度0.111 1</td></tr>
<tr><td>能源管理认证与计量管理0.111 1</td></tr>
<tr><td>低碳节能行动0.222 2</td></tr>
<tr><td>综合能耗降低率0.222 2</td></tr>
<tr><td>资源循环使用率0.111 1</td></tr>
<tr><td>低碳能源使用0.111 1</td></tr>
<tr><td rowspan="3">员工责任0.358 4</td><td rowspan="3">依法用工0.287 0</td><td>用工管理0.112 2</td></tr>
<tr><td>合同签订与参保0.288 3</td></tr>
<tr><td>工资支付 0.243 6</td></tr>
</table>

续 表

一级评价指标	二级评价指标	三级评价指标
员工责任0.358 4	依法用工0.287 0	工资增长0.288 3
		工时与休假0.112 2
	协调机制0.069 8	组织建设0.109 3
		民主管理集体协商0.109 3
		员工发展0.209 0
		员工关爱0.572 5
	安全生产0.217 6	安全宣传培训0.200 0
		安全管理0.600 0
		女工0.200 0
	职业健康0.105 9	劳动和工作环境0.368 3
		体检与健康管理0.368 3
		职业健康管理认证0.070 4
		职业病防护控制0.192 9
	股东0.159 9	总资产收益率0.444 4
		净资产收益率0.555 5
	债权人0.159 9	利息保障倍数0.250 0
		流动比率0.250 0
		资产负债率0.500 0
公益责任0.110 0	公益慈善 1.000 0	企业社会责任信息公开0.056 9
		公益慈善活动0.106 9
		社会贡献率0.231 1
		帮扶与共建0.106 9
		残疾人就业比例0.106 9

从表7.22的权重来看，4个维度中员工责任权重最大，环境责任次之，公益责任最小。

5. 评价得分的计算

当选取好指标，确定各指标权重之后，采用公式(7.9)用加权平均法对每个企业的社会责任评价进行计算和分析。

$$R = 10 \times \sum_i \sum_j \sum_k W_i W_j W_k r_{ijk} + JJ \tag{7.9}$$

其中，R是某个企业的社会责任最终得分，W_i，W_j和W_k分别为3个层级指标的相对权重，r_{ijk}为某企业某个指标的得分，JJ为该企业的加减分。因为每个指标的满分设为100分，最终得分满分设成1 000分，所以需要将得到的加权分数乘以10。

第五节　企业社会责任评价分析及对策建议

一、总体描述性分析

本书采用SPSS软件对样本进行描述统计和正态分布检验，结果如表7.23和表7.24所示。从表7.23中可以看出，样本均值约为650分，同时2种正态检验方式的显著性水平均大于0.05，表明样本基本服从正态分布。

表7.23　描述统计数据

			统计	标准误差
企业社会责任总分	均值		650.803 952 818 514 900	7.943 606 535 377 210
	均值的95%置信区间	下限	635.038 092 747 183 000	
		上限	666.569 812 889 846 700	
	5% 减除后平均值		650.162 174 579 649 300	
	中位数		656.501 697 593 000 500	
	方差		6 183.887	
	标准差		78.637 692 675 402 020	
	最小值		360.334 242 684 202 14	

续　表

		统计	标准误差
企业社会责任总分	最大值	757.795 949 259 835 90	
	全距	397.461 706 575 633 74	
	四分位距	105.424 912 890 956 02	
	偏度	– 0.032	0.244
	峰度	– 0.096	0.483

表7.24　正态性检验

	柯尔莫戈洛夫·斯米诺夫[a]			夏皮洛·威尔克		
	统计	自由度	显著性	统计	自由度	显著性
企业社会责任总分	0.064	98	0.200*	0.988	98	0.559

注：*表示真显著性的下限，a表示里利氏显著性修正。

1. 总体水平较低

从得分情况看，分值在800 ~ 1 000分[①]之间的有4家，约占调查总数的4%；700 ~ 800分之间的有20家，约占调查总数的20%；600 ~ 700分之间的有49家公司，占调查总数的50%；500 ~ 600分之间的共23家，约占调查总数的23%；400 ~ 500分之间2家，约占调查总数的2%；400分以下的0家。由此可见，所评价的98家上市公司中有73家超出600分，约占整体的74.5 %，如果将700分设为衡量企业社会责任履行好坏的标准，则有约25 %的公司的企业社会责任履行较好，剩下的75% 水平较低，可见企业社会责任分值总体水平较高，这与社会的重视程度、外部监督和企业内部的社会责任意识较强有关。企业总体分值分布情况如图7.3所示。

① 为了简便，这里800 ~ 1 000分指大于800分小于等于1 000分的分数，下述出现的分值范围均同此。

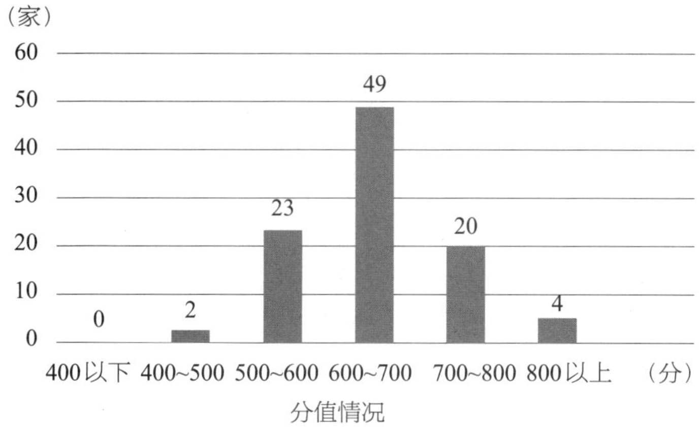

图7.3　被调查企业总分值分布情况

2. 4个维度总得分情况分析

本书对98家上市公司的企业社会责任评价从4个维度的得分情况进行。从图7.4可以看出,市场责任的得分和员工责任的得分比较理想,市场责任的平均得分为166分,达到该维度总分230分的72%;员工责任的平均得分为223分,占该维度总分358分的62%;环境责任的平均分为164.4分,占该维度总分302分的54%;最不理想的是公益责任,平均分30分,占该维度总分110分的27%。

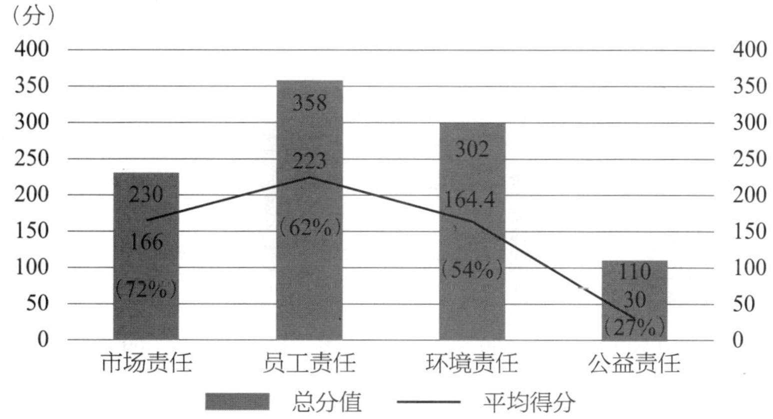

图7.4　4个维度得分占各自总分的比例情况

从图7.4中我们可以看出,杭州市98家上市公司更注重对市场责任和员工责任的实现,主要是因为市场责任和员工责任更直接地牵涉企业切身利益;而环境责任更多的是对工业企业提供一些强制性要求,对其他行业的约束性较小,而公益责任则更多地出于企业的一种营销策略,并没有形成企业的主动行为,所以这两方面不太容易引起企业重视。

3. 行业总得分情况分析

作为调查对象的98家企业中,有28家属于信息传输、软件和信息技术服务业;30家属于制造业;剩下的40家因为分布在不同行业,而且数量都很少,所以合并称为其他行业。从图7.5、图7.6和图7.7中我们可以看到,各行业在各个分值区域中的总得分情况。比如在800分以上的企业中,属于信息传输、软件和信息技术服务业的有3家,制造业1家,其他行业0家;700~800分之间的企业中,信息传输、软件和信息技术服务业5家,制造业5家,其他行业10家;在600~700分之间的企业中,信息传输、软件和信息技术服务业13家,制造业18家,其他行业18家;在500~600分之间的企业中,信息传输、软件和信息技术服务业7家,制造业6家,其他行业10家;在400~500分之间的企业中,信息传输、软件和信息技术服务业0家,制造业0家,其他行业2家。

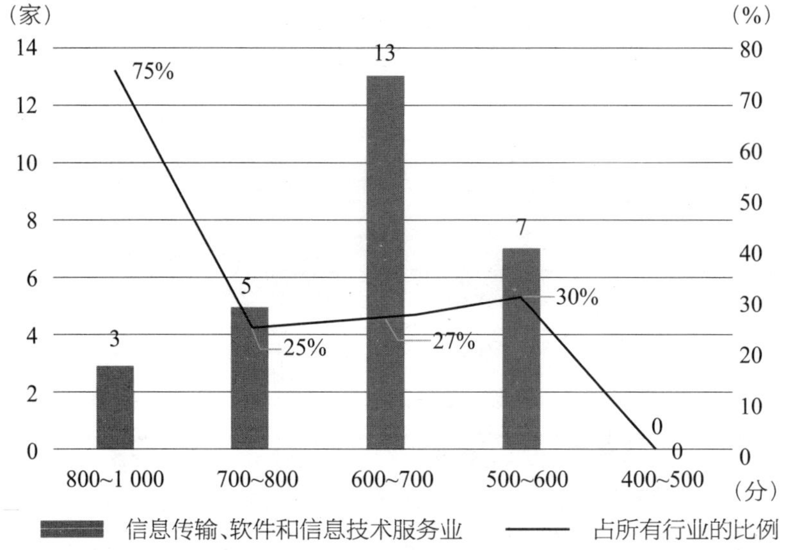

图7.5　信息传输、软件和信息技术服务业得分占比情况

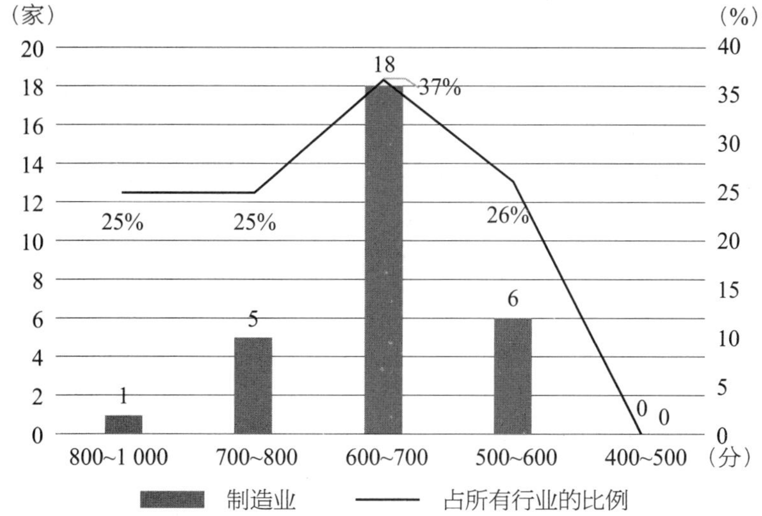

图7.6　制造业得分占比情况

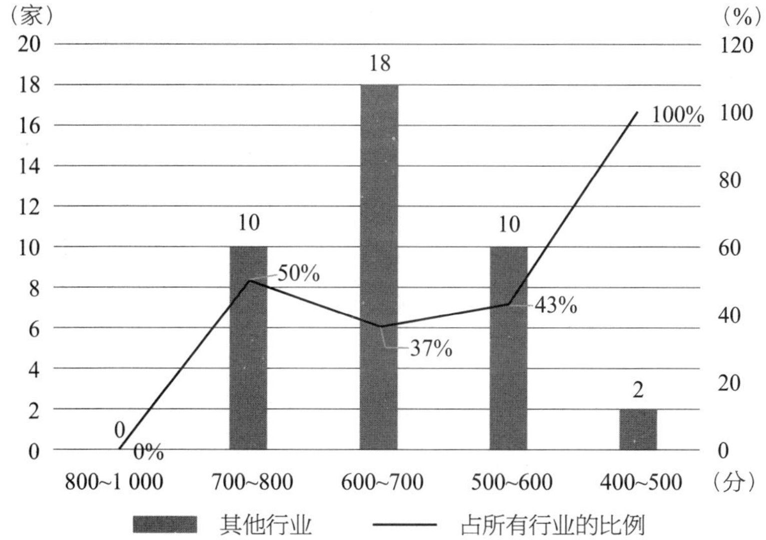

图7.7　其他行业得分占比情况

这里假设700分以上为前段，600～700分为中段，600分以下为后段。从图7.5～图7.7中，我们可以比较看出3种类型的企业中：信息传输、软件和信息技术服务业在总分值的占比是前段高、后段底，说明总分值段最高的基本集中在信息传输、软件和信息技术服务业企业中；制造业企业在总分值的占比情况呈现出中间段平稳、前后段走低的走势，说明制造业企业基本集中在平均值水平；其他行业在总分值的占比情况呈现出前段低、中后段高的走势，也就是其他行业的分值都分布在平均值以下。

二、行业数据分析

对于行业的分析，我们主要从以下几个方面进行：一是分析某行业在各分值段中的企业数占该行业总体的比例情况；二是分析在不同的维度下，某行业的分值情况。

1. 某行业在各分值段中的企业数占该行业总体的比例

从图7.8、图7.9和图7.10中我们可以看出，各行业在各个分值区域中占该行业总数的情况。在28家信息传输、软件和信息技术服务业企业中，800分以上的3家；700～800分的5家；600～700分的13家；500～600分的7家；其他区间没有。在30家制造业企业中，800分以上的1家；700～800分的5家；600～700分的18家；500～600分的6家，其他区间没有。在40家其他行业企业中，800分以上的0家；700～800分的10家；600～700分的18家；500～600分的10家；400～500分的2家。

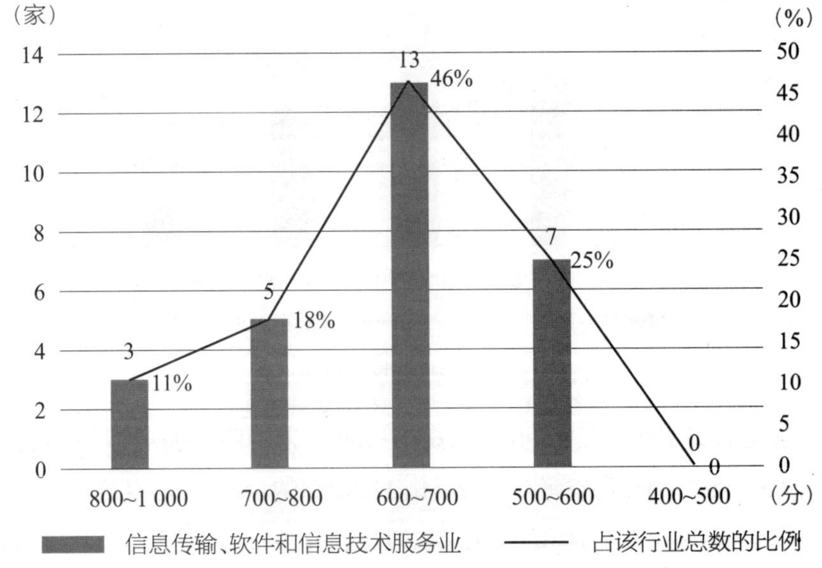

图7.8　信息传输、软件和信息技术服务业分布趋势

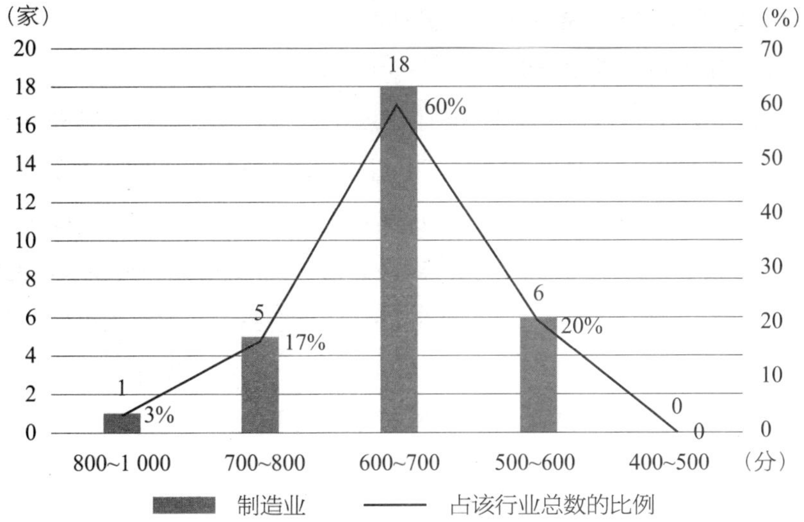

图7.9　制造业分布趋势

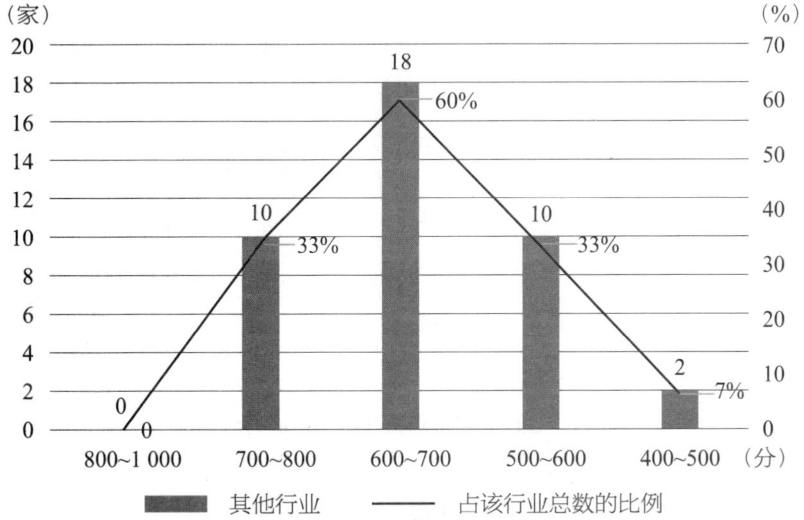

图7.10　其他行业分布趋势

从上述图7.8～图7.10中，我们可以比较看出3种类型的企业中：信息传输、软件和信息技术服务业的分布主要集中在前半段，也就是600分以上的范围，而在后半段明显呈下降趋势；制造业的分布明显集中在600～700分；其他行业明显集中在后半段，也就是700分以下的范围。说明在杭州市A股上市的98家上市公司中，信息传输、软件和信息技术服务业的企业在企业社会责任履行方面的总体情况比较好。

2. 从4个维度分析各行业的得分情况

第一,市场责任维度分析。

我们先从各行业在市场责任这个维度中各分值段的企业数量进行统计分析,如图7.11所示。从图7.11中可以看出,在市场责任维度中,信息传输、软件和信息技术服务业共28家企业,其中14家在170分以上,占本行业比50%;制造业企业总数30家,其中10家在170分以上,占本行业比约33.33%;其他行业企业总数40家,其中16家在170分以上,占本行业比约40%。汇总得出,共40家企业市场责任得分在170分以上。三大行业各自占比的情况如图7.12所示。可见制造业在市场责任维度表现较差。

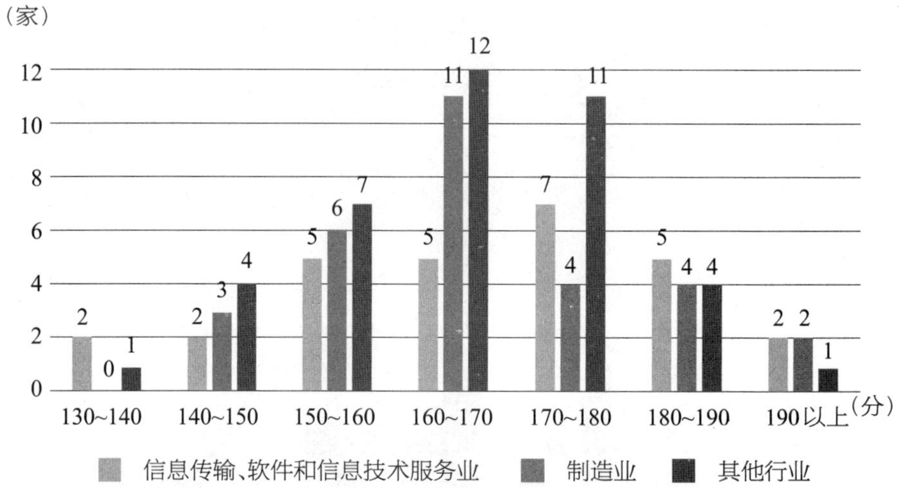

图7.11 各行业在市场责任维度中的得分情况

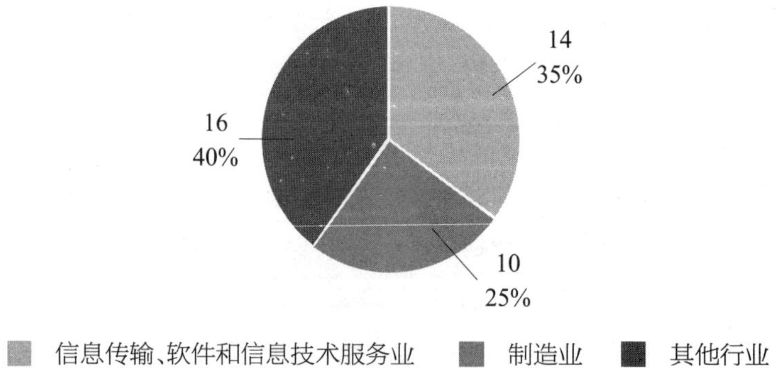

图7.12 各行业在市场责任方面表现良好的占比情况

为了更好地看出在不同分值段中各行业的分布情况，我们又分别从每个分值段对各行业的得分情况进行分析。也就是说，分析在400～500分，500～600分，600～700分，700～800分，800分以上这些分值段中，各行业在市场责任这个维度上的得分情况。由于400～500分段只有2家，都是其他行业的；800分以上的只有4家，没有太大可比性，这2种分值段图略。后面的其他3个维度分析时同样不考虑这2种分值，在此不再累述。其他分值段的分布情况如图7.13至图7.15所示。

从图7.13中可以看出，在500～600分值段中，其他行业在市场责任维度得分较高的企业数量要多于信息传输、软件和信息技术服务业和制造业。

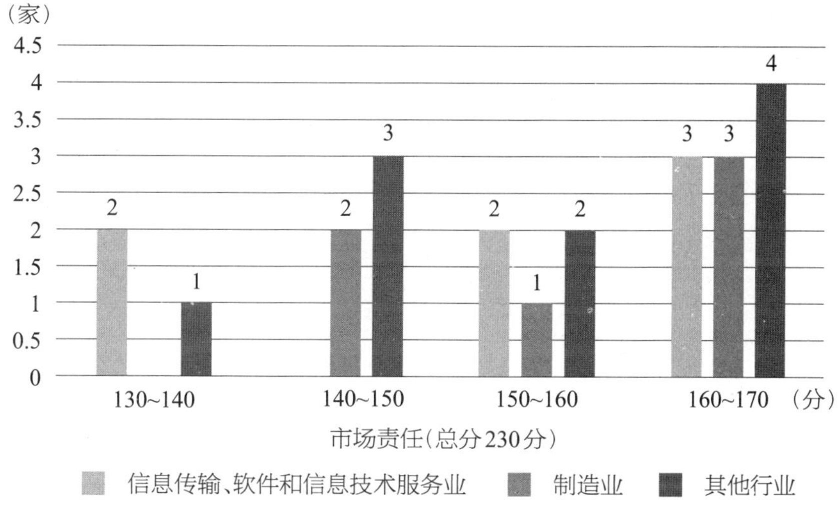

图7.13　500～600分值段各行业在市场责任维度的企业数量分布情况

从图7.14中可以看出，在600～700分值段中，其他行业在市场责任维度得分较高的企业数量要多于制造业，制造业在市场责任维度得分较高的数量要多于信息传输、软件和信息技术服务业。

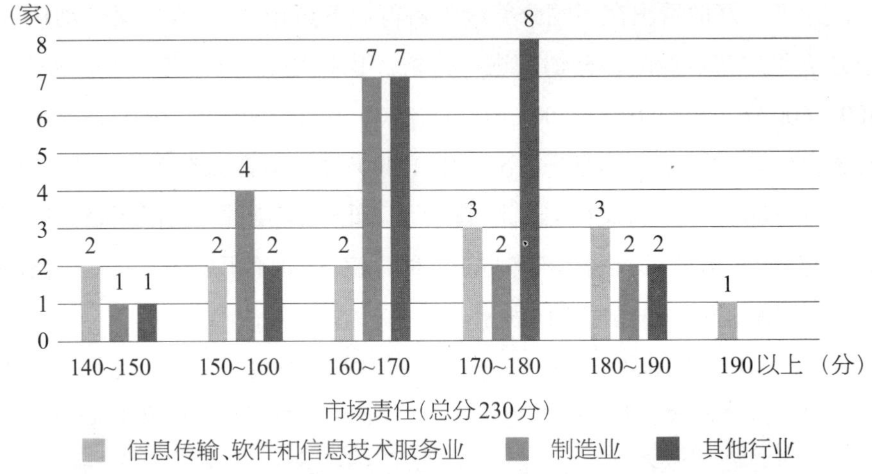

图7.14　600～700分值段各行业在市场责任维度的企业数量分布情况

从图7.15中可以看出，在700～800分值段中，其他行业和制造业在市场责任维度得分较高的企业数量差不多持平，都多于信息传输、软件和信息技术服务业。

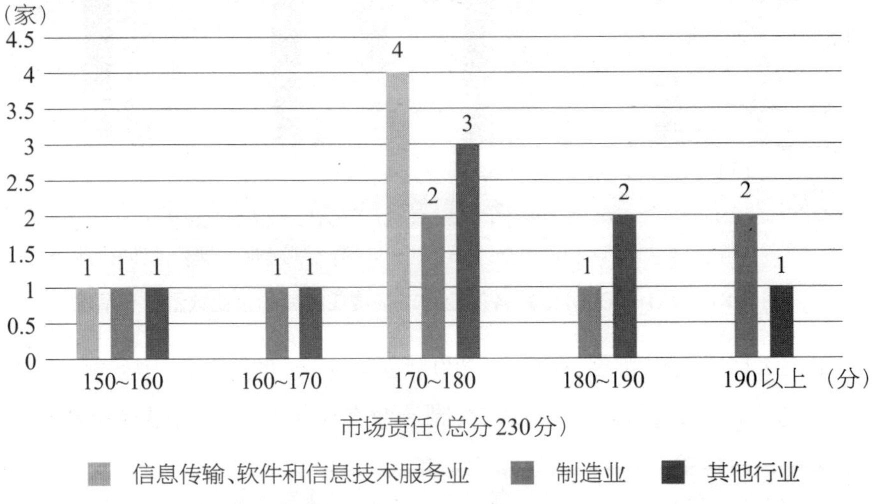

图7.15 700～800分值段各行业在市场责任维度的企业数量分布情况

第二，环境责任维度分析。

我们同样先从各行业在环境责任这个维度中各分值段的企业数量进行统计分析，如图7.16所示。从图7.16中可以看出，在环境责任维度中，整体得分情况达到平均数，但是并没有高分，高于220分的只有4家企业，其中1家是富春环保，本身就是与环境有关的行业。对160分以上的53家企业进行分析，发现有14家属于信息传输、软件和信息技术服务业，占比约26.42%；25家制造业企业，占比约47.17%；14家其他行业企业，占比约26.41%。可见，制造业在环境责任方面的整体表现较好。具体的比例情况如图7.17所示。

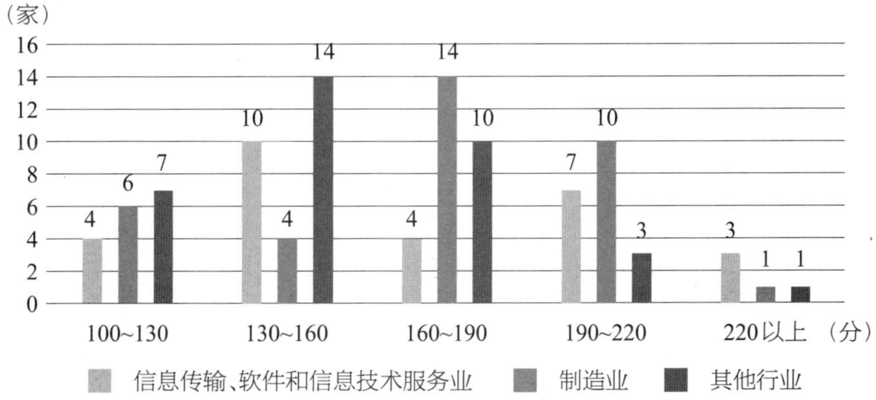

图7.16　各行业在环境责任维度中的得分情况

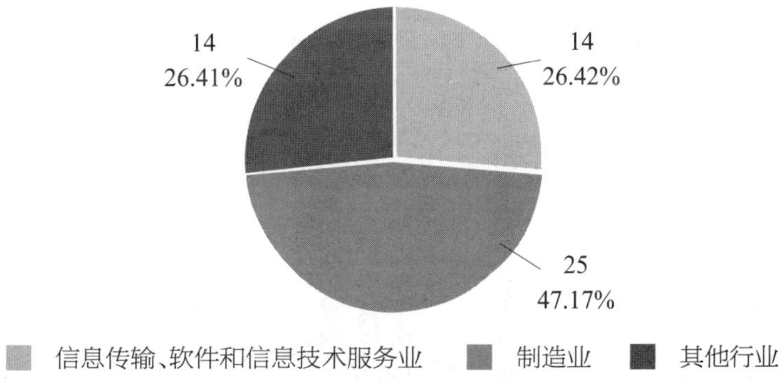

图7.17　各行业在环境责任表现较好的比例情况图

接着我们同样对各行业在500～600分，600～700分，700～800分这3个分值段中环境责任的不同得分情况进行分析，从中得出各行业在环境责任中的履责情况。具体的数量情况如图7.18至图7.20所示。

从图7.18中我们可以看出，在500～600分值段中，其他行业和信息传输、软件和信息技术服务业在环境责任维度得分较高的企业数量要高于制造业。

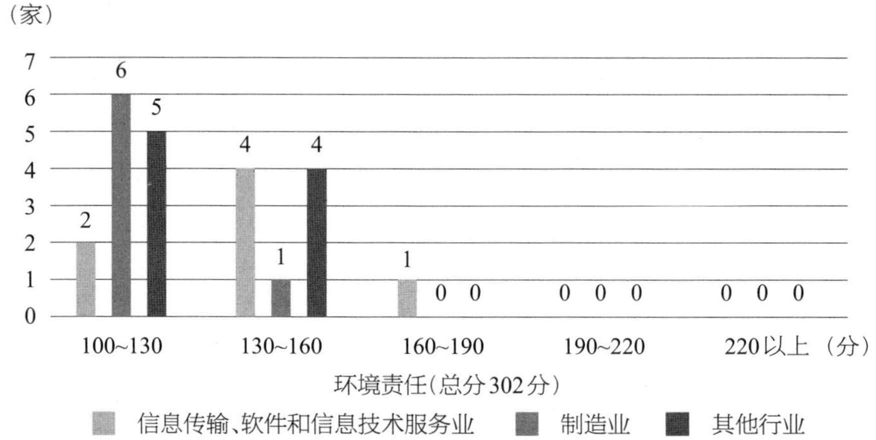

图7.18 500～600分值段各行业在环境责任维度的企业数量分布情况

从图7.19中我们可以看出，在600～700分值段中，制造业在环境责任维度得分较高的企业数量要明显高于其他行业和信息传输、软件和信息技术服务业。

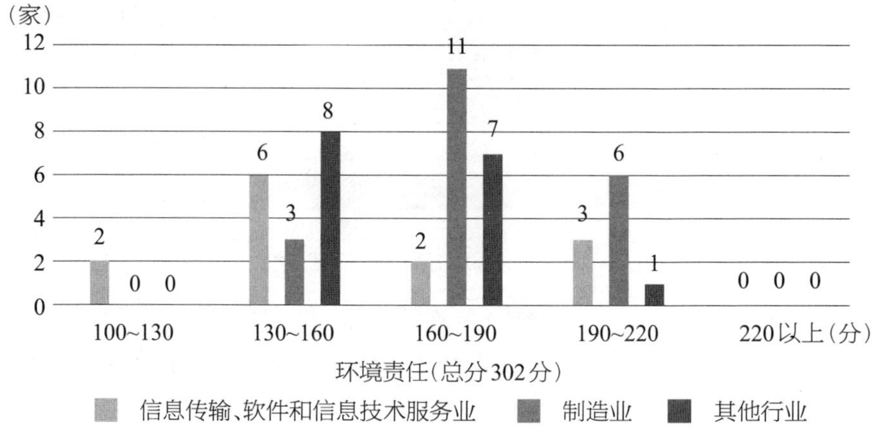

图7.19 600～700分值段各行业在环境责任维度的企业数量分布情况

从图7.20中我们可以看出，在700～800分值段中，制造业和其他行业在环境责任维度得分较高的企业数量要略高于信息传输、软件和信息技术服务业。

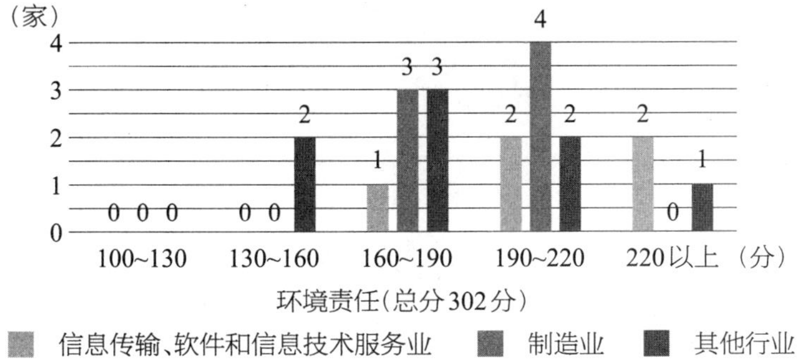

图7.20　700～800分值段各行业企业在环境责任维度的企业数量分布情况

第三,员工责任维度分析。

针对员工责任维度,我们同样先从各行业在员工责任这个维度中各分值段的企业数量进行统计分析,如图7.21所示。从图7.21中可以看出,在员工责任维度中,整体得分情况良好,总分358分,214分(358×60%,即为良好)以上的有51家,但是大于286分(358×80%,即为优秀)的企业为0家,说明在员工责任方面没有突出表现。对214分以上的51家企业进行分析,发现有13家信息传输、软件和信息技术服务业企业,占比约25.49%;23家制造业企业,占比约45.10%;15家其他行业企业,占比约29.41%。综合考虑各行业的总企业数,制造业企业在员工责任方面的整体表现略好于其他行业和信息传输、软件和信息技术服务业。具体的比例情况如图7.22所示。

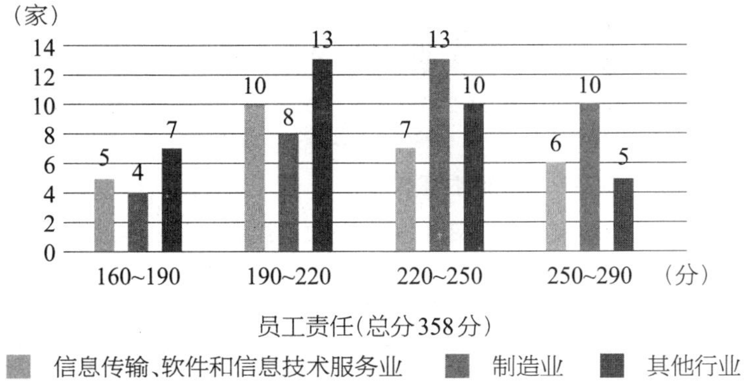

图7.21　各行业在员工责任维度中的得分情况

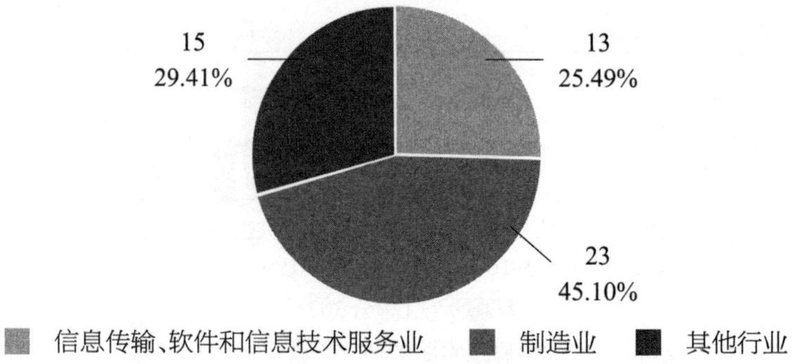

图7.22　各行业在员工责任表现较好的比例情况

接着，我们同样对各行业在500～600分，600～700分，700～800分这3个分值段中员工责任的不同得分情况进行分析，从而得出各行业在员工责任中的履责情况。具体的数量情况如图7.23至图7.25所示。

从图7.23中我们可以看出，在500～600分值段中，所有行业的得分均不高，都在良好以下；从数量上看，其他行业的企业数量比另外2个行业较多一些。

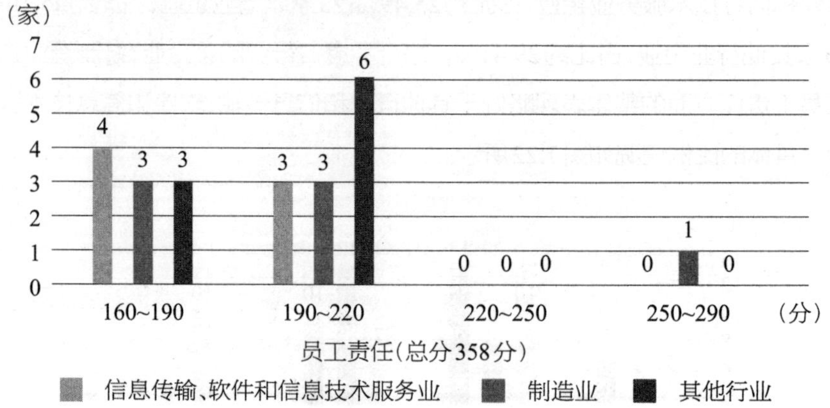

图7.23　500～600分值段各行业在员工责任维度的企业数量分布情况

从图7.24中我们可以看出，在600～700分值段中，220分以上的企业中属于制造业的数量最多，明显优于信息传输、软件和信息技术服务业和其他行业。

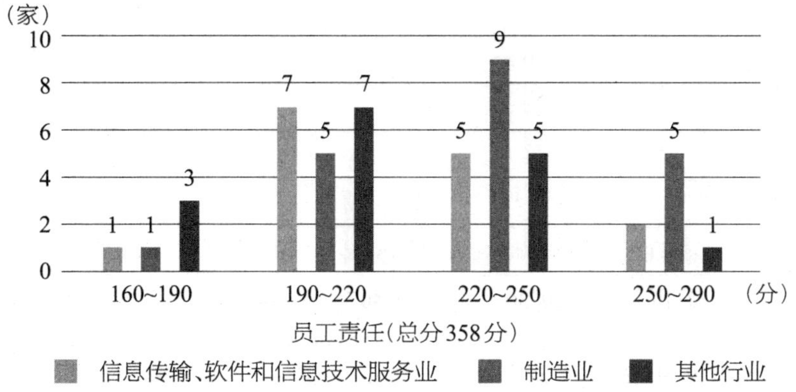

图7.24　600～700分值段各行业在员工责任维度的企业数量分布情况

从图7.25中我们可以看出，在700～800分值段中，各行业企业的表现都比较好，数量分布也比较均匀。

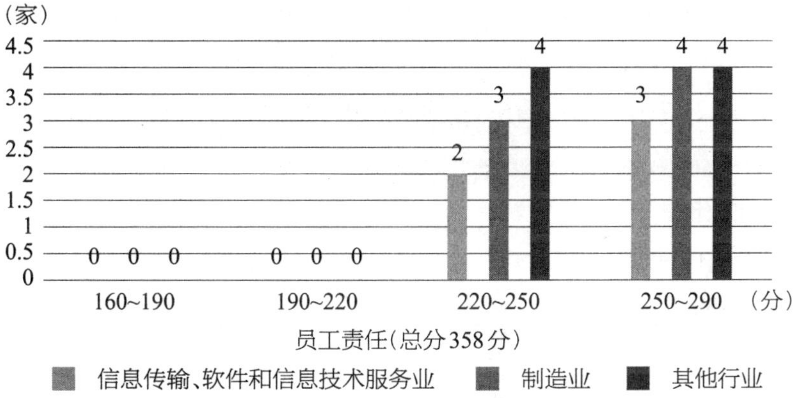

图7.25　700～800分值段各行业在员工责任维度的企业数量分布情况

第四，公益责任维度分析。

针对公益责任维度，我们同样先从各行业在公益责任这个维度中的各分值段的企业数量进行统计分析，分析结果如图7.26所示。从图7.26中可以看出，在公益责任维度中，整体表现比较差，满分110分，只有6家企业勉强超过了50分，可见大家对于公益责任的重视度不够。由于各行业的得分均不高，没有太明显的行业区别，相对来说，在6家超过50分的企业中，有4家属于信息传输、软件和信息技术服务业，表现优于制造业和其他行业。但是因为没有明显的达到良好的企业，所以就不对良好以上的情况进行分析了。

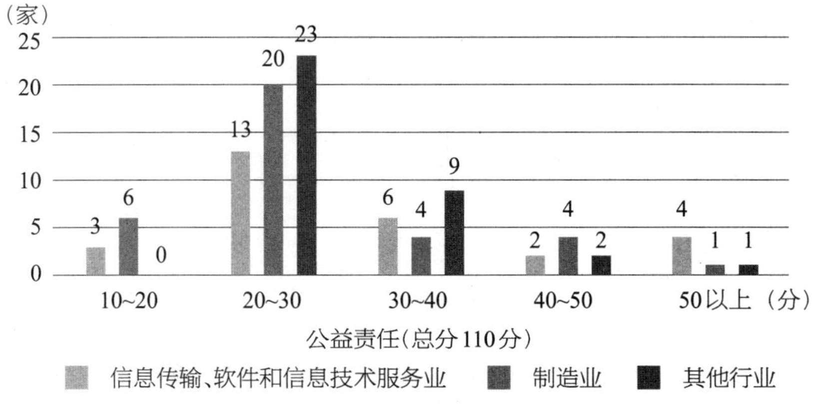

图7.26　各行业在公益责任维度中的得分情况

当然，虽然没有明显地在公益责任方面履责良好的企业，但是我们仍然需要对各个分值段进行各行业的企业数量分布比较，以此来说明不同分值段下各行业履行公益责任的情况。我们分别对3个分值段进行了企业数量分布分析，如图7.27至图7.29所示。

从图7.27中我们可以看出，在500～600分值段中，其他行业在公益责任维度得分较高的数量要明显多于信息传输、软件和信息技术服务业和制造业的企业数量。

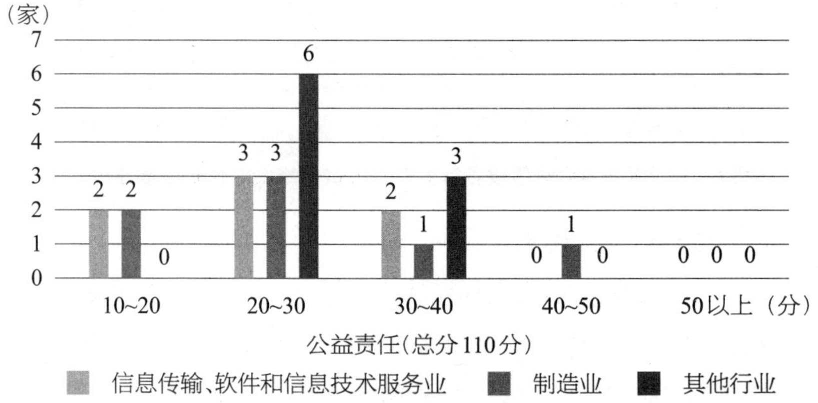

图7.27　500～600分值段各行业在公益责任维度的企业数量分布情况

从图7.28中我们可以看出，在600～700分值段中，制造业和其他行业在公益责任维度得分较高的企业数量相近，略多于信息传输、软件和信息技术服务业。

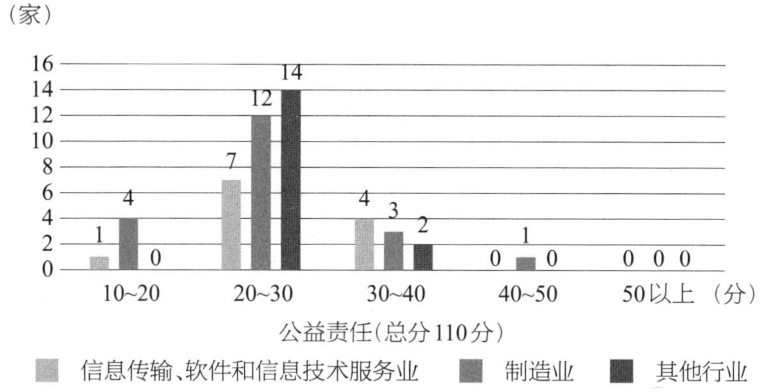

图7.28　600～700分值段各行业在公益责任维度的企业数量分布情况

从图7.29中我们可以看出，在700～800分值段中，其他行业在公益责任维度得分较高的企业数量仍然抢眼，多于信息传输、软件和信息技术服务业和制造业。

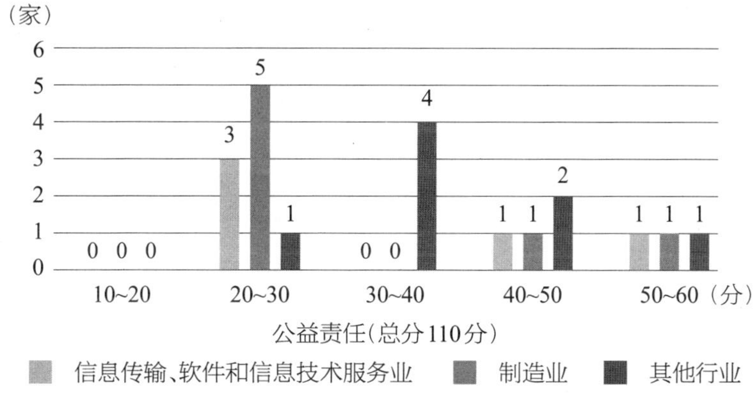

图7.29　700～800分值段各行业在公益责任维度的企业数量分布情况

从上面的分析我们可以看出，尽管其他行业在企业社会责任的总分值中得分最低，但是在公益责任维度中，其表现却是最好的。

三、财务指标加入与否的排名分析

为了对企业社会责任的评价更加科学，我们在做调查分析时分了两组不同的数据：一组是加入了财务指标的数据；一组是不加财务指标的数据。为了方便说明情况，将加入财务指标的情况称为A，不加财务指标的情况称为B。通过分别计算这两组数据的分值，我们可以看到2种不同的分布情况，分别如图7.30、图7.31所示。

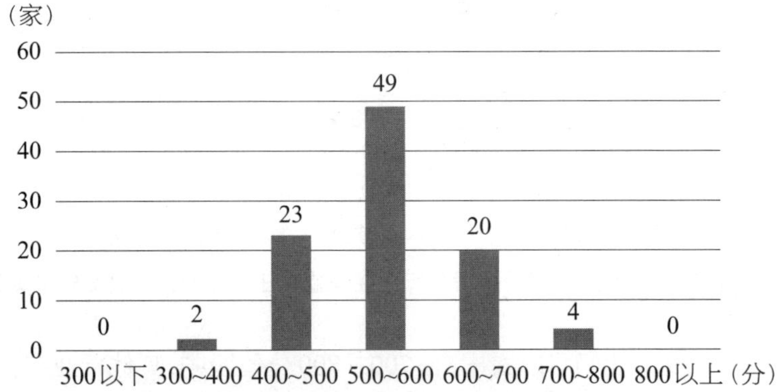

图7.30　加入财务指标后(A)的各分值段分布情况

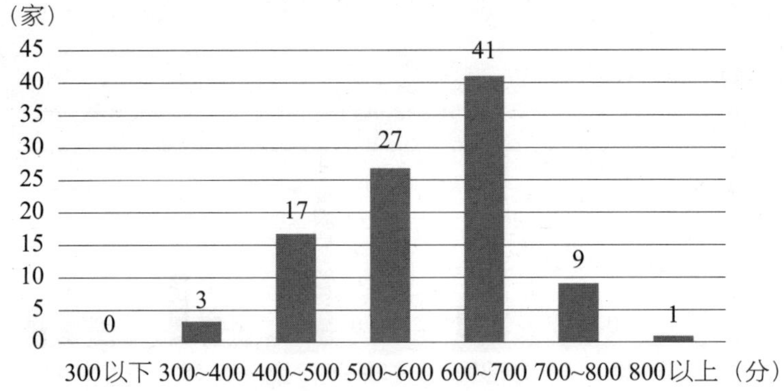

图7.31　不加入财务指标后(B)的各分值段分布情况

通过上面2张图的比较，我们可以清晰地看出，在不加入财务指标的情况下，企业社会责任的分值明显要高于加入了财务指标情况下的分值，600分以上分值段从A的24个提高到B的51个，增加了27个企业，B比A提高了112.5%。如果按照占总数的比例来看，A中24个企业约占总数98个企业的24.49%，B中51个企业约占总数98个企业的52.04%，增加同样很明显。具体如图7.32所示。之所以会出现上面的情况，主要是因为不加入财务指标的情况下，分值的统计比较主观，以定性分析为主，因此分值相差不太大。

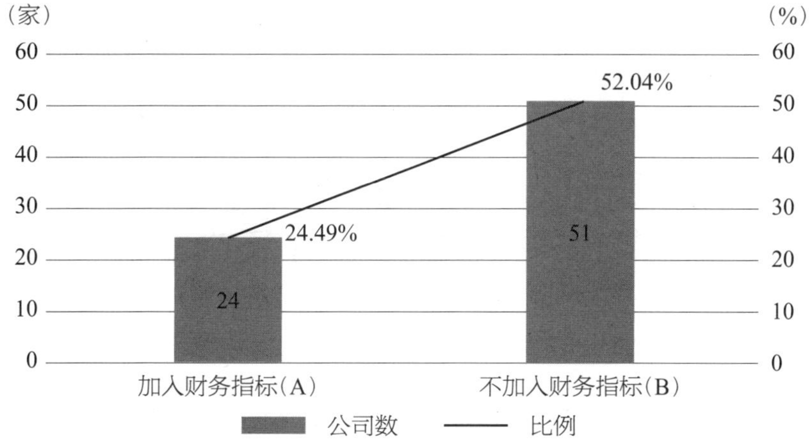

图7.32 600分以上分值段加入财务指标与否后的各分值段分布情况

四、分指标分析

在对企业进行社会责任评价中,大部分指标是来自杭州市目前采用的评价指标。在调查分析中发现,某些指标需要特别进行分析说明,以期对指标的改进提出建议。因此,调研组对具体的指标进行分类后又做了如下分析说明。

1. 披露企业社会责任报告的指标

在调查中发现,被调研的98家上市公司中,只有54家披露了年度企业社会责任报告,还有44家,也就是占44.90%的企业没有披露社会责任报告。在这44家未披露企业社会责任报告的企业中,总分处于300~400分值段的有1家,400~500分的有6家,500~600分的有27家,600~700分的有9家,700~800分的有1家,具体的数量及比例情况如图7.33所示。由此可见,500~600分值段的未披露社会责任报告的企业数最多,600~700分未披露企业社会责任报告的企业数多于700分以上的企业数,这说明即使是企业社会责任分值较高的企业也并不重视企业社会责任报告。

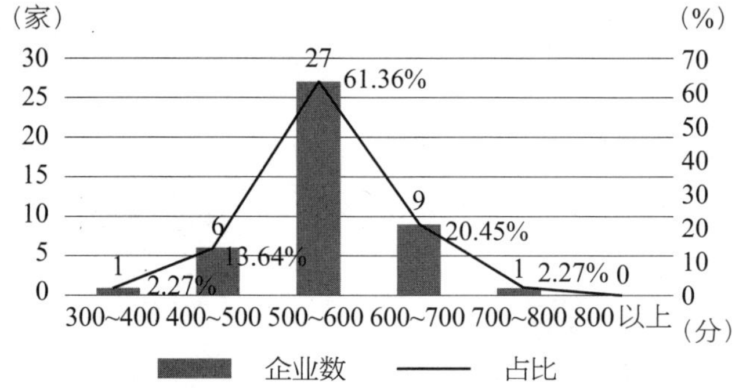

图7.33 未披露企业社会责任报告的企业分布情况

我们又将已披露的54家企业进行分析，发现从已披露企业社会责任报告的54家企业来看，总分在300～400分值段的1家，400～500分的17家，500～600分的22家，600～700分的11家，700～800分的3家，具体分值及比例如图7.34所示。结合未披露企业社会责任报告的企业情况，可以看出，分值在400～500的披露企业社会责任报告的企业数远远大于未披露的企业数；分值在600分以上的企业披露企业社会责任报告与未披露的情况类似，没有太大区别。由此同样说明了，企业社会责任报告披露与否对企业社会责任报告的总体分值影响不大。

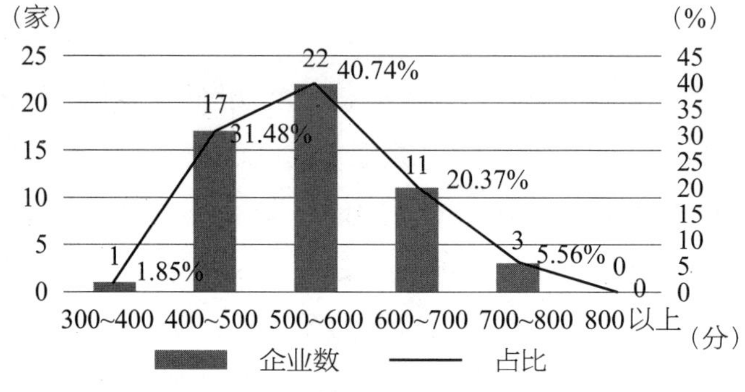

图7.34 披露企业社会责任报告的企业分布情况

2. 不具有普遍适用性的评价项目

在调查中我们发现，有些评价项目因为指向性太强，适用的企业类型比较少，所以不太具有普遍适用性。主要有以下几个项目：

（1）环境行为评价项目。在环保减排二级指标中有一项关于环境行为评价的指标,具体的规定是要求企业取得政府关于环保部分的评价结果,根据评价结果得分确定指标得分。但是由于被调研的98家企业中没有典型的工业企业,只有2家企业参加了环保部门的该项评价工作,这个指标的内容不具有典型性。

(2)清洁生产审核评价项目。在低碳节能二级指标中有一项清洁生产审核的指标,清洁生产审核的相关法规规定,只有具有下列情形之一的企业,才需要实施强制性清洁生产审核:一是污染物排放量超过国家或者地方规定的排放标准,或者虽未超过国家或者地方规定的排放标准,但超过重点污染物排放总量控制指标的;二是超过单位产品能源消耗限额标准构成高耗能的;三是使用有毒有害原料进行生产或者在生产中排放有毒有害物质的。在调查中发现,98家上市公司中没有1家符合该项强制审核的情况,因此该项指标也不具有参考性。

(3)职业病防护控制评价项目。在职业健康二级指标中有一项职业病防护控制评价项目,提到的内容主要涉及职业病危害性比较明显的企业,但是这种企业明显是个例。在被调查的98家上市公司中,没有1家企业明确指明具有职业病防护控制的方案,但是这不能代表这98家企业就不重视企业员工的职业健康,因此该项指标不具有普遍适用性。

3. 形式大于实质的指标

在调查中我们发现,有些指标相当于是送分题,只要是具有一定规模的、经营规范的企业都是很容易实现的,更何况是上市公司,因此这类指标形式大于实质,存在的意义不大。主要有以下几项二级指标的部分内容值得商榷:

(1)诚信经营指标。虽然该指标是市场责任维度中的重要指标,但是该指标中的大部分内容对于上市公司来说是非常容易做到的,比如消费投诉这一评价项目仅仅需要企业建有完善的消费投诉体系即可得分,合同与履行这一评价项目仅仅需要企业建有完善的合同管理制度和切实履行合同即可得分,而这些内容都是形式上很容易完成的指标。

(2)财会纳税指标。财会纳税指标中有一项财务管理评价项目,仅仅需要建有完善的财务会计管理制度和发票票据管理制度,按规定编制财会报告,取得、开具、保管发票,即可得分。这是企业财务的日常工作,每个企业都能做到,并不具有评价意义,因此也是形式大于实质的指标。

(3)依法用工指标。依法用工指标中有一项用工管理评价项目,只要企业与员工签订的劳动合同内容全面、合法,必备条款齐全,约定条款清楚,程序到位;企业规章制度的制订及执行符合法律及相关规定、内容合理合法即可得分。该项指标本身是关注员工利益的一个重要指标,但是因为该项内容对于上市公司来说相对比较难以出错,所以该项指标的意义也不是很大。

4. 财务指标对企业社会责任的影响分析

(1)总资产收益率。总资产收益率是分析企业盈利能力的比率,是用于评价企业对股东和员工的贡献指标。如图7.35所示的98家上市公司的总资产收益率分布情况看,总资产收益率在0～5%的有33家;5%～10%的有32家,约占了总数的32.65%;15%以上收益率的企业有9家,约占了总数的9.18%。值得一提的是,总资产收益率小于0的企业有8家,也约占了总数的8.16%。然而我们从小于0的企业的社会责任分值来看,这8家企业的总分值都在600～700分值段,属于中等以上水平;而从大于15%的企业的社会责任的分值看,这9家企业的分布情况就有所不同了。现总资产收益率小于0及大于15%的17家企业的名称及具体得分列表如表7.25所示。

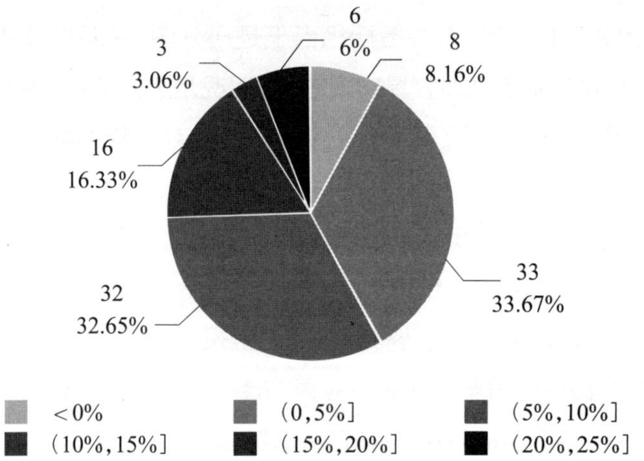

图7.35 不同总资产收益率的分布情况

表7.25　总资产收益率小于0及大于15%的企业汇总表

	企业名称	总资产收益率(%)	企业社会责任得分(分)
总资产收益率小于0的企业	众合科技	–3.19	685.65
	天马股份	–3.63	667.22
	杭氧股份	–2.86	658.38
	金固股份	–3.52	676.72
	宝鼎科技	–13.80	643.41
	贝因美	–13.63	639.04
	宋都股份	–1.6	664.56
	恒生电子	–1.23	679.78
总资产收益率大于15%的企业	同花顺	31.73	620.79
	电魂网络	20.10	537.93
	顺网科技	23.01	652.20
	海康威视	20.71	814.25
	老板电器	21.09	772.31
	贝达药业	22.20	709.69
	航民股份	15.23	619.65
	福斯特	16.41	581.12
	顾家家居	15.08	524.84

我们把表7.25做成图形,能够更加直观地看出在不同分值段中的企业数的占比情况,如图7.36所示。从图中我们也可以看出,高于15%的总资产收益率的企业的社会责任总分值段在500~600分和600~700分的各有3个,企业社会责任得分超过800分的企业仅1家且总资产收益率超过了15%,企业社会责任小于500分的没有1家超过了15%的收益率,基本能看出总资产收益率越高的企业所处的分值段也越高。

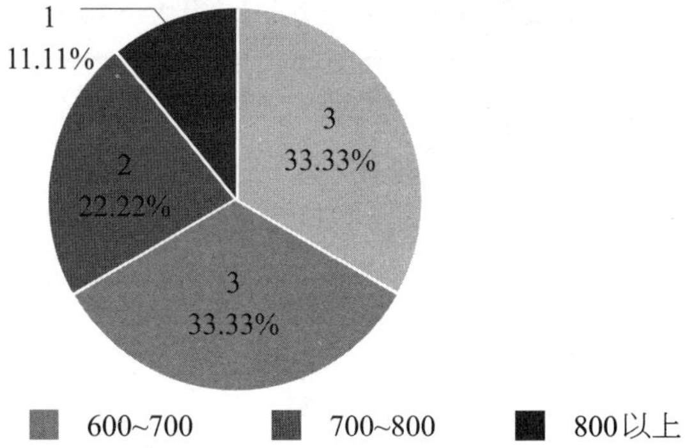

图7.36　总资产收益率大于15%的不同分值段企业数量分布情况

（2）净资产收益率。净资产收益率是反映股东的收益水平，主要用于评价企业对股东的贡献的指标。如图7.37所示的98家上市公司的净资产收益率分布情况看，净资产收益率在0～5%的有16家，5%～10%的有26家，约占了总数的42.86%。15%以上净资产收益率的企业数为23家，约占了总数的23.47%。这说明净资产收益率普遍高于总资产收益率。从数据中我们发现，净资产收益率小于0的企业仍然是8家，和总资产收益率小于0的企业数完全吻合。而对于净资产收益率大于15%的23家企业，从社会责任分值看，它们的分布情况就有所不同了。这23家企业的名称及具体得分如表7.26所示。

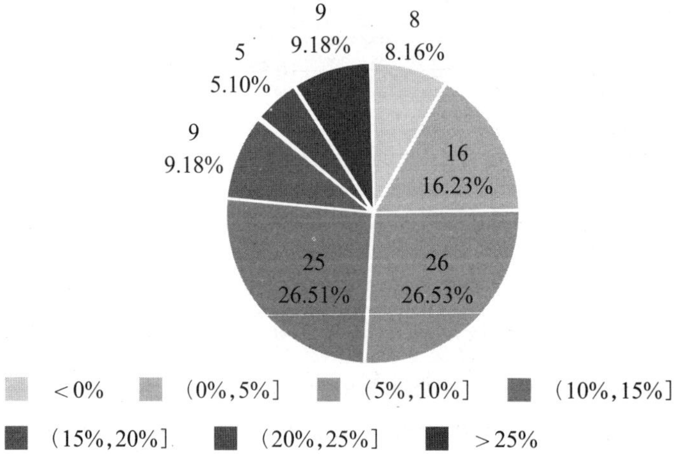

图7.37　不同净资产收益率的分布情况

表 7.26　净资产收益率大于 15% 的企业汇总表

企业名称	总资产收益率（%）	净资产收益率（%）	企业社会责任总得分（分）
电魂网络	20.10	25.43	537.93
顾家家居	15.08	25.52	524.84
华东医药	11.87	28.21	736.60
顺网科技	23.01	30.12	652.20
迪安诊断	11.82	26.55	612.31
海康威视	20.71	33.89	814.25
老板电器	21.09	33.10	772.31
贝达药业	22.20	26.06	709.69
同花顺	31.73	47.70	620.79
通策医疗	10.70	16.02	534.39
航民股份	15.23	19.13	619.65
海兴电力	13.62	18.02	510.51
福斯特	16.41	18.61	581.12
永创智能	13.71	23.53	539.09
万向钱潮	7.31	18.92	712.78
大华股份	13.47	24.15	803.03
聚光科技	9.44	16.40	647.53
炬华科技	14.96	21.39	622.90
中亚股份	10.38	17.45	635.09
杭萧钢构	6.93	20.58	663.62
浙报传媒	11.82	15.59	704.67
浙大网新	6.49	22.89	562.76

续 表

企业名称	总资产收益率(%)	净资产收益率(%)	企业社会责任总得分(分)
微光股份	14.98	17.27	642.57

我们对表7.26进行分析,可以看出高于15%的净资产收益率的企业的社会责任总分值段在500～600分的有7家,600～700分的有9家,而企业社会责任总分超过800分的有2家,其企业总资产收益率超过了15%,400～500的2家企业没有1家净资产收益率是小于0的。如果按照不同分值段的企业数量作为基数进行比较,可以得到,500～600分的7家企业约占了该分值段所有23家企业的30.43%,600～700分的9家企业约占了该分值段所有49家企业的18.37%,700～800分的5家企业占了该分值段所有20家企业的25.00%,800分以上的2家企业占了该分值段所有4家企业的50.00%。如图7.38所示。上述内容基本能说明净资产收益率越高,社会责任分值高的比例也越大。通过对总资产收益率和净资产收益率的分析可以看出,这2个指标基本与企业履行社会责任呈正比关系,即企业盈利情况越好,就越有可能更好地履行企业社会责任。

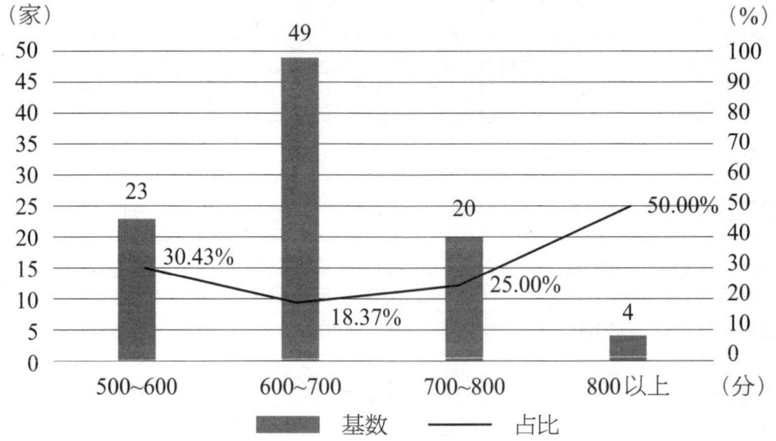

图7.38　净资产收益率大于15%的企业在不同分值段的分布情况

(3)销售增长率。销售增长率是衡量企业经营状况和市场占有能力、预测企业经营业务拓展趋势的重要指标,也是市场责任维度中的重要指标,对该指标进行分析后发现,有21家企业的销售增长率小于0,20家企业的销售增长率大于50%。

对企业的销售增长率小于0的21家企业进行分析,可以看出,企业社会责任指标得分在500~600分的有6家,600~700分的有11家,700~800分的有3家,但是并没有包含400~500分值段的企业,这说明企业社会责任总分最低的2家企业并没有出现销售负增长的情况。如果以这3个分值段的企业数量作为基数进行比较,可以得到500~600分的6家企业约占了该分值段所有23家企业的26.09%,600~700分的11家企业约占了该分值段所有49家企业的22.45%,700~800分的3家企业约占了该分值段所有20家企业的15.00%,800分以上有1家,占总数的25.00%,具体如图7.39所示。

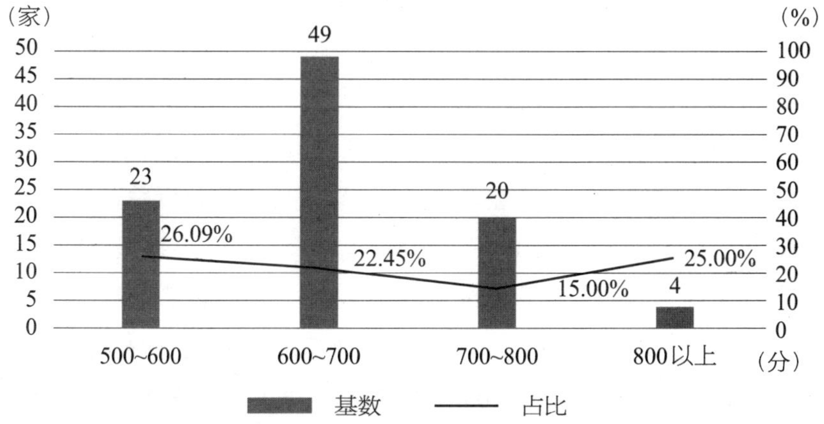

图7.39 销售增长率小于0的企业在不同分值段的分布情况

对销售增长率大于50%的20家企业进行分析,可以看出,企业社会责任得分在500~600分的有3家,600~700分的有10家,700~800分的有7家。如果以这3个分值段的企业数量作为基数进行比较,可以得到,500~600分的3家企业约占了该分值段所有23家企业的13.04%,600~700分的10家企业约占了该分值段所有49家企业的20.41%,700~800分的7家企业约占了该分值段所有20家企业的35.00%,如图7.40所示。

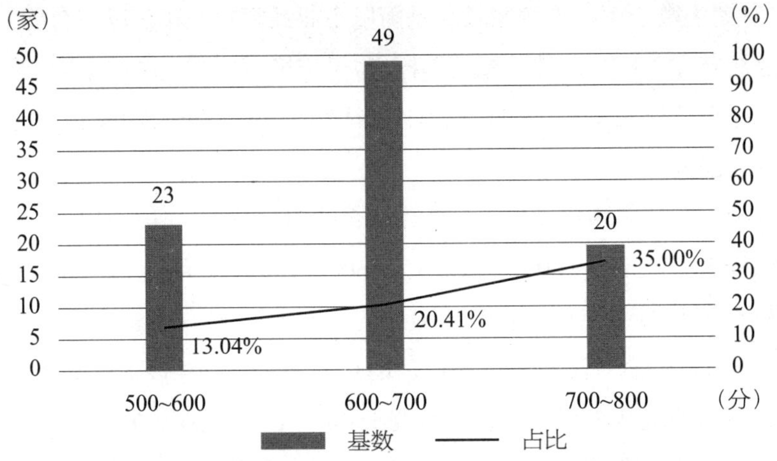

图7.40　销售增长率大于50%的企业在不同分值段的分布情况

结合图7.39和图7.40可以得到的基本规律为社会责任分值越高，销售增长率大于50%的企业的比例越大，而销售增长率小于0的企业的比例越小。除了1家社会责任分值超过800分的企业呈反比现象，但是因为只有1家企业，所以不具有代表性，应作为个案处理。

（4）工资增长率。工资增长率是衡量企业员工的待遇高低水平的重要指标，也是员工责任维度中的重要指标。对该指标进行分析后我们发现，有25家企业的工资增长率小于0，呈现负增长，其余73家企业都是正增长。也就是说，占比约75%的企业员工的工资待遇较上一年得到了提高。

对工资负增长的25家企业进行分析，我们可以看出，企业社会责任分值在500 ~ 600分的有8家，600 ~ 700分的有14家，700 ~ 800分的有2家，800分以上的有1家。并没有包含400 ~ 500分值段中的企业。如果以这4个分值段的企业数量作为基数进行比较，可以得到，500 ~ 600分的8家企业约占了该分值段所有23家企业的34.78%，600 ~ 700分的14家企业约占了该分值段所有49家企业的28.57%，700 ~ 800分的2家企业占了该分值段所有20家企业的10.00%，800分以上有1家，占总数4家企业的25.00%，如图7.41所示。

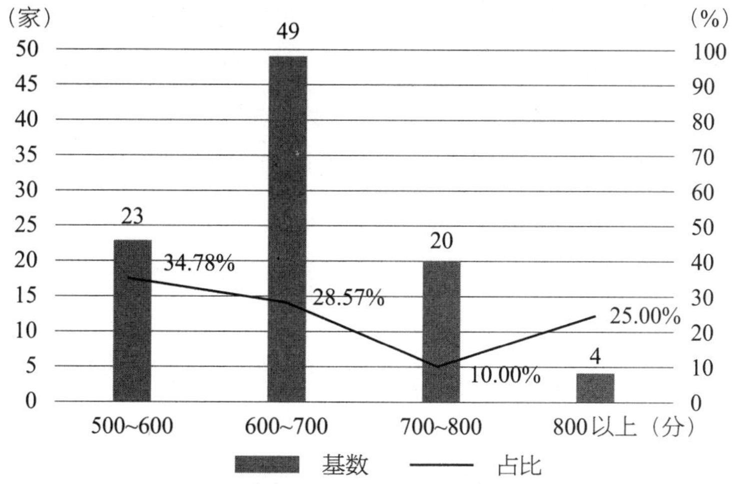

图7.41　工资增长率小于0的企业在不同分值段的分布情况

对工资增长率大于50%的21家企业进行分析，我们可以看出，企业社会责任分值在500～600分的有7家，600～700分的有7家，700～800分的有7家。如果以这3个分值段的企业数量作为基数进行比较，可以得到，500～600分的7家企业约占了该分值段所有23家企业的30.43%，600～700分的7家企业约占了该分值段所有49家企业的14.29%，700～800分的7家企业约占了该分值段所有20家企业的35.00%，具体如图7.42所示。

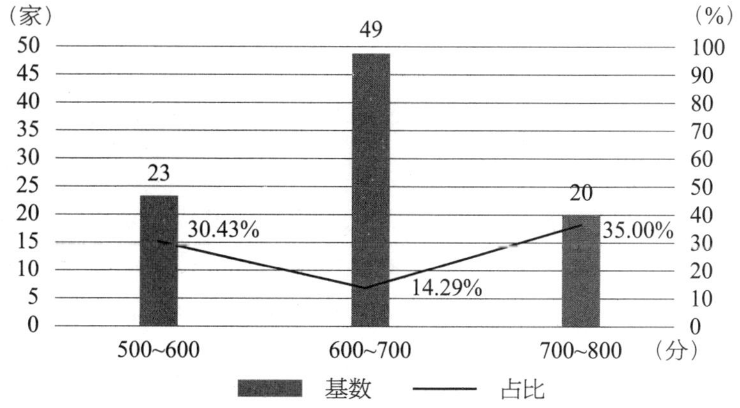

图7.42　工资增长率大于50%的企业在不同分值段的分布情况

结合图7.41和图7.42可以得到的基本规律为社会责任分值越高，工资增长率大于50%的企业的比例越大，而销售增长率小于0的企业的比例越小。只有1家社会责任分值超过800分以上的企业呈反比现象，但是因为只有1家企业，所以不具有代表性，应作为个案处理。由此可见，工资增长率与企业社会责任是呈正相关的，给员工的薪酬越高，员工的忠诚度和责任感越强，企业的社会责任感也越强。

五、对策建议

1. 增强企业管理者对企业社会责任履行与披露方面的意识

在调查中我们发现，单独发布的企业社会责任信息报告在内容和披露的方式方法上都缺乏规范性和统一性，从信息披露质量水平到信息含量都普遍偏低。公司只是对企业捐赠行为和企业经营业绩做了少量的披露，对于利益相关者履行的社会责任情况都是以定性描述为主，使得信息缺乏可信度与说服力，而且对企业履行的社会责任也只是大体上讲了一些对员工、社会、环境所做得相对较好的方面，对于做得不好的方面或是企业履行法律责任、道德责任方面的信息基本没有提及，把披露的社会责任信息报告作为面子工程来对待，使企业社会责任信息披露的完整性、可靠性、有用性大大降低，使得投资者更无法从这些信息中获得额外的经济效益，大大降低了企业社会责任信息的有用性。

因此，企业应当把提供真实、有效的社会责任信息作为公司治理的基本内容；企业经营者作为企业发展的关键，必须将企业社会责任作为企业发展的一个重要组成部分，这样企业的利益相关者才能够很好地掌握这些有用的信息，从而做出更多有利于企业发展壮大的决策。

2. 完善生态环境责任评价指标，让企业社会责任评价更具普遍适用性

在前面的调查分析中，笔者已经不止一次提到了杭州市现有的企业社会责任评价指标存在的一些不足，如果不对评价指标进行修改及完善，那么企业社会责任评价将会沦为一件“华丽外衣”，并不能真正反映出企业的真实情况。

为此，我们先需要对原先评价体系中的指标按照不同行业进行调整，其中特别突出的就是环境责任指标，该指标原先的评价项目中比较明显地指

向了工业企业，不能对其他行业企业进行很好的评价。原评价指标部分如表7.27所示。

表7.27 原环境责任的评价项目(节选)

环保管理体系	1. 企业建有完善的环保组织管理体系、环境管理制度及环境突发事件应急预案，得10分
	2. 企业制订有明确的环保年度目标，台账齐全且记录完整，得10分
环境管理认证	企业通过ISO14000环境管理认证，得20分
环保行动	1. 企业积极地、有计划地参与社会的各类环保活动和投身于各类环保事业，得10分
	2. 企业主动研发环保产品，产品设计符合环保要求，得10分
	3. 企业积极应用环保产品和技术，改善环保工艺，并取得实际成效，得10分
环保治理投入	1. 企业每年均有环保投入，得10分，否则得0分
	2. 在1的基础上，企业环保经费投入占企业总产值的比重相比上年度有增长的，得20分
减排降污	1. 有效保护生产作业周边生态，"三废"排放达标，得10分
	2. 在1的基础上，开展废弃物回收利用工作，得20分
环境行为评价	政府环保部门的评价结果为绿色(很好)，得30分(后略)

表7.27中的各种评分情况并不适用于98家上市公司中的绝大部分公司，不管从政府相关的网站还是从企业的官网，还是通过专家访谈，大部分企业都找不到与这部分内容相关的信息，也就无法对企业进行很公正的评比。因此，笔者建议对环境责任的评价项目进行调整，更多地以定量指标为准，可以和杭州市碳排放权交易实施的相关内容进行结合，利用碳排放成本测算的相关数据作为评价指标来评价企业的环境责任履责情况。这样一来可以一举两得，而且所有类型的企业都可以进行碳排放成本的核算。

接下来，建议在原有的评价体系中增加财务指标。我们通过前面的分析可以看出，加入财务指标的评价结果与没有加入财务指标的评价结果有不小的差异,因为财务指标是按照实际的财务数据进行换算,相对于一些定性指标而言更加公正真实,也就更有说服力。在本书分析中已经选用的财务指标共10个,分布在3个评价维度中,如表7.28所示。从前面的指标分析中我们可以看出,财务指标与企业社会责任的评价具有相关性;也就是说,财务指标能够取代一些定性指标来衡量企业对社会责任的履责情况。

表7.28 加入的财务指标及所处维度

维度	一级指标	二级指标
市场责任	消费者	销售增长率
		主营业务成本率
	供应商	应付账款周转率
员工责任	依法用工	员工工资增长率
	股东	总资产收益率
		净资产收益率
	债权人	利息保障倍数
		流动比率
		资产负债率
公益责任	公益慈善	社会贡献率

3. 政府应积极扮演好推动者、监督者的角色

企业通过提供服务和产品来创造社会财富,所有商业活动的存在是健康经济的基本保证,而政府的角色就是舵手,它应该指明方向。

第一,政府可以通过运用行政资源,通过教育、宣传倡导、企业社会责任研究,推动公众和企业提高对企业社会责任活动的认识,推广并引导企业履行企业社会责任行为,即从观念上推动企业,使企业走可持续发展的道路。政府可以通过政府采购的方式给履行社会责任良好的企业直接的经济奖励,引导企业社会责任投资流向,激励企业实施履行社会责任的行为并对其行为进行软约束。

第二,政府应该完善上市公司社会责任信息披露法律体系。政府可以通过完善法律制度引导公司积极参与企业社会责任活动,大大提高企业履行社会责任的积极性。如税法中规定对企业和个人的公益捐赠给予特别的税收优惠,对企业和个人贡献社会的行为进行鼓励等;另外,国家也可以通过健全法律制度、提高立法层次、强化公司管理层的社会责任意识来提升企业社会责任信息披露的质量水平,为企业利益相关者提供更真实、更有用的社会责任信息。

第八章 新技术工具在生态成本中的典型应用

第一节 Python数据挖掘工具

一、Python语言简介

Python是一门简单易学且功能强大的编程语言。它拥有高效的高级数据结构，并且能够用简单而又高效的方式进行面向对象的编程。[①]Python优雅的语法和动态类型，再结合它的解析性，使其在许多领域成为编写脚本或开发应用程序的理想语言。

Python以开发效率著称；也就是说，使用它可以用最短的代码完成任务。Python通常为人赞赏的是它的运行效率。Python在科学领域占据着越

① 张良均、王路、谭立云等：《Python数据分析与数据挖掘实战》，机械工业出版社2017年版，第10−11页。

来越重要的地位，包括科学计算、科学建模、数据挖掘，尤其是Python在成本控制、财务管理、物流管理、统计、电子商务、金融等数据挖掘方面尤其重要。

二、在生态水质方面Python的挖掘目标

有经验的从事渔业生产的从业者可通过观察水色变化调控水质，以维持养殖水体生态系统中浮游植物、微生物类、浮游动物等合理的动态平衡。由于这些多是通过经验和肉眼的观察进行判断的，存在主观性引起的观察性偏倚，使观察结果的可比性、可重复性降低，不易推广应用。当前，数字图像处理技术为计算机监控技术在水产养殖业方面的应用提供了更大的空间。在水质在线监测方面，数字图像处理技术是基于计算机视觉的，以专家经验为基础，对池塘水色进行优劣分级，实现对池塘水色的准确快速判别。

某地区的多个罗非鱼池塘水样的数据，包含水质专家按水色判断水质分类的数据及用数码相机按照标准进行水色采集的数据如表8.1所示。如图8.1所示的每个水质图片的命名规则为“类别_编号.jpg”，如“1_1.jpg”说明当前图片属于1类的样本。根据这些数据，利用数字图像处理技术，再通过水色图像便可实现水质的自动评价。

表8.1　水色分类

水色	浅绿色（清水或浊水）	灰蓝色	黄褐色	茶褐色（姜黄、茶褐、红褐、褐中带绿等）	绿色（黄绿、油绿、蓝绿、墨绿、绿中带褐等）
水质类别	1	2	3	4	5

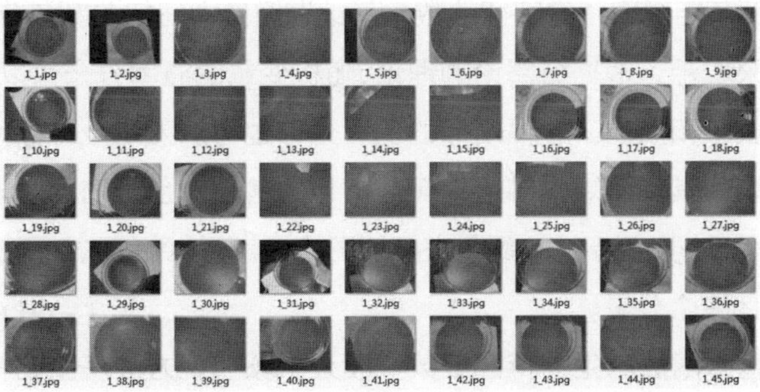

图8.1　标准条件下拍摄的水样图像

三、分析方法与过程

通过拍摄的水样，采集得到的水样图像，因图像数据的维度过大，不容易分析，需要从中提取水样图像的特征，提取反映图像本质的一些关键指标，以达到自动进行图像识别或分类的目的。显然，图像特征提取是图像识别或分类的关键步骤，图像特征提取的效果直接影响到图像识别和分类的好坏。

图像特征主要包括颜色特征、纹理特征、形状特征和空间关系特征等。与几何特征相比，颜色特征更为稳健，对于物体的大小和方向均不敏感，表现出较强的鲁棒性。由于本案例中水色图像是均匀的，主要关注颜色特征。颜色特征是一种全局特征，描述了图像或图像区域所对应的景物的表面性质。一般颜色特征是基于像素点的特征，所有属于图像或图像区域的像素都有各自的贡献。在利用图像的颜色信息进行图像处理、识别、分类的研究中，在实现方法上已有大量的研究成果，主要采用颜色处理常用的颜色直方图法和颜色矩方法等。

颜色直方图法是最基本的颜色特征表示方法，它反映的是图像中颜色的组成分布，即出现了哪些颜色及各种颜色出现的概率。其优点在于它能简单描述一幅图像中颜色的全局分布，即不同色彩在整幅图像中所占的比例，特别适用于描述那些难以自动分割的图像和不需要考虑物体空间位置的图像。其缺点在于它无法描述图像中颜色的局部分布及每种色彩所处的空间位置，即无法描述图像中的某一具体的对象或物体。

基于颜色矩提取图像特征的数学基础为图像中任何的颜色分布均可以用它的矩来表示。根据概率论的理论，随机变量的概率分布可以由其各阶矩唯一地表示和描述。一幅图像的色彩分布也可认为是一种概率分布，那么图像可以由其各阶矩来描述。颜色矩包含各个颜色通道的一阶距、二阶矩和三阶矩，对于一幅RGB颜色空间的图像而言，其具有R，G和B这3个颜色通道，则有9个分量。

颜色直方图法产生的特征维数一般大于颜色矩方法产生的特征维数。为了避免过多变量影响后续的分类效果，在本案例中选择颜色矩方法来提取水样图像的特征，即建立水样图像与反映该图像特征的数据信息关系，同时由有经验的专家根据经验对水样图像进行分类，建立水样数据信息与水质类别的专家样本库，进而构建分类模型，得到水样图像与水质类别的映射关系，并经过不断调整系统优化模型，用户利用优化好的分类模型，就能方便地通过水样图像，自动判别出该水样的水质类别。图8.2为基于水色图像特征提取水质评价流程，主要包括以下几个步骤：

（1）从采集到的原始水样图像中进行选择性抽取与实时抽取，形成建模数据和增量数据；

（2）对（1）形成的两个数据集进行数据预处理，包括图像切割和颜色矩特征提取；

（3）利用（2）形成的已完成数据预处理的建模数据，由有经验的专家根据经验对水样图像进行分类，构建专家样本；

（4）利用（3）的专家样本构建分类模型；

（5）利用（4）的构建好的分类模型进行水质评价。

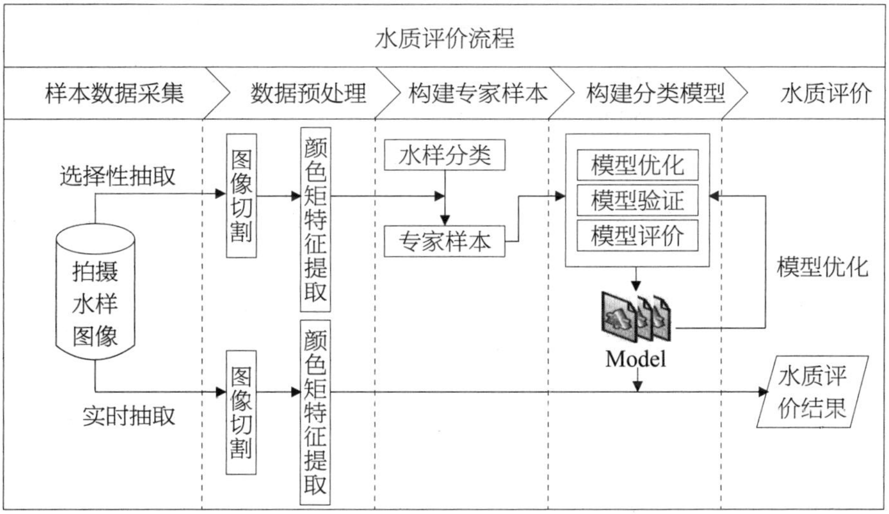

图8.2　基于水色图像特征提取的水质评价流程

四、数据预处理

(一)图像切割

采集到的水样图像包含盛水容器,由于容器的颜色与水体颜色差异较大,同时水体位于图像中央,为了提取水色的特征,需要提取水样图像中央部分具有代表意义的图像,具体实施方式是提取水样图像中央101×101像素的图像。设原始图像I的大小是$M\times N$,则截取宽为从第$fix(\frac{m}{2})-50$个像素点到第$fix(\frac{m}{2})+50$个像素点,长为从第$fix(\frac{n}{2})-50$个像素点到第$fix(\frac{n}{2})+50$个像素点的子图像。

(二)特征提取

下面给出各阶颜色矩的计算公式。

1. 一阶矩

一阶矩为一阶原点矩,它反映了图像的整体明暗程度,如公式(8.1)所示。

$$E_i=\frac{1}{N}\sum_{j=1}^{N}p_{ij} \tag{8.1}$$

式中,E_i是在第i个颜色通道的一阶矩,对于RGB颜色空间的图像,$i=1,2,3$,P_{ij}是第j个像素的第i个颜色通道的颜色值。

2. 二阶矩

二阶矩为二阶中心矩的平方根,它反映了图像颜色的分布范围,如公式(8.2)所示。

$$\sigma_i=\sqrt{\frac{1}{N}\sum_{j=1}^{N}(p_{ij}-E_i)^2} \tag{8.2}$$

式中,σ_i是在第i个颜色通道的二阶矩,E_i是在第i个颜色通道的一阶矩。

3. 三阶矩

三阶矩为三阶中心矩的立方根,它反映了图像颜色分布的对称性,如公式(8.3)所示。

$$S_i = \sqrt[3]{\frac{1}{N}\sum_{j=1}^{N}(p_{ij} - E_i)^3} \tag{8.3}$$

式中，S_i是在第i个颜色通道的三阶矩，E_i是在第i个颜色通道的一阶矩。

在颜色矩的提取中，需要提取每个文件名中的类别和序号，同时针对所有的图片进行同样的操作，即可得到表8.2。

表8.2　颜色阶矩特征数据表

水质类别	序号	R通道一阶矩	G通道一阶矩	B通道一阶矩	R通道二阶矩	G通道二阶矩	B通道二阶矩	R通道三阶矩	G通道三阶矩	B通道三阶矩
1	1	0.582 823	0.543 774	0.252 829	0.014 192	0.016 144	0.041 075	−0.012 46	−0.016 09	−0.041 54
2	1	0.495 169	0.539 358	0.416 124	0.011 314	0.009 811	0.014 751	0.015 367	0.016 01	0.019 748
3	1	0.510 911	0.489 695	0.186 255	0.012 417	0.010 816	0.011 644	−0.007 47	−0.007 68	−0.005 09
4	1	0.420 351	0.436 173	0.167 221	0.011 22	0.007 195	0.010 565	−0.006 28	0.003 173	−0.007 29
5	1	0.211 567	0.335 537	0.111 969	0.012 056	0.013 296	0.00 838	0.007 305	0.007 503	0.003 65
1	2	0.563 773	0.534 851	0.271 672	0.009 723	0.007 856	0.011 873	−0.005 13	0.003 032	−0.005 47
2	2	0.465 186	0.508 643	0.361 016	0.013 753	0.012 709	0.019 557	0.022 785	0.022 329	0.031 616
3	2	0.533 052	0.506 734	0.185 972	0.011 104	0.007 902	0.012 65	0.004 797	−0.002 9	0.004 214
4	2	0.398 801	0.425 56	0.191 341	0.014 424	0.010 462	0.015 47	0.009 207	0.006 471	0.006 764
5	2	0.298 194	0.427 725	0.097 936	0.014 778	0.012 456	0.008 322	0.008 51	0.116 117	0.003 47
1	3	0.630 328	0.594 269	0.298 577	0.007 731	0.005 877	0.010 148	0.003 447	−0.003 45	−0.006 53
2	3	0.491 916	0.546 367	0.425 871	0.010 344	0.008 293	0.012 26	0.009 285	0.009 663	0.011 549
3	3	0.559 437	0.522 702	0.194 201	0.012 478	0.007 927	0.012 183	0.004 477	−0.003 41	−0.005 29
4	3	0.402 068	0.431 443	0.177 364	0.010 554	0.007 287	0.010 748	0.006 261	−0.003 41	0.006 419
5	3	0.408 963	0.486 953	0.178 113	0.012 662	0.009 752	0.014 497	−0.006 72	0.002 168	0.009 992
1	4	0.638 606	0.619 26	0.319 711	0.008 125	0.006 045	0.009 746	−0.004 87	0.003 083	−0.004 5

五、模型构建

1. 模型输入

对特征提取后的样本进行抽样，抽取80%作为训练样本，剩下的20%作为测试样本，用于检验水质评价。其数据抽样代码如下：

```
#-*- coding:utf-8 -*-
import pandas as pd
inputfile = '../data/moment.csv' #数据文件
outputfile1 = '../tmp/cm_train.xls' #训练样本混淆矩阵保存路径
outputfile2 = '../tmp/cm_test.xls' #测试样本混淆矩阵保存路径
data = pd.read_csv(inputfile,encoding = 'gbk')#读取数据，指定编码为gbk
data = data.as_matrix()
from numpy.random import shuffle #引入随机函数
shuffle(data)#随机打乱数据
data_train = data[:int(0.8*len(data)),:] #选取前80%为训练样本
data_test = data[int(0.8*len(data)):,:] #选取前20%为测试样本
```

上述水样案例采用支持向量机作为水质评价分类模型，模型的输入包括两部分：一部分是训练样本的输入；另一部分是建模参数的输入。各参数说明如表8.3所示。

表8.3 预测模型输入变量

序号	变量名称	变量描述	取值范围
1	R通道一阶矩	水样图像在R颜色通道的一阶矩	0 ~ 1
2	G通道一阶矩	水样图像在G颜色通道的一阶矩	0 ~ 1
3	B通道一阶矩	水样图像在B颜色通道的一阶矩	0 ~ 1
4	R通道二阶矩	水样图像在R颜色通道的二阶矩	0 ~ 1
5	G通道二阶矩	水样图像在G颜色通道的二阶矩	0 ~ 1

续 表

序号	变量名称	变量描述	取值范围
6	B通道二阶矩	水样图像在B颜色通道的二阶矩	0 ~ 1
7	R通道三阶矩	水样图像在R颜色通道的三阶矩	–1 ~ 1
8	G通道三阶矩	水样图像在G颜色通道的三阶矩	–1 ~ 1
9	B通道三阶矩	水样图像在B颜色通道的三阶矩	–1 ~ 1
10	水质类型	不同类别能表征水中浮游植物的种类和多少	1,2,3,4,5

其中,1 ~ 9为输入的特征,我们发现特征的取值范围都在0 ~ 1之间;也就是说,如果直接输入SVM模型,彼此之间区分度会比较小。因此,我们不妨将所有特征都统一乘以一个适当的常数K,从而提高区分度和准确率。常数K的选取不能过大也不能过小,过小导致区分度较低,模型精确度差,过大则容易导致模型在训练样本中过拟合(如K = 1 000时,训练样本准确率为100%,测试样本准确率不到20%)。总的来说,K过大或过小都会导致测试样本的准确率下降,所以可以根据测试准确率来选择K的最优值。

经过反复测试,本次建模中K的最优值大约为30。因此,我们将输入的特征统一乘以30,然后建立支持向量机模型,构建支持向量机模型的代码如下:

```
#构造特征和标签
x_train = data_train[:,2:]*30
y_train = data_train[:,0].astype(int)
x_test = data_test[:,2:]*30
y_test = data_test[:,0].astype(int)
#导入与模型相关的函数,建立并且训练模型
from sklearn import svm
model = svm.SVC()
model.fit(x_train,y_train)
import pickle
```

```
pickle.dump(model,open('../tmp/svm.model','wb'))
#最后一句保存模型,以后可以通过下面语句重新加载模型
model = pickle.load(open('../tmp/svm.model','rb'))#导入输出相关的库,生成混淆矩阵
from sklearn import metrics
cm_train = metrics.confusion_matrix(y_train,model.predict(x_train))#训练样本的混淆矩阵
cm_test = metrics.confusion_matrix(y_test,model.predict(x_test))#测试样本的混淆矩阵
#保存结果
pd.DataFrame(cm_train,index = range(1,6),columns = range(1,6)).to_excel(outputfile1)
pd.DataFrame(cm_test,index = range(1,6),columns = range(1,6)).to_excel(outputfile2)
```

2. 结果分析

建立模型后,利用训练样本进行回判,得到的混淆矩阵如表8.4所示,分类准确率为96.91%,分类效果较好,可应用模型进行水质评价。

表8.4 模型混淆矩阵

预测值 实际值	1	2	3	4	5
1	41	1	1	0	0
2	0	34	0	0	0
3	0	0	59	0	0
4	0	0	1	20	0
5	0	1	0	1	1

六、水质评价

取所有测试样本为输入样本,代入已构建好的支持向量机模型,得到输

出结果，即预测的水质类型。水质评价的混淆矩阵如表8.5所示，分类准确率为95.12%，说明水质评价模型对于新增的水色图像的分类效果较好，可将模型应用到自动评价系统中，实现对水质的评价。

表8.5　水质评价的混淆矩阵

实际值＼预测值	1	2	3	4	5
1	7	0	1	0	0
2	0	10	0	0	0
3	0	0	19	0	0
4	0	0	0	3	0
5	0	0	0	1	0

第二节　大数据本体中间件

基于大数据的本体中间件——管理明星（SmartManager）是由郭星明先生研究开发，并拥有独立的软件著作权。他将大数据的5V特点：Volume（大量）、Velocity（高速）、Variety（多样）、Value（低价值密度）、Veracity（真实性）融入软件设计理念，提出了基于本体的多层软件架构和数据仓库体系。管理明星这一本体中间件自开发成功并投入应用以来，已经成功地将企业ERP系统和数据仓库资源整合在一起，实现了在化工、医药、电信、商场、物流、学校、机关等多个领域的应用，并且能够实现企业中产、供、销、人、财、物的一体化及资源化管理。近10年来，随着物联网和机器学习的发展，该中间件通过知识库管理，对接生产控制系统和传感网系统，实现了企业私有云的开发和管理，这对于生态成本优化和生态效益挖掘具有十分重要的意义。

一、本体理论

随着信息化技术的不断升级换代，企业管理所关联的信息资源和需求已经越来越广泛，不仅涵盖了产供销及人财物各个部门，更是延伸到云计算、大数据、物联网、移动通信和人工智能等多个领域，已经超出了传统的企业管理信息系统所界定的范围，具有显著的“云”生态特征。与此相关联，便有了生态成本的优化和生态效益的挖掘。在此情况下，抽象概括未来企业面临的生态环境资源及其所关联的所有资源的共享方式，需要通过本体的形式加以描述，据此提出了本体三元组理论。

三元组$\boldsymbol{S}=\{\boldsymbol{U},\boldsymbol{T},\boldsymbol{P}\}$是一个企业管理私有云生态信息系统。其中，$\boldsymbol{U}$表示领域本体知识及需求的集合，或称业务；$\boldsymbol{T}$是二维关系表集合，简称表；$\boldsymbol{P}$是针对$\boldsymbol{T}$而不针对$\boldsymbol{U}$的谓词演算逻辑集合，或称功能。

关于企业管理私有云生态信息系统的一个重要意义在于实现了管理信息系统的业务与功能的分离。三元组$\boldsymbol{S}$中，$\boldsymbol{T}$是管理信息载体，$\boldsymbol{U}$是系统领域特征需求的直接体现，$\boldsymbol{P}$通过对$\boldsymbol{T}$的静态描述（定义）和动态处理（演算）实现领域的信息本体需求。

可以证明，任何一个企业管理私有云生态信息系统都可以由谓词演算逻辑集合$\boldsymbol{P}$开始构建，领域本体知识及需求的集合$\boldsymbol{U}$具有无限不循环性，这是管理信息大数据需求不确定性、多样性和动态性的集中体现。与此同时，二维关系表集合$\boldsymbol{T}$是一个可以为空集的无限循环集合，$\boldsymbol{P}$是一个针对$\boldsymbol{T}$的有限非空谓词演算逻辑集合。

上述三元组及其特征，为无限多样领域企业管理私有云生态信息本体实现通用化平台开发提供了可能。现实中，领域管理信息本体需求的多样化，并不排斥表格作为企业管理信息的主要载体，管理信息的其他载体，如文件、图像、声音等，均可以通过某种手段（挖掘分析等谓词演算）实现与表格之间的互相转化，这样的例子有很多。

在大数据条件下，各个异构信息系统可能具有不同的结构，甚至可能是半结构的或是非结构的；但同样地，我们可以将其定义为1×1的超长数据流，再通过特征抓取和分割，最终将它们转化为结构化的表格集合$\boldsymbol{T}$，这是异构大数据清洗的重要处理步骤。

综上所述，企业管理私有云生态信息系统三元组可以在大数据环境下完全脱离领域本体，开发出“无表之表”；同时，它通过谓词的描述，又可以实现“万表之表”。图8.3展现了这个架构体系的逻辑模型。

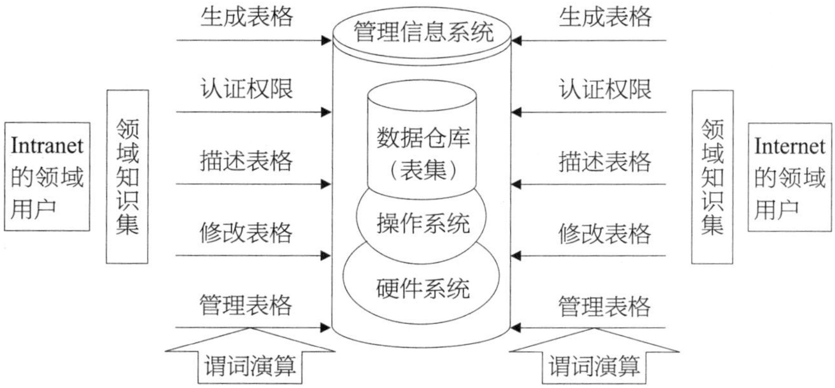

图8.3　SmartManager本体中间件的本体架构

二、系统架构

为了应对大数据的多样、动态和不确定特点所导致的企业管理私有云生态系统开发成本高、效率低、周期长等诸问题，SmartManager从一开始就“不走寻常路”，20世纪90年代就在数据管理层面提出了类似于BigTable框架的多层次布局，并引入云演算数据字典作为专家知识库，见图8.4。它对系统数据的时间序列也做了全面的配置，既有永恒表，也有年季月旬周日各个频率的表，还有实时采集的表，这样在ERP应用系统层面就已经做了科学合理的数据结构规划，对于后续数据仓库的挖掘应用，显然具有了先发优势。

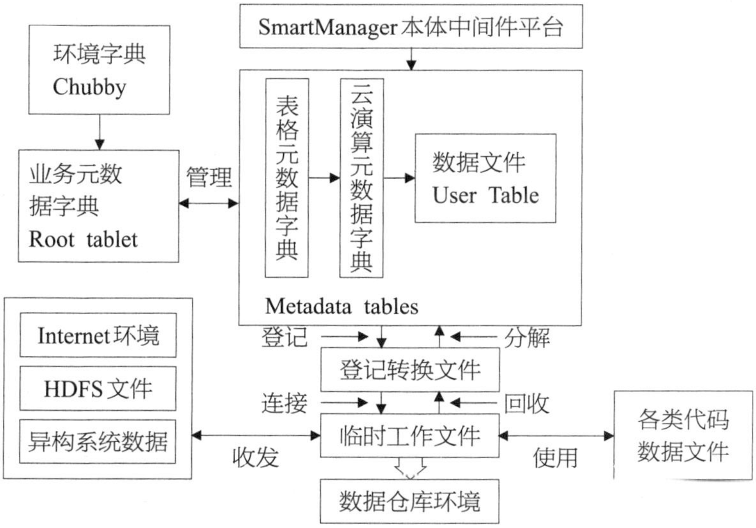

图8.4　本体中间件N层数据仓库架构

为与数据管理体系结构相适应，设计应用软件时采取了多层次、适当粒度的模块化架构，见图8.5。以利系统运行时可以动态调用和在线组装。借助于系统使用手册，企业产供销人财物的管理信息，以及和异构大数据间的数据迁移，几乎可以做到原型化现场实施，极大地提高了企业管理私有云的开发效率和应用价值。

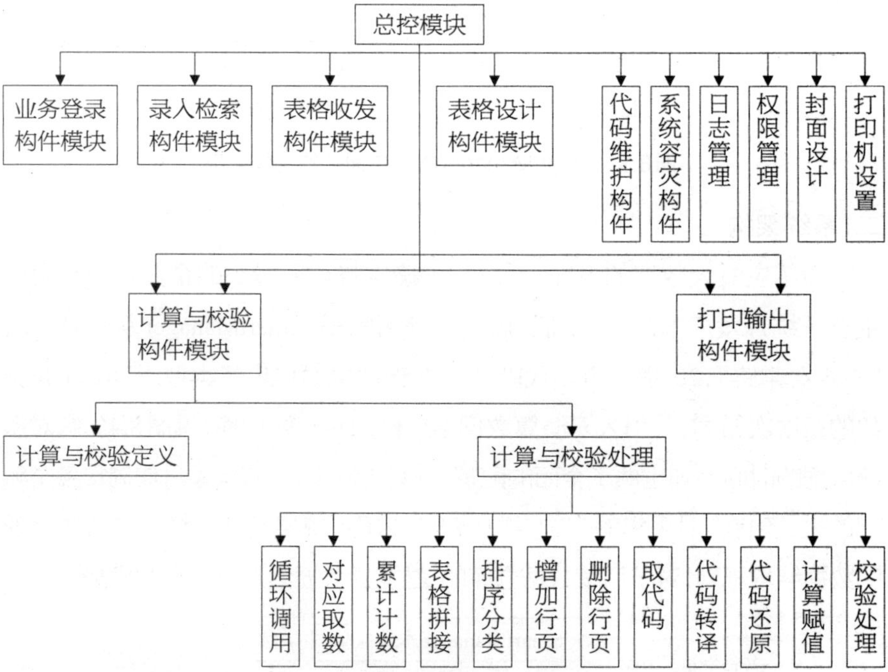

图8.5　本体中间件应用软件架构

三、功能概要

基于大数据的本体中间件应当具有企业管理私有云生态信息系统生命周期所需要的全部功能，这些功能以本体三元组为理论基础，结合系统的架构体系进行开发设计。

(一)任意业务与表格登录

任意业务表格的登录功能的设计包括：任意业务与表格按照管理层级制特点进行登录；登录表格在报表运行管理体系中所处的接收或者发送位置及要求名称；登录表格的周期(年报、半年报、季报、月报、半月报、旬报、周报、日报、实时、永恒等)；登录表格的规整或非规整类型；登录表格的操作责任人;其他计算机属性(如报表代码、存放路径、存取范式等);所有登录内容的增加、修改和删除等维护行为;登录的业务内容和表格名称成为系统主菜单下的业务选择;在业务选择菜单出现的同时,应有系统功能菜单、辅助功能菜单出现。

(二)任意表格格式设计

规整表输入格式的定义设计部分包括显示用栏目名称;栏目类型(数值型和字符型);栏目实际内容宽度;小数精度(数值型);自动计算公式;校验公式文件名;校验责任人;输入值范围;输入值控制条件;输入值出错提示信息;栏目的范式属性(区域);相似表格格式的复制;上述各种定义内容的增、删、改;上述定义内容的打印。

规整表输出格式的定义设计部分包括题目,含正标题、眉题、副题,除正标题处,余可选;表肩,含左、中、右表肩各8层,可选;表栏,打印名称、排版层次设定,最大6层;部分栏目可设为左表栏,不打印表栏,以及分页时的保留表栏;注释,含左、右注释和底注释各8层,可选;表尾8个区,可选;表格的宽度与高度尺寸,包括厘米定义和字符(行)数定义两种方式;表格两端开口与否定义,右端与下端丰满定义;表格行间距、行间隔;表格移底线打印行数;表尾注释所在页;表格打印换行页的承前过次方式,可选;分类打印表格定义,分栏打印表格定义;表格栏次自动/手工定义,可选;表格栏宽自动/手工定义;无效数字画线打印定义;工资条表格打印;表格线粗细定义;上述各种定义随时可以维护。

(三)表格输入与查询功能

表格输入与查询功能设计内容包括按照所定义的格式提供全屏幕输入界面,对大于屏幕的格式能够前后上下左右翻屏,规整型格式和非规整型格式可以相互切换;随意按横纵两方向全屏幕录入和修改数据;全屏幕页或行或列的随意增删,多页多行成块增删移操作;栏目显示名称和宽度、屏幕显示密度任意调节,可选择部分栏目作为提示栏目或者作为禁显示、禁修改栏目,以保证数据的安全性;数据输入的两种合法控制方法——输入控制方法和校验控制方法的定义与使用;输入时自动计算和填写有关数据;随意设置与编辑条件,进行数据的查询和定位;无效数据画线显示,溢出自动处理;表格定式（模板）的建立、存储和使用；输入界面提供部分功能菜单，如计算、校验、打印、显示格式设计等。

表格打印输出功能的设计内容包括按照所定义的格式打印表格；任意打印和预览全部内容、查询内容、成块内容、模板内容、空白表格和输出格式定义的模拟效果；规整表格内容太宽打印不下时，可选择自动分行、分本、折行、加宽打印；打印或套打各种非规整表（如发票、凭证等），套打误差小于0.2毫米；对文字多而空位少的非规整表能自动缩小和叠行打印；连续/不连续/人工调整多页打印；任意选择起始页（行）和终止页（行），奇数页和偶数页打印；无效数据画线打印；中途中止打印；适用各类打印机及打印驱动程序。

（四）计算处理功能

计算处理功能的设计内容包括基于各种三维表，进行本表内部、本表与别表之间、别表与别表之间页、行、列的各种可带有条件的运算，将运算结果存储在指定的表格页、行、列；别表时期表示的相对法和绝对法；从某表中取符合条件的数据；从代码体系中取有关的代码和/或代码名称；代码对象名称和代码值之间、同一代码体系的不同代码系列值之间的互相转换，码元翻译；随意根据要求自动增加一行，并可赋初值；随意根据要求删除若干行；自动根据所给定的借方科目、贷方科目、借方金额、贷方金额登记有关账本；根据若干栏（列）的要求进行排序，分类统计；对某表数据进行各种降维方式的求和，计数，求平均，合计兑平；两张表的拼接；各种计算公式的循环调用执行；计算公式的忽略功能和草稿功能；自动处理无效数据和溢出数据；上述功能的计算公式定义、维护与实现。

（五）校验功能

检验功能的设计内容包括基于各种三维表和准三维表，进行本表内部、本表与别表之间页、行、列的各种可带有条件的校验；使校验公式定义和计算公式定义相一致；校验出错信息提示、打印；校验责任人签名；校验结果对数据输入、存储的控制与影响；校验公式、出错提示信息的定义、维护与实现。

（六）代码处理功能

代码处理功能的设计内容包括各类代码体系和多代码系列的登录；各

种的代码组成规则；代码对象名称的全称、简称，代码值的全码，关键码、性质码及码元维护；代码的在线维护；代码名称与代码值之间、相同代码体系两个系列之间的相互转换，代码码元的翻译；代码被调用；财务明细代码的层次表示与使用。

（七）接收与发送功能

接收与发送功能的设计内容包括报表的汇总接收和一般接收；报表的格式、计算公式、校验公式等文件的发送与接收；外部异构系统形成的各种格式的数据文件的接收；发送符合外部异构系统格式要求的各种数据文件；磁盘收发方式和网络通信方式兼容；界面汉化。

（八）辅助功能

辅助功能的设计内容包括自由设计管理信息系统的封面；权限、口令维护；建立日志查询；打印机或打印驱动程序的设定；抢救因意外事故而丢失的文件；提供功能扩充接口；时钟监视，在规定时间内无人操作则自动退出信息系统。

四、应用领域

基于大数据的本体中间件能够应用于众多的行业和业务领域，在此做一罗列，以满足读者，也借以进一步说明大数据特征的一个侧面，起到抛砖引玉的作用。至于本体中间件是不是只能用于这些领域，或者说是不是必须用于这些领域，那是另外一回事。但可以说，至少可以用于这些领域。

（一）统计和财务

据有关部门的估计，全社会统计和财务的信息占整个社会信息的80%以上，国民经济和社会生活各个部门，包括国家机关、社会团体和企事业单位，每天都在进行着大量的统计和财务信息处理工作。而统计和财务信息处理是典型的报表处理，即由一些数据按一定的格式和要求输入，根据一定的方式进行处理，最后按一定的格式和要求打印或输出，所以这两类信息的处理是通用信息系统的主要应用领域。

统计和财务信息处理是在全国的许多部门都会展开的工作，一些政府管理部门这方面的工作还和其内、外部行政管理活动相对应，分为内部统计、综合统计、财务会计和财务管理几方面的工作内容，按照现行的设置，通用信息系统应该同时能够在以下领域的统计和财务业务中得到应用：

（1）政府综合协调部门中的内、外部，比如各级政府的经济贸易委员会的经济运行统计、财政部门的财务统计和财务预、决算，劳动人事部门的劳动工资统计工作，以及这些部门中的内部统计和财务会计。

（2）政法和社会保障部门中，比如各级公安、司法、安全、民政部门中的统计和财务业务。

（3）社会公共事业管理部门中的内、外部，比如各级教育行政机构、文化、广播电视、卫生、计划生育委员会、体育运动委员会等部门中的内部统计和会计业务，以及其所承担的各自领域的综合统计。

（4）国民经济各个专业管理部门中的内、外部，比如各级工业交通、农业、商贸、城乡建设等部门中的内部统计和财务，以及其所承担的各自领域的综合统计。

（5）监督检查部门中的内、外部，比如各级审计、工商行政、税务、环境保护、物价、统计、标准计量等部门中的内部统计和财务，以及其所承担的各自领域的综合统计。

（6）全国各级政党组织、社会团体、人民解放军各大单位中的内、外部，比如各级党委组织部门每年编报的干部年报，党费收支管理，军队训练器材使用情况统计报表等。

（7）全国各企业、事业单位和其他单位，比如各厂矿、乡村、学校、商店、部队、医院、科研院所、文化旅游出版和城市公用事业等单位中各有关统计和财务的业务。

在统计和财务之外，信息处理主要集中在一些基础的核算和各项专门的信息处理工作上，比如碳排放的统计，对这些信息处理虽然也可归为统计或财务业务，但它们更多地表现出各自的特点，可以运用本体中间件实现更高一级的应用。因此，我们在统计和财务业务之外，再将这些信息处理单独做些介绍，以开拓大家的视野。

（二）配方和工时管理

配方和工时管理是各个生产单位的基础性的管理工作，这一部分工作是生产单位增收节支的关键环节。众所周知，在不同的单位中，配方和工时的管理具有量大面广、工序多样且复杂的特点，其中配方材料价格波动大且频繁，有些配方还需涉及多层的半成品价格计算。因此，这方面的工作长期以来缺乏先进而有效的手段进行管理，这制约了其他方面管理工作的进一步科学化和合理化。

本体中间件用于配方和工时管理，可以根据各个单位的具体情况开展以下几方面的应用：

（1）根据配方和工时的变动，原材料价格的变动，随时计算配方的单位价格，这种变动的适应时间应该掌握在一天之内，否则不利于决策者及时做出决策；

（2）和计划相连，根据生产产量自动安排计划原材料供应量和工时；

（3）和生产相连，自动安排生产投料，计算实际原料投入和工时耗用；

（4）和销售、仓库相连，监控成品和原材料库存；

（5）合理分摊各类管理费用；

（6）计算实现的产值和效益；

（7）对产品的配方和工时进行参数、工艺优化；

（8）合理调整产品结构；

（9）计算配方和工艺的生态成本；

（10）计算配方和工艺的生态效益。

（三）医院综合管理

医院的综合管理和一般的信息管理不同，它是以病人和疫情为主线的，综合了药品管理、医案管理、疫情管理、病人管理及经费管理等内容，有条件的话，以实现计算机网络化管理为最佳，本体中间件在医院中的应用可以从以下几个方面着手：

（1）门诊处方的审核，包括药品库存量审核、公费审核、剂量审核等；

（2）处方划价，自动收款，自动配药；

（3）住院病人医嘱管理；

（4）住院病人医疗开支核算；

（5）医案积累和检索，建立专家知识库；

(6)疫情监测和预警;

(7)药房药品合理库存数量、质量(有效期)、价格、金额的管理、监测和预警;

(8)门诊各科室、病区各部门及药品管理部门的其他日常业务统计与核算。

(四)各类商场的贸易营销管理

商场的贸易营销管理,尤其是一些大型百货商场的营销管理,其主要特点是信息采集点分布广、商品分类众多、信息的汇总处理工作量特别大和商品滞畅销势信息反馈不灵敏,本体中间件应用于商场的贸易营销管理中可以从以下几个方面考虑:

(1)各柜台自动开票、收款、结账;

(2)商品缺货登记;

(3)每天柜台进行当天发生额(含缺货)统计,并逐级向销售分类部门和商场中心汇总;

(4)商品滞畅销势分析,辅助调整商品经营结构和布局;

(5)商品合理库存数量、质量(有效期)、价格、金额的管理、监测和预警;

(6)消费需求分析和预测;

(7)加快流动资金周转,合理盘活压库资金。

(五)档案馆、图书馆、专利情报检索、信息咨询中介和文物管理

这几个方面的信息处理可以统称为信息资料的管理、检索和服务,管理是指怎样把信息分门别类地管理好,检索是指用户能够以哪几种方式查阅和寻找所需的信息资料,服务是指用户找到的信息资料能够以怎样的方式提供给用户。这些方面的应用一般要求计算机具有较大的存储空间、较快的处理速度及较为可靠的存储媒体;要求各个信息资源拥有单位能够相互联网,以便读者在一个单位就能够共享其他单位的信息资源。除了计算机方面之外,信息资料的管理、检索和服务还与其他现代化技术有着十分密切的关系,比如缩微照相、机器阅读、远程通信、多媒体等多种技术手段,要全面达到上述的水平,显然还需要一段时间。本体中间件能够在投资不太多的情况下,率先做到以下几点:

（1）根据信息各自的业务特点建立所拥有的信息资源的目录卡，列出名称、时间、出处、作者、主题词等特征内容，并做摘要介绍，文物、人员之类的信息还附有图片和照片说明。

（2）提供多样的检索定位手段。可以自由浏览，可以按关键词检索定位（比如按信息名称、作者、时间、主题词等），可以分类定题检索定位，可以根据复合条件检索定位，也可以按模糊条件检索定位，可以按给定的检索方式检索定位，也可以由用户自己定义检索方式检索定位等。

（3）将找到的信息输出或打印，提交用户。可以以清单方式，也可以以目录卡方式，还可以以实物方式；可以屏幕显示，也可以在打印机上打印输出，还可以调用其他输出设备和租借设备输出，比如照相设备、阅读设备、录音录像设备、复印设备、图书档案自动租借设备等。

（4）新信息资源的追加、登记和维护。

（5）信息资源的自动编纂和归类。

（6）信息资源的自动统计和管理，比如信息资源拥有情况统计，信息资源被利用和检索统计，租借预约、归还催还管理等。

（六）饭店、宾馆、旅游团体管理

饭店、宾馆和旅游团体的管理都是以旅客为主线的，本体中间件在这方面的管理能够做到以下几点：

（1）饭店、宾馆、餐馆的菜谱管理，如菜谱核价、利润核算等；

（2）食客口味分析，辅助调整菜谱结构；

（3）宾馆联网，旅客住店各项费用核算，包括住宿费、餐饮费、电话费、交通费、娱乐费等；

（4）旅游团体活动日程安排，交通工具安排，餐饮住宿安排，浏览景点安排，各项费用的估算、报价和结算；

（5）游客客源分析，旅游热线分析，辅助调整旅游线路分布；

（6）饭店宾馆的碳排放指标分析。

（七）学校校务管理

（1）学籍管理，包括学生简历，各学期课程预修、选修、重修等修读情况和成绩、学分记录等；

(2)课程管理,包括课程表安排、上课教室安排等;

(3)教材供求管理;

(4)学生来源和毕业去向分析,社会对毕业生需求分析,辅助调整学校的系、专业和课程设置结构;

(5)教学实验统计和分析。

(八)电信业务管理

将各种不同型号和厂家的移动、电信等大型专用计算机交换设备中的不同格式的数据进行汇集处理,故障诊断和分析,打印输出。

(九)金融、保险、税收管理

(1)银行各储蓄所联网,提供存、取、贷终端服务;

(2)存贷利息计算;

(3)储蓄储户、储种管理和分析;

(4)贷户信用分析,贷拨款计算、发放、归还(含催还)和使用管理;

(5)监测社会商品和资金运转情况,再根据国家产业政策的需要,合理调整存贷利率、储种结构、拨贷方向和货币投放量;

(6)保险业各分理机构联网,提供入保和理赔终端服务;

(7)保险金的收缴和使用管理及赔付金额计算;

(8)险户、险种管理和分析;

(9)监测社会各类灾害性事件发生频率,合理调整险种结构和险率;

(10)税务登记和变更;

(11)税金征收和使用管理,税额的计算;

(12)税种、税率的管理;

(13)增值税发票管理;

(14)投资管理与分析;

(15)证券管理与分析;

(16)外汇与汇率管理;

(17)碳税收缴管理。

(十)审计管理

审计是一项具有独立性的经济监督活动,由一定的专门机构受委托或授权，对被审计单位的有关经济资料的正确性、真实性及经济活动的合规性、合法性和效益性进行审查、监督、评价和鉴证活动。从信息处理角度来说，审计有两方面的含义：一方面，根据审计的有关规定，对信息进行再处理，比如验资、资产评估等；另一方面，对被审计信息的输入、处理和输出的各个环节进行稽核和检查，比如财务报表的审计。前一部分的审计信息处理与前面所讲的统计和财务信息处理相类似，而后一部分的审计处理中包括了定义审计处理公式对被审计的信息进行输入校验、处理校验和结果校验。本体中间件在两方面的审计过程中都能发挥充分的作用：

(1)财务报表、账簿、凭证的审计；

(2)资产、负债、所有者权益、营业收入和费用、利润等的审计；

(3)资产评估和验资；

(4)个人财产审计；

(5)碳排放审计。

(十一)工商行政、专利事务管理

(1)工商登记与变更；

(2)商标注册与管理；

(3)专利登记、管理与检索；

(4)碳交易登记、管理与检索。

(十二)海关业务管理

(1)实现自动报关业务，无纸化贸易；

(2)关税自动计算；

(3)进出口货物的各类统计；

(4)碳交易进出口的各类统计。

(十三)各级宏观监测与决策辅助管理

(1)对生产、经济和社会发展各个方面的监测和预警；

(2)生产、经济和社会发展各方面量化指标的走势分析和预测；

(3)投入产出分析；

(4)国民经济综合平衡，产出结构调整；

(5)新的经济增长点的寻求和确定；

（6）生产力、生产资料和自然资源的合理分配与使用；

（7）经济周期分析、预警和调节；

（8）碳排放指标的分析、预警、调节和控制；

（9）各种决策方案的比较和遴选。

附　录

山西能源替代项目调研记录(一)

调研记录

调研记录编号：TYDY_20140715

调研主题	走访电能替代设备的生产企业和应用企业
调研时间	2014年7月15日星期二下午
调研地点	太原南中环街北京奥通泰得新能源科技有限公司(简称北京奥通)太原经销处 太原长风大街新纪元大酒店
接待人员	任总(北京奥通太原经销处) 李主任(新纪元大酒店工程部)
调研人员	陈光一　侯向辉　张颖

调研子主题：

1. 北京奥通的热泵系列的性能参数及在山西的销售情况

2. 新纪元大酒店的热泵中央热水项目

调研记录：

（一）北京奥通调研过程简述

1. 北京奥通简介

北京奥通专业致力于热能产品的开发和研究，主营生产包括各种燃油燃气锅炉、电锅炉、真空锅炉、模块锅炉、水（地）源热泵机组及进口燃烧器及水处理设备。其在太原的销售代理为山西泓陆润环境科技有限公司。

2. 了解热泵的系列产品及应用案例

获得北京奥通产品说明书1本，由于技术人员在外地进行项目实施，并未获得热泵技术的指标参数，接待人员答应技术人员回太原后会联系他们。

应用案例：原平看守所的热泵应用，但未获得联系方式，无法开展进一步工作。

（二）新纪元大酒店热泵中央热水系统实施案例调研过程简述

1. 热泵供应商深圳市长菱能源机电有限公司（简称深圳长菱）简介

深圳长菱是集机电、净化、空调、通风工程、热泵、太阳能集热器、空压机热能回收机、进口发电机销售供应于一体的综合性企业，目前拥有国家建设部、深圳建设局颁发的机电施工三级施工资质。

2. 了解新纪元大酒店热泵中央热水系统运行情况

新纪元大酒店中央热水系统主要采用4台深圳长菱型号为CL-H-220K/D的空气源热泵，配套40立方米水箱，供酒店客房淋浴及厨房热水使用。夏天每日耗电350度，冬季每日耗电600度左右。峰电价：1.18元/千瓦时，谷电价：0.44元/千瓦时。夏天开3台机组就能满足使用，冬天需要天然气蒸汽锅炉补充热水。具体运行指标，参看现场图片。这一系统能够做到无人值守，通过数据线在控制设备上操作，简单方便。据工程部李主任介绍，温度高于-18摄氏度的情况下，使用费用小于燃气电锅炉。

（三）现场图片

数据图片（新纪元李主任提供）。

外观图

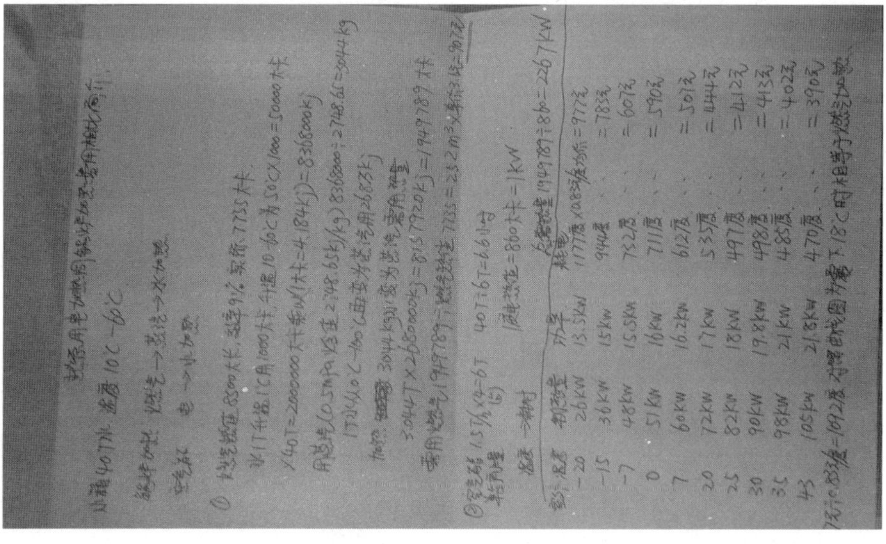

热泵用电加热同锅炉加热费用相比简析

小箱40T水 温度10℃—60℃

锅炉加热 燃气→蒸汽→水加热

空气能 电→水加热

① 燃气热值8500大卡，效率91% 实际7735大卡

水1T升温1℃用1000大卡，升温10-60℃为50℃×1000=50000大卡

×40T=2000000大卡乘以(1大卡=4.184kJ)=8368000kJ

用蒸汽(0.5MPa 焓值2748.65kJ/kg) 8368000÷2748.65=3044kg

1T水从0℃-100℃再变为蒸汽用2683kJ

加热 3044kg水变为蒸汽需用热量

3.044T×2680000kJ=8157920kJ=1949789大卡

需用燃气1949789÷燃气热值7735=252m³×单价3.6元=907元

② 空气能 1.5T/h×4=6T　40T÷6T=6.6小时

单台产水量 (h)

温度→耗时　1度电热值=860大卡=1kW

总需热量1949789÷860=2267kW

室外温度	制热量	功率	耗电
-20	26kW	13.5kW	1177度×0.83元/度为价=977元
-15	36kW	15kW	944度 =783元
-7	48kW	15.5kW	752度 =607元
0	51kW	16kW	711度 =590元
7	60kW	16.2kW	612度 =507元
20	72kW	17kW	535度 =444元
25	82kW	18kW	497度 =412元
30	90kW	19.8kW	498度 =413元
35	98kW	21kW	485度 =402元
43	105kW	21.8kW	470度 =390元

7元÷0.83元/度=1092度 对照曲线图为零下18℃时相当于燃气加热

热泵与锅炉比较数据图

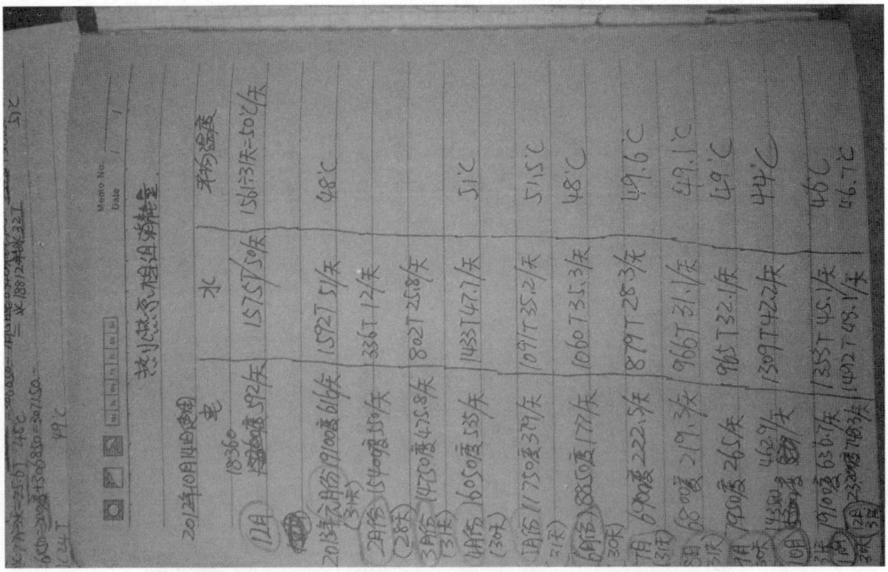

月运行记录

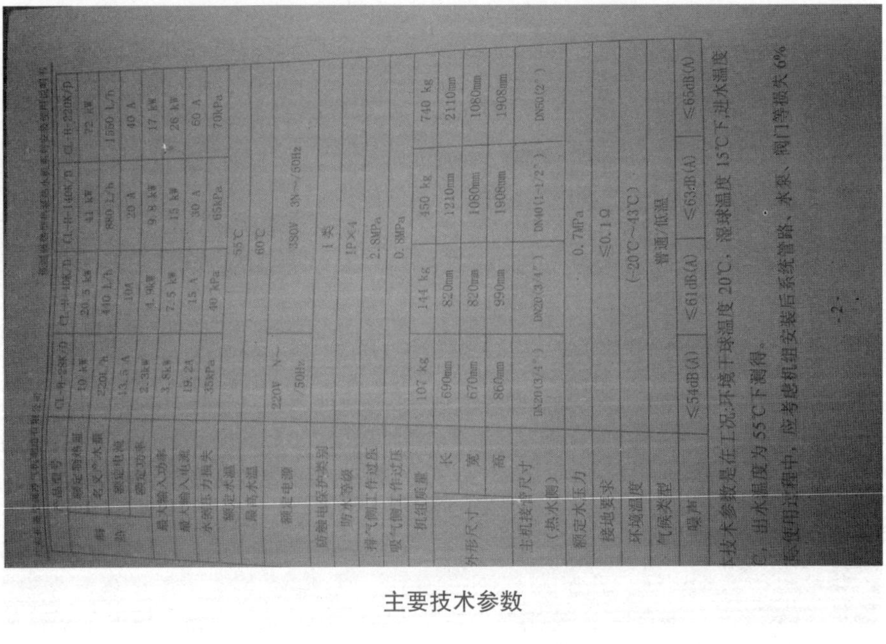

主要技术参数

山西能源替代项目调研记录(二)

调研记录

调研记录编号:TYDY_20140714A

调研主题	走访电能替代设备的生产企业和应用企业
调研时间	2014年7月14日星期一上午
调研地点	太原市东山煤矿
接待人员	李四伟(天绿)
调研人员	武中　陈光一 张颖

注:本调研记录主要说明本次调研会议的内容,对案例的分析,并提出此次调研存在的问题,为后续解决方案提供具体的实际案例和数据支持。但本调研记录并不提供项目的具体解决方案。

调研子主题:

东山煤矿浴室锅炉房改造及运营情况

调研记录:

1. 东山煤矿浴室锅炉房简介

东山煤矿浴室原利用临近的东山电厂的蒸汽加热进行热水供应。东山电厂划归给华能后,改造为天然气发电厂,原运营模式无法维系,于2013年进行了电锅炉改造,电锅炉每天运行大约10小时,为2个90立方米的水箱提供热水,可满足煤矿3个班次的职工约3 000人次洗澡用。

2. 锅炉房构成及费用

锅炉房构成及费用

设备名称	规格/型号/功率	数量	单价	总价
电锅炉	500千瓦	2个	7万元	14万元

续 表

设备名称	规格/型号/功率	数量	单价	总价
配电柜	/	2个	5万元	10万元
变压器	1 250千伏	1个	9.8万元	9.8万元
水箱	90立方米	2个	14.5万元	29万元
换热器	/	2个	1.25万元	2.5万元
水泵	11千伏	4个	0.425万元	1.7万元
软水系统	/	1个	1万元	1万元
电缆(内部)	线芯:185立方毫米	50米×3根	300元/米	4.5万元
厂房	钢板房	80平方米	1 500元/平方米	12万元
其他				10万元
合计				94.5万元

3. 现场图

电锅炉

换热器

调查问卷模板

企业社会责任研究调查问卷

您好!

我们是"企业社会责任是'华丽外衣'还是'金玉其中'?——基于杭州市上市公司的调查分析"的课题组成员,正在做一份关于企业社会责任评价指标的收集调研工作。通过对企业社会责任相关指标数据的采集,我们可以利用模型验证社会责任与企业绩效的关系,从而为企业改进管理战略提供理论和数据依据。非常感谢贵企业对我们课题的支持,恳请贵企业相关人员能在百忙中抽出时间如实填写此调查表。我们将以严谨的职业态度严格保密您填写问卷的内容,再次感谢您的积极支持与参与!

公司名称:______________________________

1. 相关经济指标

项目	2016年1—12月份	2015年1—12月份
资产总额		
流动资产		
现金及银行存款		
流动负债		
应付账款		
应付职工薪酬		
负债总额		
应缴增值税		
主营业务收入		
主营业务成本		

续　表

项目	2016年1—12月份	2015年1—12月份
研发支出(研发费用)		
息税前利润		
利息费用		
所得税费用		
净利润		

2. 相关社会责任指标

一级指标	二级指标	三级指标	评分标准
责任分类	指标内容	评价项目	
市场责任	诚信经营	消费投诉	1. 企业建有完善的消费投诉体系,且投诉流程公开、透明、清楚,得100分
			2. 近3年内(包括评估当年),企业因虚假广告、虚假宣传、消费欺诈等与消费者相关的事件被政府相关部门警告、惩处,减100分
		合同与履行	1. 企业建有完善的合同管理制度,得30分
			2. 切实履行商业合同,对外订立的合同,除不可抗力和对方违约,以及经双方当事人协商变更、解除外,合同履约率达到100%,得35分
			3. 在采购文件中把供应商社会责任行为作为采购决策的依据之一,得35分
		工商年报	1. 企业按规定进行年报公示,得100分
			2. 企业未按规定进行年报公示,减100分
		工商信用评价	1. 工商企业信用等级为A级,得30分
			2. 工商企业信用等级为AA级,得65分
			3. 工商企业信用等级为AAA级,得100分

续 表

一级指标	二级指标	三级指标	评分标准
责任分类	指标内容	评价项目	
市场责任	财会纳税	财务管理	1. 企业建有完善的财务会计管理制度和发票票据管理制度，得50分
			2. 在1的基础上，按规定编制财会报告，取得、开具、保管发票，再得50分
		纳税及缴费	企业按规定及时、足额缴纳税（费），近3年内，在税（费）问题上无任何不良记录（包括各种警告、责令改正、行政处罚等），得100分
		纳税信用评价	1. 纳税信用等级为A级，得30分
			2. 纳税信用等级为AA级，得65分
			3. 纳税信用等级为AAA级，得100分
	产品质量	质量管理体系认证	企业通过ISO9000质量管理体系，或本行业特有的且行内公认的质量管理体系认证，得100分
		质量服务管理体系	企业建有完善的产品销售服务（包括售后）体系或管理体系，对产品销售或服务事后出现的问题能积极、妥善处理，得100分
		产品研发投入	1. 企业每年有研发投入，得50分
			2.被认定为高新技术企业，得50分
		产品技改创新	1. 近3年内，企业在产品技改创新或服务创新上，或达到国际标准，或获得国家发明专利，或荣获省部级及以上相关荣誉，每项得25分，累计不超过2项
			2. 企业在产品技改创新或服务创新上，或达到国家标准，或获得发明专利，或荣获市厅级相关荣誉，每项得25分，累计不超过2项

续　表

一级指标	二级指标	三级指标	评分标准
责任分类	指标内容	评价项目	
环境责任	环保减排	环保管理体系	1. 企业建有完善的环保组织管理体系、环境管理制度及环境突发事件应急预案，得50分
			2. 企业制订有明确的环保年度目标，台账齐全且记录完整，得50分
		环境管理认证	企业通过ISO14000环境管理认证，得100分
		环保行动	1. 企业积极地、有计划地参与社会的各类环保活动和环保事业，得30分
			2. 企业主动研发环保产品，产品设计符合环保要求，得35分
			3. 企业积极应用环保产品和技术，改善环保工艺，并取得实际成效，得35分
		环保治理投入	1. 企业每年均有环保投入，得50分，否则得0分
			2. 在1的基础上，企业环保经费投入占企业总产值的比重相比上年度有增长的，得100分
		减排降污	1. 有效保护生产作业周边生态，“三废”排放达标，得50分
			2. 在1的基础上，开展废弃物回收利用活动，得100分

续 表

一级指标	二级指标	三级指标	评分标准
责任分类	指标内容	评价项目	
环境责任	环保减排	环境行为评价	1. 政府环保部门的评价结果为绿色(很好),得100分
			2. 评价结果为蓝色(好),得25分
			3. 评价结果为黄色(一般),不得分
			4. 评价结果为红色(差),减50分
			5. 评价结果为黑色(很差),减100分
	低碳节能	清洁生产审核	1. 企业通过清洁生产审核验收,经专家评审得分在90分以上,得100分
			2. 企业通过清洁生产审核验收,经专家评审得分在80~90分之间,得50分
		低碳节能制度	1. 企业建有完善的节能降耗制度和措施,并制订了明确的年度节能目标,得100分
			2. 有节能制度措施但不完善或节能目标不明确,正在积极改进之中,得50分
		能源管理认证与计量管理	1. 企业通过GB/T23331能源管理体系认证,得50分
			2. 用能单位能源计量器具配备和管理符合GB17167-2006国家强制性标准要求,得50分
		低碳节能行动	1. 企业积极开展、实施和参与各种低碳节能活动、计划和评比,得30分
			2. 企业主动使用低碳节能产品、先进的低碳节能工艺技术和设备,得35分

续　表

一级指标	二级指标	三级指标	评分标准
责任分类	指标内容	评价项目	
环境责任	低碳节能	低碳节能行动	3. 企业实施各类低碳节能的技改、研发和设计，并推广应用或取得显著成效，得35分
		综合能耗降低率	1. 与上年度相比，企业万元工业产值综合能耗（非工业企业按用电万元营业额节电计算）降低8%及以上，得100分
			2. 降低5%~8%，得75分
			3. 降低3%~5%，得50分
			4. 降低1%~3%，得25分
		资源循环使用率	1. 企业可再生资源或可循环使用资源的消耗量占资源消耗总量的比率高于上年度，得50分
			2. 企业可再生资源或可循环使用资源的消耗量占资源消耗总量的比率大于30%，得50分
		低碳能源使用	1. 企业使用低碳能源和原料，优化燃料结构，煤、石油、天然气的使用总比重小于100%，得50分
			2. 在1的基础上，若煤、石油、天然气的使用总比重低于上年度，得100分
员工责任	依法用工	用工管理	1. 企业与员工签订的劳动合同内容全面、合法，必备条款齐全，约定条款清楚，程序到位，得50分
			2. 企业规章制度的制订及执行符合法律及相关规定，内容合理合法，得50分
		合同签订与参保	1. 工作时间在1个月以上的员工的劳动合同签订率未达到100%的，以劳动合同签订率每少1个百分点减1分计算

续 表

一级指标	二级指标	三级指标	评分标准
责任分类	指标内容	评价项目	
员工责任	依法用工	合同签订与参保	2. 为建立劳动关系的职工按时足额缴纳社会保险费，缴纳比率未达到100%的，以社会保险费的平均缴纳比率每少2个百分点减1分计算
			3. 两项合计最多减80分
		劳动合同履行	1. 合同期内，员工流失率在10%以内(服务业、建筑业等季节性明显的行业可放宽至15%)，且解聘程序符合相关规定，得50分
			2. 合同期内，员工流失率在5%以内(服务业、建筑业等季节性明显的行业可放宽至10%)，且解聘程序符合相关规定，得100分
		工资支付	企业按规定及时并足额发放工资和加班工资，工资发放有详细的工资单，得30分
		工资增长	1.人均工资有稳定增长，得10分
			2.在1的基础上，员工人均工资增长率高于企业人均利润增长率的，得20分
		工时与休假	1. 员工日平均工时在法律规定范围内，得10分
			2. 企业完全执行病假、产假、年休假等国家规定的休息休假制度，得10分
	协调机制	组织建设	企业党组织健全，活动正常，作用明显，得100分
		民主管理集体协商	企业有规范的职代会(或职工大会)制度，得100分

续 表

一级指标	二级指标	三级指标	评分标准
责任分类	指标内容	评价项目	
员工责任	协调机制	员工发展	企业建有完善的员工专业技能培训体系，并有效实施，有完整的培训记录，企业教育经费占职工工资总额的2.5%及以上且经费的50%~70%用于一线职工，或者一线职工的年人均专业技能培训课时在60课时及以上，得100分
		员工关爱	1. 企业经常性组织员工开展文体活动或组织职工进行疗养休养等，丰富员工业余生活，得50分
			2. 企业建立职工救济互助机制，已实质性帮扶过多名困难员工，或有制度性地善待并关爱员工的具体举措（有外来务工人员的企业，外来务工人员有固定就餐地点等），得50分
	安全生产	安全宣传培训	1. 企业定期对员工开展安全生产知识和技能的宣传培训，得50分
			2. 企业制订了安全生产事故应急救援预案，并进行了演练，得50分
		安全管理	1. 企业制订了各种安全生产规章制度，建立安全生产责任制，按规定配备安全生产管理人员，安全生产现场管理规范、安全生产台账等资料健全，得30分
			2. 在1的基础上，企业定期开展安全检查评估，及时整改，并如实记录生产事故且记录完整，得70分
		特种设备安全	使用特种设备的企业，特种设备的使用登记率、定期检验率、作业人员持证上岗率和事故隐患整治率未达到100%，减20分

续 表

一级指标	二级指标	三级指标	评分标准
责任分类	指标内容	评价项目	
员工责任	安全生产	女工	1. 企业做到女职工“四期”保护，得50分
			2. 企业建立女工健康检查制度，并按规定办理女工登记，得50分
	职业健康	劳动和工作环境	1. 企业建有工作环境管理制度和相关评价指标，并有效执行，得50分
			2. 企业按规定、按标准发放高温费，得50分
		体检与健康管理	1. 企业按规定对员工进行免费体检（特殊岗位体检按照《国家职业健康检查项目与周期管理规定》），得70分
			2. 企业至少两年一次定期为员工提供免费体检（不包括特殊岗位），得30分
		职业病发生率	本企业的职业病危害导致发生职业病，每人次减20分，最多扣80分
		职业健康管理认证	企业通过OHSAS18000（GB/T28001）职业健康与安全管理体系认证，得100分
		职业病防护控制	1. 企业建有完善的职业病危害申报、职业病危害因素定期检测评价、职业健康监护制度，落实职业病危害建设项目的评价、卫生审查，建立并完善职业卫生管理台账，按规定处置发现的职业病危害信息和职业病病人，并有效实施，得100分
			2. 企业建有职业病防护制度和控制体系，但不完善正在积极改进之中，得60分
			3. 企业对接触职业病危害岗位的劳动者无书面告知，减30分

续 表

一级指标 责任分类	二级指标 指标内容	三级指标 评价项目	评分标准
公益责任	公益慈善	企业社会责任信息公开	1. 企业建有企业社会责任制度，定期发布企业社会责任报告，且报告内容翔实规范，得50分
			2. 企业设有公益慈善专项资金，得50分
		公益慈善活动	1. 企业每年至少组织、开展一次慈善活动或具有社会公益性的活动（包括组织员工献血等），得50分
			2. 企业积极参加"春风行动"等社会各类慈善活动，或者从事具有长期性且有具体对象的社会公益、扶危济困等活动，社会贡献大，得100分
		社会贡献率	1. 企业每年有公益慈善投入，公益慈善投入占净利润的比重不超过1%（含1%），得30分
			2. 在1的基础上，企业公益慈善投入占净利润的比重高于1%但不超过2%（含2%），得65分
			3. 在1的基础上，企业公益慈善投入占净利润的比重高于2%，得100分
		帮扶与共建	1. 企业积极参与"联乡结村"活动，支持欠发达地区的新农村建设，或与当地村镇、社区开展结对共建等民生工程，得100分
			2. 企业偶尔开展上述帮扶与共建活动，得50分
		残疾人就业比例	1. 残疾人占企业职工总数的1.5%及以上，得100分
			2. 用缴纳残保金来替代雇用残疾人，得50分

续 表

一级指标	二级指标	三级指标	评分标准
责任分类	指标内容	评价项目	
公益责任	社会评价	表彰奖励认证	1. 近3年内（包括评估当年），企业在与本评价体系内容相关的各方面获得各种代表性荣誉称号，受到各种表彰奖励，市厅级每项加10分，省部级每项加20分，国家级每项加40分，但每类（按10个二级指标内容分为10类）最多加1项，且总的最多加3项
			2. 企业取得通过与本评价体系内容相关的各种权威性体系认证、评价（如银行信用评价A级及以上等），或市级政府以上认证［如标准化良好行为企业认证、企业安全生产标准化评定国三级（市级）及以上等］，或服务类企业在产品技改创新服务创新上达到国际标准，获得国家发明专利，荣获省部级及以上相关荣誉，且在有效期内的，或企业参与制定国家或本行业产品标准的，每项加20分，最多加3项（但企业参与制定国家或本行业产品标准的，限加1项）
		法规政策履行	1. 近3年内（包括评估当年），企业因合同违约、违规经营、侵犯知识产权、不正当竞争、垄断、虚假广告、虚假宣传、消费欺诈、职业病危害转嫁等行为，因产品质量、环保、节能、资源利用、员工权益侵害、女职工和未成年工保护、安全隐患及事故等与本评价体系内容密切相关的问题，被消费者有效投诉、信访或被媒体曝光，但未受行政处罚，每起减10分
			2. 因上述问题，被相关行政部门立案查处、处罚，每起减30分
			3. 因上述问题，被法院裁判承担法律责任，每起减40分

续 表

一级指标	二级指标	三级指标	评分标准
责任分类	指标内容	评价项目	
公益责任	社会评价	法规政策履行	4. 企业拒绝履行法院判决或被法院强制执行，每起减50分
			5. 减分不设上限
		重大事件事故	1. 使用童工，强制劳动，对员工采用侮辱性惩罚措施
			2. 企业发生严重治安事件，发生群体性事件，发生重大职业病危害事件，发生经认定的重大事故（死亡、中毒、环保、安全生产、火警等）
			3. 企业生产、加工、销售假冒伪劣、有毒有害产（商）品，发生食品等产品质量安全事故、重大价格欺诈事故；或建设类企业使用劣质建筑材料、偷工减料，发生民生工程、民用住房等质量安全事故；或服务类企业故意泄露、出售消费者信息而牟利
			4. 企业长期恶意欠税（费）
			5. 企业不履行计划生育法定职责、分工职责，造成严重后果
			6. 近3年内（包括评估当年），企业如发生过上述事件事故，采用一票否决的办法，不评分

参考文献

[1]朴美敬,2013. 生态成本测度与FDI东道国环境效应研究[D].杭州:浙江大学.

[2]戴铁军,赵鑫蕊,2017. 基于物质流分析的废纸回收利用体系生态成本研究[J].生态学报(15):5210-5220.

[3]董新平,2012. 物联网产业成长研究[D].武汉:华中师范大学.

[4]张航,2011. 面向物联网的RFID技术研究[D].上海:东华大学.

[5]谷鸣,2007. 企业生态系统及其评价体系研究[D].青岛:中国海洋大学.

[6]迈克尔·波顿,1998. 竞争优势[M].陈小悦,译. 北京:华夏出版社.

[7]李亮明,常晓霞,2009. 构建价值链会计的理论思考[J].内蒙古统计(3):34-36.

[8]席艳玲,白艳娟,2017. 贸易增加值视角下全球价值链与国内价值链研究

评述[J].现代管理科学(8):33-35.
[9]HANSEN M T,BIRKINSHAW J,2007. The innovation value chain[J]. Harvard business review,85(6):961-977.
[10]李兵兵,2008. 管理会计范式的历史性变迁——阎达五的《建立“价值链会计”的新思考》[J].科教文汇(5):145,147.
[11]王晶,2012. 酒店业采购成本控制与管理[J].内蒙古财经学院学报(5):65-67.
[12]屈扬,2013. 基于价值链视角的环境成本管理研究[D].郑州:河南大学.
[13]唐双娥,郑太福,2006. 生态成本控制的公私法局限[J].社会科学家(1):97-102.
[14]黄烈生,张丹,2008. 煤炭企业生态环境成本分析[J].会计之友(2):26-27.
[15]尹希果,霍婷,2010. 国外低碳经济研究综述[J].中国人口·资源与环境,20(9):18-23.
[16] CHANG T G, LIN S J, 1999. Grey relation analysis of cardon dioxide emissions from industrial production and energy uses in Taiwan [J]. Journal of Environment at Management,56(4):247-257.
[17]任力,2010. 经济增长与低碳转型——理论、实证与政策[D].厦门:厦门大学.
[18]刘军,阎芳,杨玺,2017. 物联网技术[M].北京:机械工业出版社.
[19]维克托·迈尔·舍恩伯格,肯尼斯·库克耶,2013. 大数据时代[M].盛扬燕,周涛,译.杭州:浙江人民出版社.
[20]马克思,2004. 资本论[M].北京:人民出版社.
[21]黄伟,2014. 中国企业社会责任研究:内在动机、外部压力与制度建设[D].上海:复旦大学.
[22]李永臣,曹希,2013. 供电企业社会责任评价指标体系研究[J].环境工程(1):677-680.
[23]甄建斌,刘延慧,2017. 企业社会责任评价研究综述[J].西安石油大学学报(社会科学版)(3):46-51.
[24]张良均,王路,谭立云,等,2017. Python数据分析与数据挖掘实战[M].

北京:机械工业出版社.

[25]中华人民共和国国家统计局,2016. 中国统计年鉴—2016[M]. 北京:中国统计出版社.

[26]裴敏莉,2015. 以酒店为中心的果蔬绿色供应链管理策略[J]. 物流技术,34(4):221-223.